# Uma vegetariana no açougue

Tara Austen Weaver

# Uma vegetariana no açougue

A saga de uma mulher num mundo de homens,
carne e crise moral

Tradução
Dinah de Abreu Azevedo

Título original: *The Butcher and the Vegetarian – One Woman's Romp throug a World of Men, Meat, and Moral Crisis*
Copyright © 2010, Tara Austen Weaver

Todos os direitos reservados. Nenhuma parte deste livro pode ser reproduzida ou usada de qualquer forma ou por qualquer meio, eletrônico ou mecânico, inclusive fotocópias, gravações ou sistema de armazenamento em banco de dados, sem permissão por escrito, exceto nos casos de trechos curtos citados em resenhas críticas ou artigos de revistas.

A Editora Pensamento-Cultrix Ltda. não se responsabiliza por eventuais mudanças ocorridas nos endereços convencionais ou eletrônicos citados neste livro.

*Coordenação editorial:* Manoel Lauand
*Capa e projeto gráfico:* Gabriela Guenther
*Editoração eletrônica:* Estúdio Sambaqui
*Ilustração de capa:* Camila Picheco

Dados Internacionais de Catalogação na Publicação (CIP)
(Câmara Brasileira do Livro, SP, Brasil)

Weaver, Tara Austen
   Uma vegetariana no açougue : a saga de uma mulher num mundo de homens, carne e crise moral / Tara Austen Weaver ; tradução Dinah de Abreu Azevedo. -- São Paulo : Seoman, 2010.

   Título original: The butcher and the vegetarian.
   ISBN 978-85-98903-19-4

   1. Carne 2. Vegetarianismo 3. Hipotireoidismo - Pacientes - Autobiografia 4. Weaver, Tara Austen I. Título.

10-08079                                    CDD-616.4440092

Índices para catálogo sistemático:
   1. Pacientes com hipotireoidismo : Autobiografia
      616.4440092

O primeiro número à esquerda indica a edição, ou reedição, desta obra. A primeira dezena à direita indica o ano em que esta edição, ou reedição, foi publicada.

Edição
1-2-3-4-5-6-7

Ano
10-11-12-13-14-15

Seoman é um selo editorial da Pensamento-Cultrix.
Direitos de tradução para o Brasil adquiridos com exclusividade pela
EDITORA PENSAMENTO-CULTRIX LTDA.
R. Dr. Mário Vicente, 368 — 04270-000 — São Paulo, SP
Fone: (11) 2066-9000 — Fax: (11) 2066-9008
E-mail: pensamento@cultrix.com.br
http://www.pensamento-cultrix.com.br
que se reserva a propriedade literária desta tradução.
Foi feito o depósito legal.

*Para minha mãe,*
*que me criou com uma moral rigorosa,*
*fé inabalável*
*e*
*um oceano de amor.*
*Obrigada.*

# Sumário

| | |
|---|---|
| 09 | Prólogo |
| 11 | Capítulo um: Carne: a minha primeira vez |
| 18 | Capítulo dois: Açougueiros e caldo de galinha, do jeito difícil |
| 30 | Capítulo três: Caldo de carne, tutano e o sabor do pecado |
| 40 | Capítulo quatro: Châteaubriand e o culto ao bife |
| 51 | Capítulo cinco: Eu sempre quis ser um gaúcho da Argentina |
| 59 | Capítulo seis: O bacon é uma porta para as drogas |
| 70 | Capítulo sete: Boas Festas, com costeletas em coroa e molho |
| 84 | Capítulo oito: A carne e os homens |
| 91 | Capítulo nove: Michael Pollan e a política da carne |
| 103 | Capítulo dez: Os vaqueiros high-tech do Prather Ranch |
| 115 | Capítulo onze: Quando a carne é a única opção do cardápio |
| 123 | Capítulo doze: Uma visita ao Meathenge |
| 136 | Capítulo treze: Sobre aquele negócio de saúde |
| 149 | Capítulo quatorze: David Evans e metade de uma vaca: qual é o tamanho do seu freezer? |
| 169 | Capítulo quinze: Será que o meu bife tem gênero? |
| 179 | Capítulo dezesseis: A palavra que começa com M |
| 196 | Capítulo dezessete: Minha semana à base de carne |
| 211 | Capítulo dezoito: Qual é o oposto de carne? |
| 224 | Capítulo dezenove: A carne é um campo de batalha |
| 233 | Capítulo vinte: O final da história |
| 240 | Agradecimentos |
| 243 | Referências |

# Prólogo

Minha amiga Christine diz que os açougueiros são as melhores paqueras do mundo e, quanto a isso, vou ter de confiar nela. Mesmo que eu tenha uma certa experiência em matéria de paquera, com açougueiros eu não tenho. E, para falar a verdade, eles me dão nos nervos.

*Dar nos nervos* é uma forma de dizer; *aterrorizar* é outra.

Toda essa questão da carne me dá nos nervos. No supermercado, passo bem rapidinho pela seção de carnes, desviando o olhar mesmo quando o fofo daquele açougueiro irlandês ruivo está de serviço. Irlandeses ruivos em geral são um fraco meu, mas um açougueiro irlandês ruivo me deixa muda.

*No fundo, acho que os açougueiros são como os cães: tenho certeza de que conseguem farejar o meu medo.*

Por que me incomodar desse jeito com açougueiros? Com homens que passam os dias entre músculos e tendões, ossos e tutano? A resposta é complicada, mas vou lhe contar o que disse a Christine outro dia.

*Os açougueiros conhecem todos os pecados da carne.*

Capítulo um

# Carne: a minha primeira vez

É A SEMANA ANTERIOR AO 17 DE MARÇO, dia de São Patrício, o padroeiro da Irlanda, dia que é feriado nacional no país com desfiles comemorativos na maior parte das cidades, e o açougue está todo decorado em verde, a sua cor tradicional. As paredes estão enfeitadas com trevos, o símbolo nacional oficioso (o oficial é a harpa), há pacotes de pão irlandês à venda, ofertas de couve grátis para acompanhar a carne curada, um prato tradicional da Páscoa irlandesa. Enquanto calcula o preço da minha compra, o açougueiro ergue os olhos para mim.

– Já encomendou sua carne curada?

Eu nunca havia comido carne curada na vida, mas hesito em dizer isso ao açougueiro. Ele parece tão cordial, como um tio bonzinho, e não quero que pense mal de mim. O que é carne curada, afinal de contas? Tenho certeza de que não houve cura alguma no seu preparo, mas nunca se sabe. Faço uma pausa, sem querer sair e sem querer dizer isso, mas é o que acabo fazendo.

O açougueiro não diz nada, só está ali de pé, olhando para mim. Sem muita convicção, jogo uma desculpa esfarrapada no abismo de silêncio entre nós.

– Não sou irlandesa.

Ele ri. – Você não precisa ser irlandesa para comer carne curada!

E então tem início a minha confissão, uma confissão que faço constrangida em situações como essa.

– Minha família é vegetariana. Não sei o que fazer com pedaços grandes de carne. Eles me assustam.

Seu rosto começa a dar sinais de compreensão.

– Se precisar de alguma sugestão para cozinhar, – diz ele – é só falar.

Rio. Eu – preparar uma carne? A ideia é cômica.

– Talvez eu comece numa ponta do açougue e vá cozinhando tudo até a outra ponta, – falo brincando. – Eu poderia fazer um tipo diferente de carne todo mês.

A possibilidade me parece aterradora e ligeiramente ridícula; mas, ao sair do açougue, me dou conta de que uma semente foi plantada.

Será que eu conseguiria realmente preparar uma carne para eu comer? Será que chego a ter vontade de fazer uma coisa dessas?

A grande questão é, claro, o que uma vegetariana está fazendo num açougue, para começo de conversa? Posso contar nos dedos de uma só mão o número de açougues nos quais entrei até agora – dois, talvez três. Nunca foi por necessidade. Não compro nem preparo carne, só isso.

Ao contrário da maioria dos vegetarianos que adotam esse modo de vida quando adultos, ou num ato de rebelião juvenil, fui criada sem carne desde que nasci. Minha alimentação era frutas, legumes, verduras, cereais integrais e tofu, nenhum naquinho de carne à vista. Enquanto nossos vizinhos enchiam a cara de bolo de carne, cachorro-quente ou frango frito, minha família se empanturrava de legumes cozidos com arroz integral. Aos 10 anos de idade, eu era especialista em painço, cevada e trigo sarraceno. Sei qual é a diferença técnica entre tofu e tempê, mas nada da minha experiência anterior de vida me preparou para sangue ou ossos.

O que estou fazendo num açougue? Posso responder a essa pergunta com duas palavras: *prescrição médica*. Não foi ideia minha, lógico.

Os problemas começaram quando eu tinha uns 12 anos – fadiga moderada e ganho de peso depois de uma infância na qual eu havia sido esbelta e ativa. Os médicos diagnosticaram um funcionamento da glândula tireoide que deixava a desejar e receitaram um suplemento para resolver o problema. Meus sintomas persistiram, mesmo com a medicação. Eu acordava cansada toda manhã e não conseguia perder peso. Nessa época me deram um questionário que perguntava o seguinte: se você pudesse passar um dia fazendo qualquer coisa nesse mundo, o que seria? Outras crianças responderam *andar a cavalo* ou *ir à Disney*. A minha resposta foi: *dormir.*

Eu continuava ativa, tanto quanto possível. Corria pelos campos no outono e nadava na piscina antes das aulas. Também cuidava da alimentação. Apesar dos montes de brócolis e saladas sem tempero, eu continuava gordinha, o único membro rechonchudo da equipe de corrida.

Meu médico não parecia preocupado. Depois de começar a tomar o remédio para a tireoide, os resultados dos exames de laboratório voltaram à faixa de normalidade. Segundo os números, eu estava ótima. Mas o fato de eu não me sentir ótima parecia irrelevante.

Eu me virava como podia, fazendo ginástica e me alimentando de acordo com os conselhos das revistas. Esperava que, se eu desse duro mesmo, ia acabar parecida com aquelas mulheres que eu via naquelas páginas acetinadas: lindas, paqueradíssimas, sorridentes, felizes. Aos 12 anos de idade, eu acordava cedo para tomar um banho, vestir uma malha de balé e fazer ginástica antes de me sentar para um desjejum com metade de uma toranja e uma fatia de torrada de pão integral.

Apesar disso, meu metabolismo não cooperava. No ensino médio, eu tinha um surto de anorexia que durava umas quatro horas. Quando eu pulava o café da manhã e o almoço e já estava quase desmaiando no fim da quarta aula, me dava conta de que viver sem comida não era uma boa para mim. Comer saudavelmente parecia a única saída, embora também não tenha dado certo.

Continuei marcando consultas com os médicos. Um endocrinologista que procurei depois da faculdade me disse para eu limitar meus carboidratos e consumir mais proteína. Eu estava morando no Japão nessa época e estava horrorizada com meus amigos e colegas de lá, que não paravam de despejar tigelas e tigelas de arroz goela abaixo. Eu, ao contrário, comia cenouras com queijo cottage (de baixos teores de gordura), quadradinhos de tofu e montes de legumes e verduras. Cheguei até a comer peixe, de que nunca gostei. Nada fazia diferença. Eu estava sempre cansada, com o peso entre 5 e 10 quilos acima de onde me diziam que devia estar.

Quando voltei da Ásia, consultei um naturopata. Ele me receitou uma série de elixires de ervas que tinham de vir da Europa, doses diárias de cevada verde em pó e de proteínas do arroz. A lista de exames que fiz era interminável: de sangue, de saliva, de um fio de cabelo mandado para um laboratório distante para verificar se havia quantidades anormais de metais pesados.

Os resultados parecem ter desnorteado o meu médico. Ele ligou mais de uma vez para o laboratório em busca de confirmação, porque nunca tinha visto nada parecido. Eu tinha quantidades estranhas de hormônios, a progesterona era elevadíssima ("Não é de admirar que você não consiga perder peso," disse-me ele). Talvez fosse o xampu que eu estava usando, sugeriu o médico, ou alguma loção para o corpo. Talvez eu fosse sensível a essas coisas. O laboratório disse que já vira casos desse tipo antes.

Eu mudava sistematicamente todo produto que entrava em contato com a minha pele e conversava com o fabricante para saber se ele poderia ser a fonte desse excesso de progesterona. Todos me disseram que não havia a menor possibilidade de seus produtos me fazerem mal.

As coisas foram piorando à medida em que o tempo foi passando. Eu ficava cada vez mais exausta. Certas manhãs, eu acordava e punha meus tênis, como de costume, e percorria o meio quarteirão que me separava do Golden Gate Park, onde começava minha corrida diária. Eu ficava na esquina esperando a luz mudar e sabia que não ia conseguir correr. Sentia as pernas fracas, a cabeça oca. Não confiava em mim nem mesmo para percorrer o meu itinerário caminhando. E se eu passasse mal e algum estranho me encontrasse inconsciente, caída na sarjeta? Eu me virava e voltava para casa arrastando os pés por aquele meio quarteirão, piscando para afastar as lágrimas. Caía na cama, puxava as cobertas e chorava.

Quando uma amiga minha me recomendou sua acupunturista, dizendo que "Ela mudou a minha vida," conseguiu chamar minha atenção. Talvez a medicina chinesa tivesse a chave de meus misteriosos problemas de saúde. O que eu tinha a perder? Marquei uma consulta.

Naquela tarde, meus pulsos foram examinados, minha língua foi inspecionada. A acupunturista me disse que meu organismo estava fraco. O que, evidentemente, não era surpresa para mim.

Eu devia evitar alimentos crus, disse-me ela, eles são difíceis de digerir. O chá de ginseng com gengibre devia ser tomado toda manhã para aquecer meu corpo. Ela me deu um saquinho de ervas selecionadas especialmente para a minha constituição. Elas são importantes, enfatizou. Devem ser fervidas em caldo de galinha. Eu mesma devia fazer o caldo com ossos de galinha que eu podia comprar no açougue mais próximo. Eles não estão à vista, mas eu podia pedir.

– Mas acontece que eu não como carne, – expliquei como quem pede desculpas. Eu sempre ficava mal quando decepcionava as pessoas.

A acupunturista descartou meu protesto.

– Seu organismo está fraco, – repetiu ela. – Você tem de dar prioridade à sua saúde – tem de cuidar bem de você.

*Eu não estava cuidando bem de mim?*

Diante de uma acusação velada desse calibre, fiz a única coisa que poderia fazer: fui a uma casa de carnes.

O Drewes Bros. Meats, que fica na Church Street, em São Francisco, é um daqueles açougues antigos: uma parte casa de carnes, outra parte centro comunitário. Os fregueses habituais conversam e brincam com os açougueiros e vão para casa com costelas ou carnes para assar, embrulhadas em papel, e carregadas embaixo do braço. A molecada é criada ali, trazida pelos pais – primeiro no colo, depois quando já estão aprendendo a andar e até na adolescência. Muitas vezes há um cachorro amarrado no poste da frente. O Drewes é uma das pedras fundamentais desse bairrozinho pacato. Fundado em 1889, dizem que é o açougue mais antigo ainda em funcionamento na Califórnia. É nessa parte da história de São Francisco que eu entro quando minha a minha acupunturista me manda em busca de ossos de galinha.

Os compridos mostruários do lado esquerdo do açougue estão cheios de salsichas, bolos de carne já prontos, peitos de galinha, filés e carnes para churrasco. Há nomes de que já ouvi falar, mas não sei o que significam – contrafilé, maminha, filé mignon. Quando os fregueses entravam no açougue, eu os deixava passar na minha frente, fazendo de conta que estava avaliando os méritos de uma alcatra londrina. A simples ideia me parece ridícula – que raios, afinal, é uma alcatra londrina? O que é alcatra? Eu me sentia paralisada, aterrorizada demais para fazer um pedido, assustada demais para ir embora. Pergunto-me se eles já viram um tipo como eu antes: a vegetariana que começa a entrar pelo mau caminho.

Um dos açougueiros olha pra mim, já impaciente.

– Às ordens.

Tento parecer à vontade, mas é preciso limpar a garganta antes de eu conseguir dizer "pedaços de galinha, para molho." As palavras saem mais parecidas com um guincho do que eu pretendia.

O açougueiro parece não ter notado nada. Concorda com um gesto de cabeça, vira e afasta-se do mostruário, desaparecendo por uma porta que eu imagino que leve a um cômodo dos fundos todo manchado de sangue. Volta com um saco de plástico transparente e dentro dele há uma massa informe congelada. Pago rapidamente, evitando olhá-lo nos olhos, e saio com a minha compra vergonhosa. Pergunto-me se eu não devia ser marcada por ferro em brasa com uma letra vermelha: um C de carnívora.

Em casa eu fervo a massa amorfa congelada com as ervas da acupunturista, tocando na carne o mínimo possível. O gosto do caldo é horroroso, amargo por causa das ervas e levemente medicinal, um fato que me reconforta. Isso aqui é uma coisa que estou fazendo por ordem médica, afinal de contas. Eu não compraria carne por prazer, com certeza. Seria um horror.

Ainda não sei se essa tigela de caldo de galinha vai desencadear uma viagem, uma investigação que vai me levar a reavaliar as premissas básicas da minha infância, a questionar meu lugar no mundo e a natureza de nossa humanidade. Como Perséfone e a romã, só provar vai mudar a minha vida irremediavelmente.

Quem diria que um saco com pedaços de galinha faria uma moça entrar numa fria dessas?

Capítulo dois

# Açougueiros e caldo de galinha, do jeito difícil

Fui criada na contracultura do norte da Califórnia da década de 1970, com todos os clichês que ela traz à mente. Havia hippies de cabelos compridos, Kombis da Volkswagen, mesas de massagem e banheiras com água quente. Também havia muita comida ruim. Ao menos eu achava que era.

Minha família fazia suas compras de alimentos em lojinhas fedorentas de produtos naturais, que tinham cheiro de vitaminas, mofo e virtude. O grosso das latas continha açúcar de tâmaras, alfarroba em fatias finas e frutas secas. Os biscoitos eram adoçados com mel ou xarope de arroz; e os pães bem intencionados de trigo integral, podiam realizar duas funções, alimentar ou servir de tijolo para manter a porta aberta. Nessas lojas você comprava todo o tofu que quisesse, mas se quisesse carcaça de algum animal morto, tinha de ir a outro lugar.

As prateleiras da nossa cozinha eram cheias de latas de feijão e cereais integrais. Havia um barril de missô na nossa geladeira, garrafas e garrafas de molho de soja e pacotes de algas marinhas. Seria compreensível se fôssemos asiáticos, mas não éramos, de maneira que, em geral, era só esquisito. Uma amiga do bairro viu certa vez um bloco de tofu flutuando numa vasilha de água na geladeira e perguntou por que estávamos empapando nosso queijo branco com água.

Na hora do jantar, nossos pratos eram cheios de verduras e legumes cozidos no vapor ou passados rapidamente em óleo quente e servidos puros, nem sal era permitido. As saladas eram coroadas com uma quantidade aflitiva de brotos de alfafa cultivados em jarras de vidro no peitoril ensolarado da cozinha. Meu irmão e eu nos divertíamos à mesa, deixando feixes de brotos ficarem pendurados na boca, fazendo de conta que tínhamos barba. Mas eu detesto o sabor e a textura até hoje. Não havia como escapar à fatalidade dos brotos de alfafa. O gosto (por pior que fosse) não tinha importância, desde que fizesse bem à saúde.

Quando comecei a ir brincar na casa das minhas amigas do bairro, fui apresentada a um mundo completamente novo, cheio de batatas fritas e pães brancos e fofos. No verão, minhas amigas comiam pratos de gelatina que reluziam como pedras preciosas e mamavam tubos brilhantes de água com açúcar congelada, chamados Otter Pops. Quando fui dormir na casa de uma vizinha, serviram-me batatas fritas e ketchup no café da manhã numa bandeja própria para ser usada em frente à TV, diante de desenhos animados de domingo. Eu nunca tinha imaginado nada tão glorioso.

As crianças do bairro nunca queriam vir brincar na nossa casa; diziam que lá não tinha coisa gostosa para comer. Era verdade. Nossas frutas secas, nossas castanhas e nozes, nossos bolos de arroz que pareciam de isopor não eram páreo para suas tortas industrializadas e seus bolos de queijo laranja-neon.

Minha mãe se dava ao trabalho de alimentar meu irmão e a mim com as comidas mais saudáveis possíveis, um esforço que raramente apreciamos. Num certo ano, ela viajou horas e gastou muito mais dinheiro que o necessário para comprar um bolo de aniversário "saudável" na padaria hippie da cidadezinha litorânea de Bolinas. A cobertura era de tofu e óleo de coco, e não parava de escorrer do bolo solado sem açúcar. Meu irmão e eu ficamos decepcionados. Tudo o que queríamos era um bolo de aniversário baratinho do supermercado mais próximo, daquele tipo com cobertura colorida tão doce que fazia os dentes doerem.

De vez em quando, a busca de minha mãe por alimentos saudáveis assumia formas mais ingratas. Havia uma mistura chamada Bieler Broth, feita cozinhando abobrinha, vagem, salsa e aipo, que depois eram batidos no liquidificador com o caldo do cozimento. O resultado era uma espécie de papa amarga. Era muito nutritiva e diziam que melhorava o funcionamento do fígado. Meu fígado e eu não ficamos muito convencidos, não.

Crescendo num mundo desses, eu queria mais – queria comida com gosto bom. Um dia, nos primeiros anos do ensino fundamental, roubei batatas fritas da lancheira de uma colega. Eu pretendia comer uma só, mas estava absurdamente despreparada para a natureza viciosa da batata frita. A combinação de crocante e salgado era inebriante para uma criança que nunca provara nem essa textura, nem esse sabor. Eu não conseguia parar e, na hora do almoço, eu já tinha devorado quase todas. Quando meu roubo foi descoberto, a menina cuja refeição eu havia saqueado chorou e eu fiquei péssima por tê-la deixado triste.

Aos 10 anos, eu estava temperando meu suco de maçã sem coar com casquinha de limão e folhas de hortelã do quintal. Aos 11 eu já tinha começado a ler livros de culinária e a planejar cardápios. Estava fazendo as compras de ingredientes aos 13. A piada da família era que meu irmão e eu havíamos aprendido a cozinhar por uma questão de sobrevivência, mas ela não estava longe da verdade. Quando a gente queria algo mais além de uma monástica tigela de legumes e verduras no vapor com arroz integral, a gente tinha de fazer. Aprendemos a cozinhar, mas era sempre comida vegetariana. Em casa a gente não comia carne.

À medida que fomos crescendo, minha mãe nos permitiu comer carne fora de casa, em restaurantes e na casa de nossos amigos. Ela não achava que devia ditar os princípios morais dos filhos. Ao mesmo tempo, toda vez que a gente escolhia uma entrada que tivesse carne, ela dava um suspirozinho. Queria que tomássemos as próprias decisões, mas estava claro que decisões ela preferia. Você não passa a sua vida adulta inteira como vegetariano sem ter opiniões sólidas sobre a questão.

Quando adulta eu não comia carne em casa, mas quando ia jantar na casa de amigos, eu traçava o que me serviam. Em restaurantes, de vez em quando eu comia carne, mas não era frequente. O legado de minha infância vegetariana é que o item que mais me atrai no cardápio costuma ser massa com cogumelos.

Carne parecia de mau agouro: um alimento que, se não fosse preparado devidamente, poderia fazer mal. Também carregava uma bagagem maior que aquela que eu estava preparada para enfrentar. Li *Diet for a Small Planet [Alimentação para um planeta pequeno]* quando criança; minha mãe havia me dado um exemplar. Eu conhecia a política envolvida – as grandes quantidades de água e cereais necessários para produzir um quilo de carne. Havia conversas sobre o meio ambiente e os quadros de referência humanos, sobre as florestas tropicais úmidas derrubadas para virar pasto. Para mim, simplesmente, era mais fácil abrir mão da carne. Tofu significava muito menos complicações.

Quanto mais eu me envolvia com a cozinha, mais isso se tornava um problema. Meu gosto pela boa comida me levou para um mundo de cozinheiros apaixonados pelo que fazem, de restaurantes, de *chefs* e de autores de livros de culinária. Eu os ouvia falar de seus *foie gras*, de seus *confits* de pato, de suas carnes de porco à chinesa – tudo que eu nunca tinha provado. Às vezes eu me perguntava se não estaria perdendo alguma coisa.

Quando cheguei à questão do caldo de galinha, ficou claríssimo o que é que eu estava perdendo. O caldo de galinha é tão fundamental na culinária quanto as cebolas *à sautée* ou um *roux* [termo que significa castanho-escuro ou marrom em francês e é aquela mistura de farinha de trigo e manteiga ou óleo em partes iguais, usada para engrossar um grande número de molhos], elementos básicos da cozinha. Você pode fazer um caldo de legumes e a receita dar certo, mas não vai ter o mesmo sabor, nem a mesma textura.

Andei cozinhando um bocado no inverno em que comecei meu tratamento de acupuntura. Os restaurantes de São Francisco não me tentam mais como no passado. Não tenho energia para sair de casa. Prefiro convidar amigos e alimentá-los com um risoto cremoso de abóbora japonesa; rabanadas de acelga e queijo Gruyère acetinadas, enriquecidas com queijo derretido e cebolas caramelizadas; polenta recheada com legumes assados e queijo parmesão salgado. Em vez de jantar e drinques em pontos urbanos transados e barulhentos, a gente se enroscava no sofá e conversava sobre a vida, o amor e comida.

Uma amiga minha tinha pirado com o caldo de galinha que preparou com uma receita do *Zuni Café Cookbook*. Não se cansa de elogiar os resultados, o sabor, o quanto é nutritivo. Ela diz que o caldo dá alma a seus pratos. Estou curiosa a respeito desse padrão-ouro dos caldos de galinha. Mais insidiosamente, agora estou num dilema. Se vou fazer caldo de galinha para as minhas ervas chinesas, o que me impede de fazê-lo para o meu risoto?

Minha acupunturista ainda está querendo que eu coma carne. De tantas em tantas semanas eu vou ao Drewes comprar pedaços de galinha para fazer o caldo. De vez em quando, cedo à insistência dela e compro um peito de galinha sem osso e sem pele, que levo para casa e asso no forno elétrico. Às vezes ele fica seco e duro, o que o faz parecer mais com um remédio amargo – o castigo por um pecado que não me lembro de ter cometido.

Ao mesmo tempo, há algo tentador no consumo da carne: eu estaria mentindo se não admitisse isso. Durante a minha vida inteira eu me senti esquisita e diferente, fora da corrente dominante nos Estados Unidos. Livros, revistas, filmes e a televisão, todos eles mostram pessoas que se sentam para comer refeições com carne. Talvez eu não seja capaz de lhe dizer o que é ser normal, mas tenho certeza de que é comer carne de porco no jantar.

Num ato que parece ousado e um pouco subversivo, resolvo fazer o caldo daquela receita do *Zuni Café Cookbook*. Digo a mim mesma que estou cumprindo ordens médicas; mas, na verdade, estou fazendo por estar com vontade. Será que comer carne vai me deixar mais saudável?

Vai me tornar mais feliz? *Será que bacon no café da manhã vai melhorar a minha vida?*

Se for para acreditar em lendas, Judy Rodgers, a *chef* responsável pelo adorado Zuni Café de São Francisco, certa vez pendurou um cartaz em seu escritório com os seguintes dizeres: PARE E PENSE BEM, DEVE HAVER UM JEITO MAIS DIFÍCIL. Essa história pode não ser verdade, mas ao examinar suas receitas, a gente acha que pode ser. A mulher é adepta de ingredientes impecáveis e métodos rigorosos; não deixa barato. Em determinados círculos culinários, ela é venerada. Sem saber, eu havia assinado embaixo do jeito mais difícil.

O jeito mais difícil de fazer caldo de galinha é usando a ave inteira – com a cabeça e os pés ainda no seu devido lugar. Ms. Rodgers deve ter seus motivos, mas eu me senti mal só de pensar nessa possibilidade. Ela é contra fazer caldo com os restos da galinha, como eu andara fazendo. Segundo Judy, esse caldo "não vale o trabalho, e nem mesmo a pequena despesa."

Eu me senti uma colegial repreendida por resolver as coisas do jeito fácil. Já tendo sido suficientemente castigada, resolvi tomar vergonha na cara. Peguei as chaves do carro e a sacola e parti para o açougue em busca da minha compra de carne mais ousada até o momento: uma galinha inteira.

A essa altura, eu já tinha ido àquela casa de carnes numerosas vezes, mas a experiência ainda faz com que eu me sinta como Jane Goodall observando os chipanzés em seu habitat natural. *Olha, aquele ali pediu aba de filé! O que é aba de filé?* Os açougueiros dançam enquanto vão e vêm entre o balcão e a balança, conversando e rindo. *O que significa isso?* Esqueça essa história de paquerar no açougue – só quero sair viva dessa selva!

Ao mesmo tempo, há um lado do açougue que me fascina. É um mundo tão masculino! Os homens zoando atrás do balcão, o jogo de beisebol transmitido pelo rádio. Eu não ficaria surpresa se eles jogassem pôquer no cômodo dos fundos depois que a loja fecha. Se esse é o clube do Bolinha, uma parte de mim quer saber qual é a senha guardada a sete chaves.

Quando chega a minha vez, o açougueiro – um senhor de meia-idade com cabelos grisalhos e mãos grandes – marcha na direção das galinhas. Levanta uma pelas pernas e eu me dou conta de que estou com um problema. A ave que ele está segurando não tem pés de galinha, nem cabeça de galinha.

O Drewes, ele me informa, não vende galinhas com a cabeça e os pés ainda nos seus devidos lugares. Fico um pouco decepcionada, mas muito aliviada.

Aponto para outra ave ligeiramente maior e o açougueiro a agarra. Sinto-me uma espiã que conseguiu se infiltrar no campo inimigo – estou me misturando com os carnívoros, virei nativa. O açougueiro põe a galinha, a minha galinha, na balança para ser pesada.

Judy diz que a carne do peito da galinha deve ser removida. Chega a incluir instruções para trinchá-lo: "Sinta a clavícula e corte seguindo o contorno interior de ambos os lados do esterno." Conhecendo o fio horroroso das minhas facas de cozinha – e sem a certeza de que encontraria o esterno de uma ave – peço ao açougueiro para fazer isso por mim.

– Quer que eu corte a galinha em pedaços? – Ele parece não estar entendendo o que eu quero.

– Nããão, só a carne do peito, será que daria para retirá-la? Quero usá-la para outra receita.

O açougueiro ergue os olhos para Josh Epple, um dos dois jovens irmãos que administram o Drewes, e o rapaz faz um movimento brusco com a cabeça na minha direção. – Ela quer os peitos cortados fora.

Josh olha para mim. Parece mais um técnico que acompanha um grupo de rock nas turnês que um açougueiro. A cabeça é raspada e uma camiseta preta cobre ombros largos. Não tenho como evitar. Começo a ficar um pouco nervosa, daquele jeito cheio de risadinhas das meninas e adolescentes.

— Você não pode fazer isso – o peito é que mantém a galinha inteira, – explica Josh como se eu tivesse um parafuso solto. Bem feito por querer paquerar o açougueiro – estou levando um sermão do meu. Quero garantir a ele que a minha cabeça funciona perfeitamente bem, só estou sob a influência de uma das maiores *chef*s de São Francisco.

O açougueiro mais velho olha para mim, ainda segurando a minha galinha.

— Vai querer que eu corte a galinha toda?

Eu sei que a galinha não deve ser cortada – Judy disse especificamente para não cortá-la – mas eu tinha perdido a coragem. Devia tentar explicar? Devia lutar pelo meu direito de mandar retirar a carne do peito da minha galinha? Josh continua olhando para mim com seus olhos penetrantes. O outro açougueiro ainda está segurando a carcaça da galinha.

Sob a inspeção de tantos olhares eu cedo e me submeto: – Claro, é pra cortar.

Um ponto a menos pra mim. A carne está ganhando.

Minha família vegetariana criou galinhas uma época. Minha mãe queria que nós, as crianças, soubéssemos que as cenouras vinham da terra e que os ovos não crescem em embalagens de isopor. A certa altura, houve até conversas sobre a possibilidade de termos uma cabra, mas isso nunca aconteceu. Como era mãe solteira que trabalhava em regime de período integral, ela não tinha tempo para tirar o leite da cabra duas vezes por dia.

Mas houve galinhas, sim, mais ou menos uma dúzia da raça Rhode Island Red. Nós as criamos durante vários anos, até minha mãe chegar à conclusão de que não tinha mais energia para cuidar delas. Não me lembro de muita coisa sobre elas: era pequena demais.

Mas me lembro muito bem do dia em que os homens vieram matar as galinhas. Eu me escondi no meu quarto, espiando por trás das cortinas cor-de-rosa. Tinha ouvido os adultos falarem que as galinhas saem aos pulos depois que a cabeça é cortada. Por algum motivo perverso, eu queria ver isso acontecer, mas estava com medo de vê-las sendo mortas de verdade. Quando chegou a hora da degola, eu me escondi embaixo da cama.

O plano era nós comermos aquelas galinhas. Minha mãe, que tinha sido vegetariana durante toda a sua vida adulta, vacilou um pouco quando meu irmão e eu éramos pequenos. Mais de uma pessoa, médicos inclusive, disseram a ela que crianças em fase de crescimento precisavam comer carne. Ela achou que poderia justificar melhor o fato de comer carne se ela fizesse parte do processo, envolvendo-se com o ciclo vital. Ela não sabia matar galinha, mas planejara arrancar-lhes as penas depois que estivessem mortas. Agora ela me diz que chorou o tempo todo. Deu a maior parte das galinhas para os homens que ajudaram a matá-las. O resto foi para o freezer e lá ficou mais de um ano, até acabarem sendo jogadas fora.

Penso nisso enquanto começo a desenrolar o papel branco do embrulho da galinha na bancada da cozinha. Há um pouco de sangue no papel, mas o cheiro de carne fresca – um cheiro limpo, para falar a verdade – me faz pensar em chuva. Pego os pedaços da galinha e os lavo em água corrente fria. A pele parece cheia de protuberâncias e arrepiada. Há um ponto onde ficaram alguns tufos de penas, o que me faz lembrar que, um dia, aquilo ali tinha sido uma ave, mesmo que tenha sido uma ave esquisita que não conseguia voar. Enquanto sacudo os pedaços para secá-los, a pele solta me faz pensar no meu avô antes de ele morrer. Sua pele pendia dos braços do mesmo jeito, mole e instável. Dá pra ver que, ao contrário dos pedaços de galinha congelados, um dia isto aqui foi um ser vivo.

Eis aqui o que acho esquisito nessa história de comer carne: é tão arbitrário... Comemos galinha e pato, mas não cachorro – ao menos não no nosso país – e as pessoas têm ataques histéricos se você disser o contrário. Conheço uma mulher que compra brinquedos caros para seus bichos de estimação em butiques para cães e gatos e que é contra esse negócio de testar cosméticos em animais, mas não acha nada demais em ter um bife no prato na hora do jantar. Será que é hipocrisia? Não sei. Para alguém de fora, como eu, parece estranho, sim. Por que a gente mima certos animais enquanto prepara outros para o churrasco?

Coloco as partes na panela de fazer caldo, reservando os pedaços do peito. Minhas facas embotadas estão longe de ter condições de enfrentar a tarefa de separar a carne do osso. Apelo para a machadinha, mas é claro que isso não era tão difícil assim quanto os caras do açougue fizeram parecer. Adiciono uma cebola, algumas cenouras e talos de aipo e cubro aquela gororoba toda com água. Jogo alguns grãos de pimenta do reino e algumas ervas, e aumento o fogo.

À medida que a tarde vai passando, um cheiro penetrante e delicioso começa a vir pelo corredor até o meu escritório. Faço algumas viagens à cozinha para retirar com uma escumadeira a parte de cima da mistura que está naquela panela fumegante, mas as coisas andam sem necessidade de muita intervenção. As cenouras e a cebola ficam macias, liberando seu sabor no caldo e, aos poucos, pedaços da galinha soltam-se dos ossos. Quando provo, tenho a sensação do sabor "glorioso" que Judy Rodgers promete.

Canja de galinha é uma coisa que eu devia saber fazer. As mulheres da Europa Ocidental das quais descendo faziam barris de canja de galinha. É o lado materno da família, uma longa linhagem de mulheres russas e austríacas, de quadris largos e caçarolas mais largas ainda para fazer sopa – nas quais entraram muitas galinhas com penas, tenho certeza. Essa sopa é uma herança minha; foi só a minha mãe que resolveu romper com a tradição e virar vegetariana. É o que digo a mim mesma quando começo a me sentir culpada por causa do que estou fazendo.

Sou como aquelas pessoas que filam cigarro nas festas, mas não se consideram fumantes. Racionalizei a questão dizendo para mim mesma que o fato de eu comer carne acontece espontaneamente, em restaurantes e sem premeditação, por isso não conta de verdade – algo assim como encher a cara e transar com seu instrutor de mergulho quando está de férias. O deslize de comer carne em restaurantes não faz de mim uma carnívora, assim como um deslize nas férias não transforma alguém em prostituta. *Certo?*

Mas cozinhar uma galinha, isso conta. É tão premeditado quanto possível. Agora sou um membro do público que compra carne, não dá mais para negar. Sou uma consumidora de carne – uma assassina, diriam alguns vegetarianos radicais. Ao mesmo tempo, a sopa tem um cheiro tão bom e apetitoso, é tão inegavelmente tentadora...

Tiro a panela do fogão. Os legumes estão tão cozidos que praticamente se desintegram, e a carne da galinha soltou-se dos ossos. Cutuco com um garfo os legumes molinhos e os pedaços da carne bem cozida. Provo um dos pedaços da galinha. É delicado e macio, e me lembra comida de bebê.

Eu devia jogar fora a carne e os legumes bem cozidos, um ato que parece desperdício. Os ossos da caixa torácica da galinhazinha estão à mostra, tão pequenos e indefesos... Minha culpa por matar esse pobre animal começa a competir com a minha culpa de desperdiçar comida, e me sinto uma barata tonta, sem saber o que fazer. Jogo rapidamente aquela mistura toda no lixo antes de ter um treco.

Provo a sopa. É espantosamente intensa, saborosa e reconfortante. É isso que aspiram ser aquelas caixas de cubos de caldo, mas não chegam nem perto. Até para alguém que não consome carne, como eu, tem gosto de lar. Pode ser um lar onde eu nunca estive, mas isso não significa que eu não quero me enroscar no sofá.

Mas, quando acordo na manhã seguinte, a panela de sopa na geladeira está coroada com uma grossa camada de gordura de galinha. *Credo!* Mal consigo olhar para aquilo. A gordura tem mais de um centímetro de altura na superfície, um amarelo claro, e a consistência está cremosa. Me dá um calafrio.

Minhas ancestrais da Europa Oriental não deviam estranhar esse tipo de gordura de galinha – *schmaltz*, é como a chamam. Elas a espalhavam no pão e a comiam com sal, uma ideia que me horroriza. Quando eu estava com vinte e poucos anos e morava em Viena, adorava fatias de *schmaltz brot* vendidas em bancas de parques de diversões – pão com gordura purinha. Sendo alguém que chegou à maioridade nos enxutos anos 80, eu não poderia pensar em nada mais repugnante.

Apesar disso, cá estou eu, raspando a *schmaltz* de uma panela de caldo de galinha. Um pouquinho da gordura cai nas minhas mãos, que lavo imediatamente com água quente e muito sabão. A sensação escorregadia e pegajosa entre os meus dedos é rara na cozinha vegetariana. Me dá nojo. Começo a me sentir como Lady Macbeth, tentando desesperadamente me limpar da prova incriminadora.

*Sai fora, sai fora, maldita gordura de galinha!*

Mas, como Lady Macbeth descobre, a culpa é uma coisa complicada. Por pior que você se sinta por ter pecado, isso nem sempre faz você parar. Às vezes, só aumenta a vontade de pecar de novo.

Capítulo três

# Caldo de carne, tutano e o sabor do pecado

Quando eu tinha seis anos, encontrei uma borboleta morta, uma monarca (Danaus plexippus), com delicadas asas laranja-douradas. Fiquei de coração partido e insisti em fazer um funeral completo para aquele cadaverzinho minúsculo, que enterrei num túmulo aberto no chão com um pedaço de pau. Obriguei meu irmão a participar do funeral, e alguns outros amigos e amigas também. E chorei inconsolavelmente por essa perda de vida.

Quatro anos depois, quando eu tinha uns dez anos, minha mãe me fez ler o conto que a levou a se tornar vegetariana. Acho que ela estava preocupada com a minha curiosidade confessa sobre cachorros-quentes e hambúrgueres e estava tentando me afastar da beira do abismo.

A história mostrava a vaca-mãe e seu bezerro, separados logo depois do nascimento para a mãe poder ser mandada para o abatedouro. Era triste, mas não fez desaparecer a ideia dos cachorros-quentes e dos hambúrgueres. O coração da menininha que chorava à vista de uma borboleta morta tinha endurecido. Eu estava satisfeitíssima de não ter nascido vaca.

Quando adulta, às vezes penso na crueldade que é comer carne, mas me tornei adepta da racionalização. Olhe para o reino animal, digo a mim mesma. A natureza não é um lugar humano. Animais comem animais, e nós – por pura sorte – acabamos no topo da cadeia alimentar. Por falar em racionalização, ela funciona perfeitamente bem, ao menos por um tempo.

Há um monte de razões pelas quais as pessoas se tornam vegetarianas. Algumas não gostam da crueldade da matança de animais e acham que é uma coisa bárbara e desnecessária. Por que matar, se não é preciso? Muita gente abre mão da carne porque considera a alimentação vegetariana mais saudável – há estudos que mostram que os vegetarianos vivem mais que os carnívoros e têm índices menores de certas doenças. Há quem se sinta pouco à vontade com a forma pela qual a maioria dos animais é criada nos Estados Unidos – pense nesse tipo de gente como vegetarianos éticos. Há os vegetarianos ambientais, que fazem objeções à quantidade absurda de cereais, água e terra necessária para criar animais para o abate e consumo humano. Muitos habitantes do mundo em desenvolvimento são vegetarianos por falta de opção, bem como os desprivilegiados, alguns estudantes de faculdade e os artistas que estão lutando pelo seu lugar ao sol.

Outros ainda não comem carne porque não gostam do sabor ou da textura. Minha amiga Krista passou a infância tirando a casquinha dos *nuggets* de galinha porque era a única parte de que gostava. Adorou descobrir que havia um nome para o que estava fazendo. Assim que ela conseguiu se apresentar como vegetariana, as pessoas pararam de fazê-la passar por esses maus pedaços.

Certos grupos de pessoas adotam a comida vegetariana por motivos religiosos. Na Índia, tanto a religião hinduísta quanto a jainista defendem uma alimentação sem carne desde o segundo milênio antes de Cristo. Pitágoras e seus seguidores da Grécia do século VI a.C. eram vegetarianos. Há quem acredite que até Jesus era vegetariano. Há seitas cristãs que seguem o vegetarianismo por essa razão, mesmo que, tanto quanto sei, nunca houve para-choque de caminhão com a frase O QUE JESUS COMIA?

Finalmente há aqueles como eu, a mais ínfima porcentagem de pessoas que nasceram no vegetarianismo e têm de decidir se mantêm o curso ou pulam do navio. Sob pressão, eu diria que tenho sido principalmente uma vegetariana ambiental, embora eu não diga que sou vegetariana com muita frequência. "Flexitariana" seria uma descrição mais acurada de minha moral elástica. Certa vez uma amiga me chamou de vegetariana de armário. Em geral, evito a carne privadamente.

Estes dias andei molhando a ponta dos pés na água, tentando descobrir se queria nadar com os tubarões carnívoros ou ficar em segurança a bordo do navio norte-americano chamado *Soja*. Ambas as opções parecem perigosíssimas.

A comida já me pareceu perigosa. Durante anos era a coisa que tornava a minha família diferente – não comíamos carne, nem açúcar, nem farinha branca. Também não assistíamos TV, nem brincávamos com nada movido a bateria, e eu nunca tive uma Barbie. Ao mesmo tempo, eu não entendia que havia todo um sistema de valores por trás das opções que minha mãe fez. Tudo quanto eu sabia era que ninguém do nosso bairro vivia como nós.

Havia um outro mundo a descobrir do outro lado de nossa porta. Nesse mundo as pessoas comiam carne, cereais adoçados com açúcar e bolos feitos com pacotinhos que vinham em caixas. Nesse mundo os legumes chegavam congelados, já cortados em cubinhos, e as refeições eram comidas na frente de um aparelho de TV. Nesse mundo, a sra. Martinelli derramava a banha que obtivera do toicinho numa lata que mantinha ao lado da pia da cozinha. Eu nunca soube o que ela fazia com aquela banha depois.

Meu irmão e eu sabíamos que nossa mãe não aprovava o açúcar, nem a carne, nem a televisão, mas ninguém mais parecia ter problemas com essas coisas. Quando nos ofereciam um biscoito, um cachorro-quente ou uma oportunidade de assistir *Gilligan's Island*, o que devíamos fazer? Devíamos recusar pelas razões que não compreendíamos direito? Nunca recusamos. A gente só queria se entrosar.

A primeira mentira que me lembro de ter contado foi sobre comida. Numa manhã de verão, eu estava colhendo amoras com um vizinho e perguntei-lhe o que ia fazer com elas. Eu estava sempre fazendo perguntas desse tipo aos adultos, surrupiando informações que poderiam me fornecer um quadro mais claro da maneira pela qual o mundo funcionava. Ele me disse que elas iam virar um milkshake.

– Como que você faz isso?

– A gente bate as amoras no liquidificar com leite e açúcar.

Parou e olhou para mim, franzindo as sobrancelhas. – Mas você não pode comer açúcar.

– Posso, sim, – disse eu. – Comemos açúcar antes de ontem mesmo.

Essa foi a primeira de muitas mentiras que eu contaria ao longo dos anos na tentativa de fazer com que minha família se parecesse com todas as outras. Não as considero uma traição à minha mãe, nem ao que ela representava – eram algo muito mais profundo que isso. Era uma necessidade instintiva de ser aceita pela única comunidade que eu tinha. Até os seis anos de idade, eu sabia que havia segurança nos números.

Apesar disso, cá estou eu, anos depois, recebendo ordens de comer a comida cuja exclusão tinha feito eu me sentir tão esquisita e diferente quando criança – e pela razão pela qual muita gente abre mão dela: saúde. Minha vida parece ter um senso de humor doentio.

E se eu finalmente adotasse a vida de galinha e carne de vaca e normalidade da maioria? Será que devia me vingar pela minha infância esquisita com uma orgia de bacon? Não é uma decisão que posso tomar sem mais nem menos, mas toda manhã, quando acordo com a vista turva e me arrasto pelo dia afora, pergunto-me se eu não me sentiria melhor se jogasse tudo pra cima e comesse um hambúrguer. Não posso dizer que estou adotando a ideia alegremente; ela perturba o equilíbrio delicado das expectativas familiares, dos valores pessoais e da preocupação planetária em torno do qual gira a minha vida. Mas, quando o inverno começa a se transformar em primavera, eu começo a me aprofundar um pouco mais no vasto mar carnívoro.

Tendo estreado com o caldo de galinha, cheguei à conclusão de que estava na hora de encarar o verdadeiro desafio: carne vermelha. Estou com esperanças de que o caldo de carne não seja muito mais difícil que o de galinha. Quero fazer uma sopa austríaca que leva bolinhos de semolina light nadando num suculento caldo de carne. A sopa é simples, mas primeiro tenho de fazer o caldo.

Volto-me de novo para Judy Rodgers e o *Zuni Café Cookbook*. Judy insiste em dizer que o caldo deve ser feito com músculo e osso, e não só com os ossos do boi. Ela diz que você pode fazer o caldo só com os ossos, mas ele não vai ser tão nutritivo, nem tão saboroso.

Chego à conclusão de que eu também vou ser rigorosa em termos de qualidade. Ponho no papel o que eu preciso comprar no açougue, exatamente como descrito no livro, porque não quero repetir o incidente do peito de galinha. Descobri que carne é uma língua estrangeira que não domino.

*Um quilo e meio de músculo e ossos, cortados como ossobuco.*

Sufoco sentimentos de nervosismo ao entrar na casa de carnes, cuja temperatura ambiente é fresca, empurrando as antiquadas portas de vaivém. Esperando na fila, procuro descobrir alguma coisa que se pareça com músculo de boi. O que é músculo de boi, afinal? Em inglês, é *shank*. A única vez que usei essa palavra foi para descrever botas para caminhadas longas, do tipo que tem um enfranque na sola [o termo inglês *shank* tanto pode ser traduzido como músculo de boi quanto por enfranque, que é a parte côncava de um calçado]. Posso não entender de carne, mas – como qualquer boa vegetariana, ambientalista, amante da natureza – conheço muito bem as minhas botas de caminhada.

Um dos açougueiros – um dos mais baixos e mais velhos – pergunta o que eu desejo. Vasculho desajeitadamente a minha bolsa e me dou conta de que deixei minha lista de compras em casa. Estou tão nervosa que considero a possibilidade de voltar para buscá-la, mas chego à conclusão de que é ridículo. Dou conta do recado.

Respiro fundo e digo:

– Um quilo e meio de músculo de boi com o osso, cortado como ossobuco.

— Ei, a gente tem músculo? – ele passa o meu pedido para o carinha mais novo. Há uma hierarquia bem definida aqui; os irmãos mais novos é que mandam.

— Músculo – você preparando ossobuco? – O açougueiro está olhando para mim. É o irmão mais novo de Josh Epple, Isaac. É alto e esbelto com cabelos castanhos desgrenhados, o visual é levemente desmazelado. Ele parece o tipo do cara com quem jogar *frisbee*, relaxado e alegre, mas tem o mesmo olhar penetrante do irmão mais velho. Resolvo manter a calma. O cara mexe com carne o dia inteiro – não há motivo para eu ficar nervosa.

— Preciso que seja cortado como ossobuco, pois vou fazer um caldo.

— Para um caldo tudo quanto você precisa é dos ossos, – informa ele.

— É um caldo muito nutritivo – não quero usar só os ossos.

— Vai fazer um *demi-glace*?

Sinto-me uma turista que decorou cuidadosamente uma pergunta numa língua estrangeira para acabar recebendo uma enxurrada de palavras indecifráveis como resposta. Tenho a vaga ideia de que *demi-glace* é um molho, mas acho que não é o que vou fazer. Às vezes, um pouco de conhecimento pode meter você numa roubada.

— Não, só um caldo bem nutritivo.

— A maioria das pessoas usa os ossos para fazer o caldo porque o músculo custa US$ 14 o quilo.

Por esse preço, meu experimento com a carne vai ficar em mais de US$ 20 – só no caldo. A maioria das pessoas é mais prática.

— Vou levar um quilo de músculo e um quilo de ossos, – digo eu. *Olha, mãe, eu falei músculo!* É engraçado e aterrorizante ao mesmo tempo.

— Os ossos estão no freezer atrás de você.

Vou até um freezer baixo, cuja existência eu não tinha notado antes. Tem um cartaz que diz OSSOS PARA CACHORRO. Pego um saco e volto para o balcão onde Isaac está pesando o meu músculo.

— Essas coisas podem ser consumidas por seres humanos? – sinto-me uma idiota.

— Podem, pois são boas para fazer caldo, – diz ele enquanto a máquina calcula o meu total: US$ 16. O vegetarianismo é certamente mais econômico.

Pago a conta e, ao sair pela porta, começo a ter uma sensação de plenitude. Falei a palavra e consegui (quase tudo) que eu pedi. Rodo a bolsa, deliciada com essa sensação de ter vencido um desafio. Há algo de quase primal nessa história. Não cacei realmente o meu jantar, mas defini o meu alvo e consegui o prêmio que queria. Não vou socar o peito e soltar aqueles urros de vitória, mas é muito bom. Comprei carne!

Quando chego em casa, minha euforia desaparece. O que vou fazer com US$ 16 de músculos e ossos? Tomo o único curso de ação razoável: jogo a carne no freezer e faço uma salada verde para o jantar – uma salada verde de primeira, com folhas crocantes de alface romana e cubos de pepino. Pico um pouco de pimentão vermelho picante, acrescento um punhado de grão-de-bico e, por cima de tudo, espalho pedacinhos esfarelados de queijo feta francês.

Tem gente que descreveria a textura do grão-de-bico como parecida com a da carne – ele é firme na hora de mastigar. Mas eu é que sei das coisas. O grão-de-bico não me faz sentir um medo dos diabos.

Durante a semana e meia seguinte, começo a me sentir como se a carne estivesse me assombrando. Toda vez que abro o freezer, lá está ela, um lembrete da minha hesitação e covardia. Começo a repreender a mim mesma: *você viajou pelo mundo inteiro sozinha, escalou montanhas usando um machado para gelo e ganchos de ferro – o que pode haver de tão aterrorizante num pedaço de carne?* No fim da segunda semana, resolvo mostrar à carne quem é que manda no pedaço. Mergulho-a numa vasilha e deixo que ela descongele na bancada da cozinha.

Quando volto à cozinha mais tarde, naquele mesmo dia, a carne tinha descongelado. Os pedaços são de ossos, com cerca de cinco centímetros de diâmetro e cortados retos, cercados por um anel de carne que é vermelho-rosado e tem uma rede de linhas brancas. No centro de cada osso há um círculo de tutano, que parece macio e cremoso com uma nuance de rosa. Judy recomenda raspar esse tutano e usá-lo para fazer a Gremolata de Tutano Derretido. Só a ideia me dá calafrios, mas eu pus a minha fé culinária nas mãos dessa mulher. Vou pegar uma faca.

O tutano é tão macio quanto parece, e não consigo resistir ao desejo de tocá-lo com os dedos. Parece um pouco oleoso, como manteiga ou gordura. Aperto um pouco mais e começa a sair sangue de certos pontos dos ossos. Quando tiro a mão, o sangramento pára.

Nossa, será que a gente tem veias nos ossos?

É só então que começo a entender: *shank* significa também "perna." Isso aqui foi músculo da perna de alguém. De repente me sinto mais vegetariana do que nunca.

Tomo coragem e começo a raspar o tutano dos ossos. Uma parte é um lindo creme rosa; outras são sarapintadas, um pouco cinza. Essas eu jogo fora, com medo de que o tutano cinza possa estar estragado ou tenha rançado e possa me fazer mal. Este é o problema da carne. É muito perecível e é difícil saber quando estraga, ao menos para uma noviça como eu. Ponho o tutano num pratinho, retirando-o até o buraco que há no osso fique vazio, e eu possa ver o fundo do prato do outro lado.

Sou instruída a assar a carne e os ossos, apertando-os até haver bem pouco espaço, para a gordura derretida não queimar. Coloco-os cuidadosamente numa pesada panela de ferro e empurro a dita cuja para dentro do forno, na esperança de que seja para o bem de todos.

Quando os retiro do forno, 40 minutos depois, a carne está marrom e contraiu-se em torno do osso. Os ossos também ficaram marrons, e os pedacinhos de carne presos à lateral murcharam. Sou orientada a colocá-los numa panela com cebola, cenoura e aipo. As instruções para fazer um caldo são muito fáceis de entender.

Mas o passo seguinte me surpreende. Em vez de acrescentar água, tenho de acrescentar caldo de galinha. Estou satisfeita por ainda ter o litro de caldo de galinha congelado em função das minhas aventuras com essa ave (Judy ficaria muito orgulhosa), mas sacrificá-lo no caldo de carne, fez-me sentir estranha. É estranhamente carnívoro o caldo de galinha ser assimilado pelo caldo de carne. É a mesma sensação que tenho quando ouço falar do peru patolinha – um peru recheado com um pato que foi recheado com uma galinha. Na grande ordem cósmica das coisas, simplesmente parece errado.

Ponho a panela para ferver e vou fazer minhas tarefas domésticas, dando uma olhadinha de vez em quando para acompanhar o progresso. Quando levanto a tampa da panela, um cheiro delicioso de carne sobe até as minhas narinas – um aroma pungente de carne. Dou-me conta de que é primeira vez que cozinho carne na minha casa.

Lembro da minha mãe conversando com os antigos donos de uma casa que ela comprou: "Eles cozinhavam carne, sabe," disse ela com uma repugnância evidente. "Depois que se mudaram, levei séculos para me livrar do cheiro."

Será que agora a minha casa vai ter o cheiro de casa de carnívoro?

O caldo ferve durante várias horas, e faço retiradas periódicas das partes superiores com uma escumadeira. Judy diz para deixar ferver até o caldo encorpar um pouco, ficar da cor de um chá preto forte e adquirir a consistência de geleia quando deixado esfriar num prato.

Meu caldo fica mesmo com a consistência de geleia, uma geleia incomodamente marrom, e eu tiro a panela do fogo. Quando passo o caldo na peneira, o vapor sobe, e toda a minha cozinha fica com cheiro de carne. Sinto um grande alívio pelo fato de minha mãe estar fora da cidade esta semana. A distância facilita a traição.

Mas, quando provo o caldo, fico pasma. Embora tenha cheiro de carne, e seja um cheiro forte, assim que ponho a colher na boca o sabor é forte também, mas delicado. Nem tem gosto de carne.

O sabor é forte, certo, mas o gosto me faz lembrar alguma coisa primal; uma floresta, talvez. É um sabor concentrado, quase antigo. Procuro uma boa descrição do que estou provando e, de repente, ela vem – *esse caldo tem gosto de cogumelo.*

Será que gastei US$ 16 e cinco horas da minha vida para chegar a algo que tem gosto de caldo de cogumelo porcini? Talvez seja um sinal para eu cair fora enquanto minha alma ainda está intacta.

Mas o caldo é bom, disso eu sei. E quando jogo os bolinhos lá dentro – feitos só com ovos e farinha de semolina – torna-se uma coisa ao mesmo tempo chique e reconfortante. Parece um prato de uma era esquecida (uma era em que as pessoas tinham tempo para gastar 5 horas fazendo um caldo para a sopa). O sabor concentrado, o gosto e o aroma amadeirado me dão nostalgia de uma coisa que eu sei que nunca experimentei. Termino a sopa me sentindo melancólica, um pouco sonhadora. Embora a tenha tomado, estou dizendo a mim mesma secretamente que é um caldo de cogumelo e não um caldo de perna de boi.

Essa tática funciona bem até a manhã seguinte, quando percebo que o resto da sopa que eu pus na geladeira está com uma consistência sólida. Era de se esperar. Bons caldos ficam assim depois que esfriam bem.

O que eu não esperava era a aparência que teriam os bolinhos de semolina suspensos no caldo de carne endurecido. Parecem sinistros envolvidos numa gelatina de carne. O caldo nem treme quando sacudo a tigela. Posso inclinar a tigela de lado sem que a sopa se mova nem um centímetro. É total e absolutamente repugnante.

Ligo para minha mãe e digo a ela que esse experimento de cozinhar carne talvez seja justamente a coisa certa para me fazer voltar para o seu lado – vegetarianismo total e absoluto. Ela ri, mas parece aliviada e, pelo resto da semana, farejo desconfiadamente a minha cozinha toda vez que entro nela, tentando verificar se ainda ficou algum cheiro de carne.

E o tutano – aquele negócio que Judy disse que deveria ser usado para fazer a gremolata? Este eu pus no freezer, enrolado em várias camadas de plástico. Antes de devolver o *Zuni Café Cookbook* à prateleira, viro a página para ver a receita. O que é gremolata? Nunca ouvi essa palavra antes.

Gremolata é uma mistura de tutano com ervas, alho cortado em fatias bem finas e raspa da casca do limão, usado tradicionalmente para acompanhar o ossobuco. O uso favorito de Judy para ela é esfregá-la num bife bem quente.

Deus do céu, *bife* não.

Capítulo quatro

# Châteaubriand e o culto ao bife

Quando meu irmão tinha vinte e poucos anos, mudou-se para Seattle e arranjou um emprego num restaurante de frutos do mar. Depois de alguns meses trabalhando ali, foi recrutado para subir o morro e trabalhar numa churrascaria. Os cheques eram maiores lá, as gorjetas mais generosas. Quando voltou ao restaurante de frutos do mar, para beber com os antigos colegas que havia deixado para trás, chamaram-no de Churrasco Boy. O apelido pegou.

Certa noite, durante uma visita de Natal a Seattle, eu estava no bar da churrascaria esperando meu irmão sair do seu turno de trabalho. Um dos garçons que trabalhava lá com ele me viu e notou a semelhança dos traços. Abriu bem os braços e me abraçou. "Churrasco Girl!" exclamou ele.

A churrascaria era fascinante. Eu não me cansava de ouvir as histórias que meu irmão contava – os homens de negócios chegando para comemorar algum contrato grande, ou os caras que tinham escalado o Monte Rainier naquele mesmo dia. O Seattle Young Millionaire's Club [Clube dos Jovens Milionários de Seattle] visitava a casa uma vez por mês e cada membro do grupo pedia uma garrafa de tequila que custava cem dólares cada. Era claro para mim que não se tratava apenas de uma refeição. No sentido de que champanhe é mais que uma simples bebida – é uma comemoração – jantar na churrascaria era muito mais que apenas jantar. Era se dar os parabéns da melhor forma possível, parabéns dados num estilo absolutamente americano.

O restaurante tinha uma atmosfera de clube – tapetes macios e espaços reservados e discretos. No cardápio havia garrafas de vinho que custavam US$ 1.200. Certa noite, uma mesa pediu uma dessas garrafas e, depois que terminou, quiseram outra. Não há uma quantidade muito grande desse tipo de garrafa no estoque, e o restaurante teve de pedir desculpas e perguntar se os fregueses estariam dispostos a tomar um vinho inferior – que custava só US$ 900 a garrafa.

Tudo na churrascaria era orquestrado para satisfazer os caprichos dos fregueses. Uma noite, meu irmão mandou um dos ajudantes de garçom ir até um supermercado no meio do seu turno de serviço para comprar *sorbet* para uma mesa que o havia pedido, mesmo não constando do cardápio. Mesmo quando os fregueses eram ignorantes, mal-educados e, de vez em quando, estavam errados, os garçons os mimavam. Podia não constar do cardápio, mas junto com a sua carne vinha uma deliciosa massagem no ego.

Eu sentada no bar da churrascaria, tentando pedir alguma coisa para comer enquanto esperava meu irmão encerrar o seu turno, foi cômico. Havia algumas saladas, mas todos os outros pratos vegetarianos eram servidos em porções tamanho família e vinham nadando em gordura – creme de espinafre, brócolis gratinados, cogumelos *à sautée*, aspargos com molho holandês. Pedi minha salada, enfrentei a provocação dos garçons ("Churrasco Girl é vegetariana? Não me diga!") e me contentei em assistir à cena que se desenrolava no restaurante: fregueses com a barriga e o ego bem alimentados.

Será que eu conseguiria fazer um bife para mim, na minha própria casa? A ideia é aterradora e, apesar disso, também tem um atrativo inegável. O bife parece o pináculo de nossa pirâmide de carne, o prato mais delicioso – não mais glutão – em que posso pensar. Se o clube do Bolinha tem um banquete de iniciação, com certeza deve ser bife.

E ali está o atrativo, ao menos para mim. Tenho uma longa lista de coisas bobas e às vezes perigosas que fiz porque os meninos as estavam fazendo – muitas vezes porque os meninos me disseram que eu não conseguiria fazê-las. Não há nada como um cara duvidando das minhas capacidades para me fazer querer provar a ele que está enganado. Isso levou a bizarras viagens de mochila que percorriam mais de 30 quilômetros por dia e nos fazia chegar mancando no acampamento à noite, a expedições para escalar montanhas destinadas a "fazer" a maior quantidade possível de picos, a descidas em *snow-boards* que estavam claramente além das minhas forças, voltas de bicicleta de 160 quilômetros e a jogar rúgbi na faculdade. Nunca consegui fugir de um desafio, principalmente quando qualquer questão masculina estivesse em jogo.

Parece que o item mais recente dessa lista vai ser "preparar um bife".

Bife é uma coisa que não posso fazer só pra mim. Eis aí uma coisa para a qual preciso de companhia – alguém que me diga se tem o sabor que deve ter. Não preciso pensar muito para descobrir a companhia ideal para o jantar. Num instante eu já sei que existe alguém perfeito para ser meu cúmplice nesse crime carnal: meu amigo Paul.

Sair à noite com Paul é um programa que muitas vezes acaba ao amanhecer, de vez em quando num bairro diferente de onde você começou. Ele é responsável pela maioria das minhas ressacas medonhas, a única pessoa do planeta capaz de me convencer a entrar em mais um bar e a pedir mais uma rodada. Já nos aventuramos juntos em dois continentes, já tivemos conversas que duraram dias e, em algum ponto entre as cervejas, coquetéis e tira-gostos gordurosos dos bares, Paul se tornou uma espécie de irmão.

Quando ligo para ele a fim de convidá-lo para o bife, acho que vou precisar de um pouco de culpa fraterna para garantir sua presença à mesa do jantar. É noite de um dia de semana, afinal de contas, e está meio em cima da hora, mas a resistência se dissolve à menção do bife.

– Estarei aí, – disse ele. – A que horas?

O que significa essa atração do bife para o homem norte-americano? É como a gatária para o gato. E pensar que em todos esses anos eu usei saia curta e pratiquei a arte da paquera, quando eu poderia só ter oferecido uns bifes e pronto...

— Explica esse negócio de bife pra mim, – digo quando Paul está se sentando na minha cozinha em toda a extensão de seu 1,85 metros. Ele está com uma cerveja na mão e com as mangas arregaçadas. – Taí uma coisa que não entendo.

Paul reflete por um momento, jogando o cabelo loiro para o lado.

— Você herda do seu pai, – diz ele finalmente. – Os pais adoram bife.

— Todos os pais? – Talvez seja por isso que não compreendo o apelo da carne. Fui criada sem pai.

— Bom, o meu adorava. Sempre ficava feliz quando tínhamos bife. Quando meus pais iam a um casamento, ele chegava em casa e dizia, "Foi um bom casamento – serviram carne!"

— Mas o que é que ele tem de tão maravilhoso assim? É o sabor? A textura?

— Não sei. É só um bife – mas é *bom*.

Podia ser só um bife para Paul, mas para mim era só stress. Eu tinha ido ao açougue mais cedo, naquele mesmo dia, depois de um telefonema em pânico para o meu irmão em Seattle.

— Preciso descobrir como fazer um bife. O que tem a me dizer?

— Não frita demais, – disse ele. Isso, evidentemente, é a única coisa que sei sobre bife.

Depois ele explicou como testar a carne, para ver o quanto ela havia cozinhado, usando como parâmetro a palma da mão. Encoste as pontas do indicador e do polegar e depois use a outra mão para apertar o pedacinho carnudo da palma logo abaixo da base do polegar. Essa é a consistência do bife malpassado. Se você passar para o polegar e o dedo médio, a almofadinha da mão parece realmente mais sólida, e essa é a textura do bife mais ou menos malpassado. O polegar e o anelar é o bife ao ponto; o polegar e o mindinho é o bife bem passado. É claro que é sobre isso que estão falando quando dizem que o polegar, que se opõe a todos os outros dedos, é um sinal da nossa evolução — é ele que nos distingue dos macacos.

— Mas que tipo de bife eu devo comprar? Eu sei que existem tipos diferentes, mas não sei quais são.

— Você deve fazer alguma coisa como o Châteaubriand. — Ele pronunciou a palavra com alívio.

Châteaubriand é um corte de carne do filé mignon, uma parte da vaca que está no mesmo plano do contrafilé, a mais ou menos um terço do caminho até a lateral. É isso que descubro quando olho para um desenho que mostra os diferentes cortes de carne.

Dizem que o Châteaubriand foi criado em homenagem a François-René, visconde de Châteaubriand, um nobre e diplomata francês dos séculos 18 e 19 que foi embaixador de Napoleão e secretário de Estado de Luís XVIII.

*Vou fazer um bife criado por um sujeito que serviu a Napoleão?*

Já tinha lido que o Châteaubriand é tradicionalmente preparado coberto por camadas finas de bacon para não deixá-lo secar enquanto está assando.

Carne de vaca enrolada em bacon? Hum, sinto muito. Só consigo enfrentar um tipo de carne por vez.

Em minha busca de informações, sou levada na direção do blog culinário *Meathenge*. Eu já tinha dado uma olhada no site algumas vezes, mas o foco inabalável na carne tinha me assustado. O nome *Meathenge* [*henge* é uma palavra de origem celta que designa uma área com um aterro e um fosso à sua volta e que quase todo mundo conhece por causa de Stonehenge, um templo antiquíssimo] me faz pensar em uma masmorra gótica cheia de carne — uma imagem repugnante para uma ex-vegetariana.

De volta ao lar, procuro *Meathenge* no computador e descubro uma postagem intitulada "Romance em torno do Châteaubriand." Para grande alívio meu, o artigo contém instruções simples passo a passo, junto com fotos de um pedaço obscenamente grande de carne crua.

Leio a postagem até quase sabê-la de cor. Talvez, se eu a recitar muitas e muitas vezes, como alguém rezando um terço, meu bife saia bom. Também posso fazer umas orações judaicas como medida de precaução.

O autor de *Meathenge*, que assumiu o pseudônimo de Biggles, observa que o Châteaubriand tem pouca a nenhuma gordura do lado de fora do corte. Isso significa que deve ser preparado em fogo alto, e rápido. Ele me orienta a aquecer o forno até 180ºC, e também ligar uma chama da parte superior do fogão. Enquanto Paul está em minha cozinha conversando, tento me concentrar no que estou fazendo.

Pego duas frigideiras pesadas de ferro fundido. A primeira eu coloco na chama com o fogo alto. Depois que ela está aquecida e que as gotas d'água que salpico com a ponta dos dedos pulam ao tocar o metal quente, derramo um pouco de óleo na dita cuja. Pego o Châteaubriand, agora cortado em dois pedaços, e tempero com sal. Depois, enquanto faço uma oração a meia voz, abaixo os dois pedaços de carne até o óleo quente. Eles crepitam e chiam, e eu ponho rapidamente a segunda frigideira em cima para apertar a carne. Biggles sugere usar um pedaço de bacon para prensá-la – como se eu tivesse um deles bem à mão – mas qualquer coisa pesada serve. Durante todo esse tempo estou concordando, com sinais de cabeça, com as histórias que Paul está contando, embora esteja ignorando quase todas elas. Estou com coisas mais importantes em que pensar.

Depois que ambos os lados da carne ficaram dourados, retiro a segunda frigideira e ponho os bifes no forno quente. A frigideira e o peso da carne quase deslocam o meu pulso, mas eu as enfio lá dentro e fecho rapidamente a porta. Desisti de fingir que estou ouvindo o que Paul está dizendo. Estou em comunhão com a minha carne e a voz de Biggles ressoa na minha cabeça. Sinto-me como Luke Skywalker, em *Guerra nas Estrelas*, quando ele pede ajuda a Obi-Wan Kenobi para destruir a Estrela da Morte.

– *Use a força, Luke,* – diz Obi-Wan.

– *Mantenha a carne quente,* diz Biggles. Quem sou eu para desobedecer?

O problema é quente quanto? Biggles quer que eu verifique a temperatura da carne com um termômetro fácil de usar, que não tenho. Tenho certeza de que o termômetro digital que uso quando tenho febre não chega a 180$^0$C. Essa, diz Biggles, é a temperatura de que você precisa para não ficar doente.

Meu Deus, preparar carne é uma batalha! Deem-me um bloco de tofu e estamos conversados.

Começo a abrir e fechar freneticamente as gavetas dos armários da cozinha, cheias de bugigangas distribuídas aleatoriamente – espetos para milho verde, esteiras de bambu para fazer sushi, *hashis* (pauzinhos usados pelos japoneses como talheres). Lembro-me de ter visto um negócio esquisito no fundo de uma das gavetas. Apareceu numa sacola de coisas de cozinha das quais minha mãe estava querendo se livrar. Joguei-as na gaveta sem olhar para o que estava lá dentro. Não tenho certeza de que é um termômetro, mas pode ser.

Agora Paul está olhando para mim como se eu fosse louca.

– Precisa de ajuda? – oferece ele.

Finalmente acho o que estava procurando. *Sim, é um termômetro!* Ao menos eu penso que é.

Esse negócio tem todo o jeito de não ter sido usado desde algum dia da década de 1950; tem a ferrugem para provar isso. Tenho quase certeza de que chamariam isso aqui de antiguidade no mercado de pulgas – vendido como artigo de decoração, não para usar – mas é a única opção que eu tenho.

Desde que me ajude a garantir que não estou servindo veneno em forma de comida a meu amigo, para mim está ótimo. Não digo a Paul porque estou tão ansiosa para encontrar um termômetro. Quero que ele fique para o jantar.

Tiro a carne do forno e enfio a ponta do termômetro na parte mais grossa da carne. Ela está toda dourada e chiando. Contraiu um pouco, mas ambos os pedaços ainda estão bem grandes. Aí espero um pouco. O vermelho do termômetro está subindo lentamente. Paul está olhando para mim desconfiado, de modo que abro outra cerveja para ele. Se eu o envenenar, talvez o álcool ajude. Bebida alcoólica também não funciona como antisséptico?

O vermelho sobe, mas para nos $50^0$C. Hesito em pôr de novo a carne no forno; não quero que asse demais e vire uma sola de sapato. A partir do que me disseram, não há nada na terra tão ruim quanto carne cozida demais – pior que a fome, as inundações, as pestes ou o sacrifício dos primogênitos. Biggles diz que vai haver um outro estágio, que a temperatura da carne vai continuar subindo alguns graus, mesmo fora do forno. Devo arriscar?

Chego à conclusão de que veneno em forma de comida é melhor que uma peste e declaro os bifes prontos. Vou comer a coisa também. Paul vai ter companhia em sua desgraça.

Mas, primeiro, o tutano! Enquanto os bifes descansam durante os 10 a 15 minutos recomendados (e sobem os $8^0$ que espero sinceramente que subam), coloco um pouco do tutano rosa e cremoso sobre a tábua de cortar carne. A ele acrescento raspa de casca de limão, alho, salsa, sal e pimenta. Corto tudo junto, incorporando o resultado à pasta cremosa. Estou de costas para Paul enquanto faço isso e satisfeita por ele não poder ver a tábua de cortar carne. Tenho medo de ele perguntar o que é esse negócio rosa. Não sei como explicar que vamos ter tutano cru no jantar.

Mas a cerveja parece estar funcionando, e Paul está contando histórias engraçadas de seus colegas de trabalho. Posso espalhar a mistura nos bifes fumegantes – que continuam chiando – sem levantar suspeitas. A gremolata derrete imediatamente e entra nas frestas do bife, deixando as ervas e as raspas de limão espalhadas por cima dele. O cheiro é bom.

Começo a fazer o resto do nosso jantar – massa com alho-poró e cebolas caramelizadas, e uma salada de tomate com manjericão. Depois coloco um bife em cada prato. Um deles é maior, e é este que planejo dar a Paul. Enquanto me preparo para servir a refeição, paro, olhando consternada para os dois pratos.

*Onde estão os legumes e as verduras?*

Claro, tem um pouco de salada de tomate, mas é praticamente uma guarnição se for comparada à quantidade imensa de carne. Há um pouco de cebolas caramelizadas com a massa, mas a quantidade é insignificante. Não é com isso que estou acostumada. Um jantar médio para mim seria ao menos metade de legumes e verduras – abóbora assada e acelga *à sautée*, ou *ratatouille* em cima de um cuscuz. Eu sei que as diretrizes da FDA [órgão federal do Ministério da Saúde dos Estados Unidos, responsável pela aprovação de remédios e produtos relacionados à saúde] recomendam ao menos cinco porções de frutas ou legumes por dia, mas em geral eu como até 10.

Mas, esta noite, não vou comê-las. E me pergunto quantos legumes o consumidor médio de carne ingere. Disseram-me que tem gente que come carne três vezes ao dia (difícil eu acreditar, mas parece verdade). Se eu fosse comer ovos e bacon no café da manhã – ou mesmo que fosse só um cereal – um sanduíche de peru no almoço e bife fosse o meu jantar, eu não estaria consumindo nem três porções. De repente, aquelas recomendações da FDA, que eu sempre achei bobas e desnecessárias, começam a fazer sentido.

Também não é uma coisa esnobe. Eu certamente não me considero moralmente superior por causa do meu consumo de legumes e verduras. Não gosto de falar desse assunto antes do jantar, mas me pergunto se as coisas são fáceis no banheiro para as pessoas que comem muita carne e não comem muitos legumes e verduras. Não consigo deixar de pensar que elas podem ficar um pouco entupidas, se é que você me entende.

Não menciono isso a Paul. Em vez disso, caminho até a sala de jantar com dois pratões cheios de carne, cada um deles muito mais pesado que qualquer refeição que já fiz para mim. E sorrio. Foi Martha Stewart quem disse que uma boa anfitriã deve ser como uma pata – por cima d'água ela parece calma e serena, enquanto por baixo da superfície ela está remando feito louca? Será que isso inclui uma anfitriã que é ex-vegetariana tentando servir seu primeiríssimo bife?

Com a serenidade de um cisne (dane-se o pato, eu só fiz um bife!), coloco o prato de Paul na frente dele e tomo o meu lugar do outro lado da mesa. Paul está olhando para mim com o sorriso do gato de Cheshire. Se ele não fosse casado, e se ele não fosse o melhor dos amigos platônicos, eu pensaria que ele estava com más intenções. Mas não sou eu quem o deixa ardendo de desejo.

– Que cheiro *bom*. – Há um tom na sua voz que nunca ouvi antes – não somos *esse* tipo de amigos.

– Manda bala, – digo-lhe com ar de quem não quer nada. Ele não tem ideia da batalha que tive de travar para terminar essa refeição, e não tenho a intenção informá-lo a respeito.

– O que é isso aqui em cima?

A pergunta é feita num tom inocente, despreocupado, enquanto ele corta o bife. Será que explico o lance do tutano? Ele está tão concentrado na carne que não vai notar se eu não responder. Às vezes, a ignorância é uma bênção.

– É salsa, alho e limão, – digo com doçura. – Ajuda a temperar o bife.

Paul já está traçando o bife, a boca cheia, e cortando mais.

– Que maravilha! – exclama ele entusiasmado. – Delicioso.

– Mesmo? – Estou cutucando o meu bife; parece um pouco seco.

– Mesmo, está ótimo.

É evidente que Paul está curtindo, comendo com um gosto que me lembra um leão estendido à sombra com sua presa. Quase espero ouvi-lo ronronar bem alto.

Começo a cortar a minha carne e sinto grande alívio ao ver que está rosa, mas parece realmente um pouco dura.

– Tem certeza de que não passou do ponto? Está meio dura pra cortar.

– As suas facas bem que poderiam ser um pouco mais afiadas, mas a carne está deliciosa. Perfeita.

Aquelas facas que eu uso para cortar tofu? É, provavelmente poderiam ser um pouco mais afiadas. Rio e parto para o meu bife.

A carne está firme, mas não está dura. As ervas impregnaram o bife com seu sabor, que intensifica sutilmente o gosto da carne. O tutano derreteu de maneira tão convincente que nem penso nele. Embora talvez seja o tutano que tenha deixa a sensação deliciosa que vem junto com o sabor dessa carne – não está gordurosa, está exuberante.

Isso não é algo que você possa comer regularmente – ao menos eu não poderia. Mal consigo comer metade do meu bife.

Mas Paul não está tendo esse tipo de problema.

– Você devia fazer esse prato mais vezes, – diz ele. Seu bife já está quase no fim agora, o ritmo de sua mastigação diminuiu. Está relaxado na refeição, saboreando os momentos finais. – Se fizesse, eu não ia sair daqui.

– Seria o nosso segredinho carnal, – brinco eu. – Não sei bem se a sua mulher ia gostar.

Paul sorri para mim.

– É, talvez seja melhor você não fazer, – diz ele. Depois pega o último pedaço do bife.

Tomo um gole de cerveja e me recosto na cadeira, bem satisfeita com os resultados do meu desempenho de estreia. Não há nada como conseguir impressionar um cara preparando a comida de seu povo, conseguir fazer seus olhos se erguerem de prazer puro e simples com o que você pôs no seu prato. Dê-me outra cerveja que sou capaz até de declarar ter talento no setor de preparo de carnes. Estou me sentindo uma mulher bacana, muito bacana mesmo.

Só espero que Paul continue me achando bacana depois de eu lhe ter servido veneno em forma de comida.

Capítulo cinco

# Eu sempre quis ser um gaúcho da Argentina

Não sei o que as outras crianças educadas na contracultura queriam ser quando crescessem (banqueiros, talvez?), mas durante um bom ano ou dois, eu estava determinada a ser um vaqueiro. Não uma vaqueira – deus me livre – ia parecer idiota. Eu queria ser um vaqueiro, mas não um vaqueiro qualquer.

Outras crianças podem ter se apaixonado por aqueles vaqueiros americanos com suas calças jeans e seus chapéus típicos, mas eu não estava interessada neles, não. Já tive a minha cota de vaqueiros americanos. Vivemos no país deles e passamos por vacas todo dia para ir para a casa. Toda primavera comemoramos a história da nossa vida rural no nosso pedaço de chão do condado de Marin, em Western Weekend, na cidade próxima da estação de Point Reyes. Havia vaqueiros e vaqueiras, cavalos, botas e chapéus. Eu não moraria numa fazenda, mas sei como é.

Não, eu queria algo mais exótico e excitante. Fui atraída pelo encanto das aventuras no estrangeiro, já nessa época. Eu não queria ser um vaqueiro qualquer – queria ser um vaqueiro argentino. Queria ser um gaúcho.

Onde foi que ouvi falar de gaúchos, já que fui criada sem televisão e com pouco cinema? Como uma filha da contracultura chega à conclusão de que deseja fugir para a Argentina? A culpa eu atribuo à tentação eterna que é a *National Geographic*.

Todo mês recebíamos um exemplar dessa revista. Como muitas crianças, meu irmão e eu ficávamos fascinados pelas fotos. Passávamos horas esquecidas olhando para as imagens da lula gigante e de mulheres que andavam sem camisa. A nudez não era chocante – fomos criados na terra das banheiras de água quente, de nadar sem roupa, de mesas de massagem – mas gostávamos das outras imagens. Certo mês, a revista publicou um artigo sobre os gaúchos, os vaqueiros argentinos que cavalgavam pelas planícies, os pampas. Fiquei vidrada. Esqueça as pessoas nuas – *isto* era interessante.

Os gaúchos usavam ponchos que voavam dramaticamente sobre os ombros, e uns chapéus pretos bacanas de abas bem largas. Aos meus olhos, eles pareciam muito mais vistosos que todos os vaqueiros americanos juntos. Perto dos gaúchos, os vaqueiros americanos, com suas camisas sem graça abotoadas de cima a baixo, pareciam completamente insípidos. Ao menos era a impressão que eu tinha aos oito anos de idade. Eu tinha me apaixonado recentemente por cavalos e a ideia de cavalgar pelos pampas todo dia usando um chapéu bacana me parecia o sétimo céu. Eu queria me juntar a esses personagens enigmáticos e me tornar uma gaúcha também.

Não dá para falar de gaúchos sem falar de churrasco com molho chimichurri, uma combinação argentina clássica. Certa vez eu assisti a um programa de culinária onde o *chef* preparou um molho com salsinha, alho e azeite de oliva que parecia delicioso (por que os vegetarianos se dão ao trabalho de assistir a programas de culinária que falam de carne, é uma coisa que eu não sei explicar). Talvez conseguisse preparar eu mesma alguma comida de gaúcho.

Estou tentando dar um tratamento justo a esse negócio de carne. Comê-la não me levou a perceber nenhuma diferença significativa para melhor. Eu não havia percebido diferença nenhuma, mas talvez eu não tivesse comido uma quantidade suficiente. Cheguei à conclusão de que gosto de um desafio. Hoje à noite vou jantar como um gaúcho: churrasco com chimichurri.

Entro no açougue aquela tarde com algo a provar. Talvez seja a minha inspiração gaúcha, mas nada, nem ninguém, vai atrapalhar os meus planos. Se eu estivesse usando um poncho, ele teria voado dramaticamente sobre meus ombros e desafiado aqueles caras do açougue a criticar meu pedido. Estou disposta a falar grosso.

– O que é que vai ser hoje? – Perguntou um dos açougueiros mais velhos, o que parece um tio.

– Vou querer aba de filé, – respondo.

– Tá na mão.

Ele sabe que estou com tudo em cima – nenhuma pergunta engraçadinha, nenhuma casca de banana para eu escorregar.

– Aí vai. – Ele põe o pacote embrulhado com papel em cima do mostruário.

Mesmo? Então é isso? Quase fácil demais. Se eu soubesse que era tão simples assim pedir uma aba de filé, talvez tivesse começado minha exploração da carne com ela. É como roubar doce de criança.

Quando chego em casa, as coisas continuam a me atrapalhar. O prato é simples – uma mistura de cominho e coentro deve ser esfregada na aba de filé. Sou meio exigente na hora de esfregar a mistura – estamos falando de longas tiras de carne entremeadas com fios finíssimos de gordura – mas que não é nada em comparação com o lance de retirar o tutano do osso. Se dessem prêmios às bandeirantes por causa da carne, eu já teria ganho o meu.

O molho é realmente a parte mais interessante para mim. Salsa fresca, alho, azeite de oliva e vinagre – parece uma versão primaveril do pesto italiano, embora mais forte por causa do efeito estimulante do vinagre.

Se formos acreditar na lenda, o molho chimichurri foi inventado por um irlandês, um tal de Jimmy McCurry, que lutou pela independência da Argentina no século 19. Outra versão da história levaria você a acreditar que o chimichurri foi inventado pelo importador inglês de carne Jimmy Curry. Seja quem for o responsável entre esses dois, a gente fica se perguntando se ele não estaria tentando recriar o molho de hortelã servido tão frequentemente com cordeiro assado. Talvez ele só tenha pensado que qualquer erva verde serviria e mandou bala com a salsa no lugar da hortelã.

Ah, mas o chimichurri é muito melhor que o molho de hortelã. São tantas ervas diferentes, verdes e frescas – o equivalente culinário da grama recém-cortada. Tem a acidez do vinagre e uma pitada de calor da pimenta também. As ervas e o alho são misturados num processador de alimentos para uma mistura ligeira de verdes brilhantes, tão vívidos, tão primaveris...

A carne, quando a retiro do forno e salpico um pouco do chimichurri em cima dela, o que vejo são manchas de verde-escuro em cima do rosa e marrom da carne. O calor da carne começa a soltar o perfume do alho e das ervas do molho, e fico embriagada só com o cheiro dela. Estou satisfeita por me encontrar a sós na minha cozinha, pois não posso acreditar que um prato de carne esteja prestes a me fazer entrar em transe. Ainda nem provei, e já estou com medo de estar apaixonada. Acho que posso entrar numa roubada agora.

Na verdade, estou numa roubada. Por força do hábito, coloquei as tiras da aba de filé com chimichurri numa tigela, uma das tigelas de sopa que costumo usar nas refeições. O problema é que a carne precisa ser cortada, e cortar carne numa tigela de sopa é uma perspectiva complicada. Espeto o garfo e a faca na dita cuja, mas não no ângulo que preciso para fazer um corte decente. Tento algumas vezes, mas acabo desistindo e me dando conta de que a carne tem de ser servida num prato; precisa de uma superfície plana para ser cortada.

Não uso nem os pratos certos para comer carne.

É verdade, uso tigelas de sopa o tempo todo. Tudo que eu como vai bem numa tigela – sopas, saladas, grãos e sementes, massas, legumes e verduras em cubinhos passados rapidamente no óleo quente, cereais. De vez em quando vario com um pratinho de doce para as torradas, um sanduíche raro, ou ovos de manhã, mas é tudo. A não ser que eu tenha companhia, nunca uso pratos rasos.

Sou uma excêntrica, claro. Mais um jeito de ser esquisita e diferente.

Já castigada, pego um prato raso (sem uso desde o jantar de bife do Paul) e derramo minha tigela de carne com molho na superfície lisa e plana que, por acaso, é simplesmente perfeita para cortar carne. Veja só.

Quando por fim me sento para comer a aba de filé com chimichurri, parece que estou esperando há uma eternidade por essa primeira mordida, talvez a minha vida inteira. O sabor explode na minha boca, um clamor de ervas verde-escuro e alho com notas bem perceptíveis de vinagre, ácido e límpido. Ele vem no meio do sabor e da textura densa da carne que oferece um contraponto à viagem que é o chimichurri. O sabor ácido contrasta com o gosto forte da carne, um equilíbrio perfeito. Não diga a ninguém, mas eu acho que posso estar apaixonada. Quem diria que a carne tem um gosto tão bom? Eu devia ser um vaqueiro argentino, sei disso.

Posso ter crescido neste país, não muito longe de suaves morros verdes e fazendas de gado; mas, na verdade, sei muito pouco sobre a vida de vaqueiro. Não tenho nem mesmo certeza de que ainda existam vaqueiros. É fácil pensar que eles desapareceram há muito tempo, como os bandidos mascarados e o Pony Express. Uma parte tão grande da nossa vida e da nossa comida está mecanizada hoje em dia, selecionada ou plantada por máquinas... Eu me pergunto se as vacas não são criadas em ambientes antissépticos, parecidos com laboratórios. Talvez os vaqueiros rudes de antigamente tenham sido substituídos por irritantes supervisores de laboratório que digitam as instruções para os cuidados necessários com o gado num exército de máquinas que levam para o pasto, onde marcam com ferro em brasa e puxam com uma corda os bovinos sob sua responsabilidade. Não estamos num admirável mundo novo?

Na verdade, não estamos. Não em todos os aspectos. Não quando se trata de criar gado.

Mais ou menos nessa época, descubro um novo blog, escrito por uma mulher que vive com o marido e os quatro filhos numa fazenda de gado em Oklahoma. O site de Ree Drummond, que ela batiza de

Confessions of a Pioneer Woman [Confissões de uma pioneira], mostra crônicas da vida na fazenda: acordar às cinco da manhã, selar cavalos e cuidar do gado. Até os filhos pequenos participam, sua menina de sete anos dirige o carrinho de mão, enquanto o marido e a filha de nove anos colocam feno para o gado no inverno. Os meninos menores andam a cavalo desde os três ou quatro anos, minúsculas cabecinhas loiras que praticamente dormem na sela. É preciso levar o gado para o pasto, marcá-lo a ferro e castrá-lo – com os testículos dos bezerros usados em brincadeiras e talvez até para serem cozidos e devidamente traçados.

Mais um benefício secundário do vegetarianismo é o fato de eu nunca ter precisado pensar no que sinto ao comer uma Ostra das Montanhas Rochosas, outro apelido dado aos testículos dos bezerros. Não posso dizer que me sinto completamente infeliz por isso.

É um mundo fascinante este sobre o qual Ree escreve – um mundo muito diferente do meu. A fazenda de gado onde ela vive pertence à família de seu marido há gerações e parece que a vida e o trabalho ali não mudaram muito. Tenho certeza de que o progresso das vacas é acompanhado pelo computador hoje em dia, mas parece que não há computador que acorde às cinco da manhã e leve o gado para o pasto em seu lugar. Não há computador que saia de carro no inverno para pôr comida para o gado quando a grama está coberta de neve, nem que abra um buraco na sua represa congelada para os animais poderem beber. E quando chega a época das chuvas e os rios sobem e destroem as suas cercas, não há um computador que vá lá embaixo e as conserte enquanto você fica deitado numa rede na varanda comendo uvas sem a casca. É trabalho duro, feito à moda antiga. O vaqueiro tem uma aura de romantismo, mas no fim do dia há mais ranger de dentes do que glamour.

E há os vaqueiros. Ree chama o marido de Marlboro Man; o apelido tem a ver. Os homens da fazenda de Ree vestem calças jeans e perneiras de couro. Eles me fazem ver o vaqueiro americano de uma perspectiva inteiramente nova, e estou chateada por sempre ter achado que eram insípidos. Não há nada de insípido em ombros largos, mandíbulas bem desenhadas e braços musculosos. Aos oito anos, eu não sabia o que estava pensando.

O que as fotos do trabalho da família de Ree revelam todo santo dia é paixão. É um tipo de trabalho que começa antes do amanhecer, acaba com a coluna e faz suar muito. Ninguém resolve trabalhar com gado porque é um trabalho fácil. Não consigo imaginar que um criador de gado, um agricultor ou um vaqueiro tenha folga no fim de semana – aqueles animais precisam ser alimentados sete dias por semana. Talvez o vaqueiro mereça toda a aura de romantismo associada a ele; ele merece – e as vaqueiras também.

Você vai me perdoar por eu pensar nos vaqueiros por um momento, e não no que acontece com as vacas no fim da linha. Ainda prefiro pensar nos animais de olhos doces da fazenda de Ree como criaturas inteiramente separadas daqueles pedaços de carne que vejo no açougue – ou da porção de aba de filé que acabei de preparar na cozinha.

Quer dizer, será que a maioria de nós não preferiria isso?

Continuo fazendo o chimichurri, estou viciada. Faço para os amigos que o adoram tanto quanto eu. Eles passam a receita para mais gente. Quando apareço para visitar minha amiga Carrie e seu novo bebê no hospital, a mãe dela me dá uma olhada e diz:

– Você é aquela que faz o chimichurri.

Talvez eu seja *mesmo* uma Churrasco Girl, afinal de contas.

Mas, à medida que o tempo passa, começo a me perguntar se é da carne que eu gosto ou só do molho verde ácido. Acredito muito no poder de um bom molho. Será que alguém comeria caracol não fosse a manteiga de alho? Acho que não.

Será que eu gostaria tanto assim de aba de filé não fosse o chimichurri? E se é só do chimichurri que eu gosto, por que me incomodar com a carne?

Um dia resolvo experimentar o molho chimichurri numa massa. Desisti de usar o processador quando vou prepará-lo só para mim. Pico as ervas e o alho à mão. Acrescento pimenta vermelha em flocos, azeite de oliva, vinagre. A pasta de um verde vibrante e cheiro penetrante me fazem pensar em primavera, em verão, em estar ao ar livre e raios de sol, na sensação da grama e da areia embaixo dos pés descalços. Ponho uma colher de sopa bem grande numa tigela cheia de massa, misturo bem e me preparo para provar minha nova criação. Será que vai ser tão boa quanto a aba de filé?

Na próxima vez, vou esquecer a carne. Conforme se vê, o molho é tudo quanto eu preciso para ficar feliz. Chega de falar das minhas florescentes possibilidades carnívoras. Parece que, no fundo, ainda sou vegetariana.

Capítulo seis

# O bacon é uma porta para as drogas

Certa vez tive uma amiga que dividia o aluguel comigo e que chegava em casa com pacotes de carnes e fazia refeições que me fascinavam. Seu prato (ela usava realmente um) era sempre dividido em três: uma carne, um vegetal, um amido. Para mim, parecia o tipo de prato que você pede num restaurante. Em geral, minhas refeições parecem ter saído da seção de saladas. Minha amiga também adorava seus açougueiros. Sempre chegava em casa rindo, dizendo que eram os maiores paqueradores do mundo.

Agora tenho dois açougueiros jovens e fofos, mas há pouquíssima paquera lá no Drewes. Talvez, se eu me embonecasse com uma saia curta e salto alto, as coisas ficassem um pouco mais interessantes, mas não tenho certeza de querer chegar a esse ponto (trata-se de um açougue, não de um bordel).

Estou fazendo o esforço de comer carne; nesse caso, será que eu não mereço um bate-papo pra me distrair na fila – alguma coisinha que me faça rir? Uma paquera pode fazer muito no sentido de aliviar o medo e a paranoia que ainda me perseguem meses depois da minha primeira experiência com a carne.

O que deve fazer uma moça que está vendendo saúde? Entre os 20 e os 30 anos, eu podia ter me perguntado o que havia de errado comigo, mas vivi e aprendi. Agora com mais de 30, estou mais sabida e resolvi levar meus encantos consideráveis para outra freguesia. Quando topo com homens americanos depreciativos, faço o que milhões de mulheres fizeram antes de mim – vou pra Europa. Deixo-me seduzir pela *charcuterie*: frios com sotaque europeu.

Ponho a culpa disso tudo na minha amiga Sam. Ela é inglesa, tem um namorado francês e é claramente mais sabida que eu nessas coisas. E quando Sam começa a se desmanchar em elogios ao *saucisson sec* feito pela *charcuterie* local, Fatted Calf, eu tenho de experimentar – em nome da minha experiência de consumo de carne, lógico.

E o que é *saucisson sec*, afinal de contas? Bom, se você me perguntar, vou lhe dizer que é uma bênção, mas na verdade é um tipo de salumi, ou salame. É uma das muitas coisas que você encontra numa *charcuterie* – bem como linguiça, bacon, patê e qualquer tipo de carne defumada, salgada e curada. Ainda não tenho certeza do que sinto pela carne, mas quando se trata de carne de porco – ou pelo menos de produtos de carne de porco curada – acho que posso estar apaixonada.

Ao contrário dos açougueiros do Drewes, Taylor Boetticher, o homem atrás do balcão do Fatted Calf, que fica na Ferry Plaza Farmers's Market, de São Francisco, tem a maior satisfação em explicar os diferentes produtos e métodos que usa em sua fabricação. Taylor e sua mulher, Toponia Miller, fundaram o Fatted Calf depois de um aprendizado com o célebre açougueiro Dario Cecchine, da Toscana, um açougueiro que cita Dante Alighieri. Quando conversamos, falamos de Chianti, uma região da Toscana onde ambos passamos algum tempo. Não digo a ele que nunca entrei no açougue de lá. O javali selvagem empalhado, que fica do lado de fora da porta, me pôs pra correr.

Há muitos produtos na banca do Taylor que também poderiam me pôr pra correr. Há potes de *rilletes* cobertos de gordura cremosa, potes de pato em conserva – e até potes de gordura pura de pato. Há *crépinettes*, pasteizinhos de carne de porco moída temperada com uma renda branca de gordura. Essas são coisas que não estou muito a fim de experimentar. Pretendo me ater principalmente ao salame. Só ele já é suficiente para me meter numa roubada.

Lá também tem *mortadella*, um salsichão delicado e com um leve gosto de carne defumada, recheado com pistache. Com suas cores rosa e verde-claro, parece um lindo ovo de Páscoa. Sinto-me na obrigação de mencionar que há cubinhos de gordura branca escondidos no meio de toda aquela bela cor rosa. O que me mantém à distância por um minuto; mas aí me lembro de que *já comi tutano*. Todo o resto empalidece em comparação.

Há *prosciutto*, carne de porco defumada cortada em fatias tão delicadas e finas que, quando ponho uma delas na boca, ela praticamente derrete no meio de um sabor salgado exuberante e delicioso. Certa vez namorei um italiano que enrolava *prosciutto* em volta de *grissinis* [palitos crocantes de massa], que consumia como tira-gosto. Eu olhava, mas nunca me permiti provar nem uma única vez. Agora estou arrependida de ter me reprimido. Sem saber, abri mão de anos dessa tentação saborosa.

Mas, se eu fosse entregar meu coração a um produto da *charcuterie*, seria o *finocchiona* – um salame apimentado e recheado com sementes de erva-doce. É um sabor antigo, salgado, criterioso e inteligente. As sementes de erva-doce dão um toque vegetal e não consigo parar de comer o dito cujo.

Minha amiga Anita declarou certa vez: – Me dá meio quilo de bacon que eu converto qualquer vegetariano! – Talvez estivesse certa; até os vegetarianos têm um fraco pela *charcuterie*.

Minha mãe – vegetariana há mais de 50 anos – confessa que ainda sente um pouco de falta do bacon. Minha cunhada vegetariana adora pasteizinhos de soja que imitam a linguiça. E quando eu estava na faculdade, trabalhando como instrutora de viagens de mochila, um dos instrutores vegetarianos pedia os restos do salame de todos os participantes. Em geral, ele comia a minha porção.

Talvez ele fosse um *salamitariano*, um parente próximo do *baconariano*, ambos *charcuterianos* praticantes. Penso neles como membros de seitas religiosas diferentes, que fazem seu culto, todas elas, no altar da carne de porco.

Eu também sempre morri de vontade de comer salame, e aí está uma coisa que nunca admiti. Quando estava nos primeiros anos do ensino fundamental, uma vez por semana eu dormia na casa de amigos da família que moravam perto da escola que meu irmão e eu frequentávamos. Eu tinha uma aula de balé bem tarde, e o trajeto de volta para nossa casa na área rural era longo. Depois do balé eu andava alguns quarteirões até a casa de Bebe e Rod, onde eu passava a noite. Na manhã seguinte, Bebe me deixava na escola, sempre depois de me fazer um sanduíche de salame num pãozinho redondo de massa azeda e muita mostarda. Ela tinha duas filhas, agora adultas e fora do ninho. Ela sabia encher uma lancheira.

Eu achava aquele sanduíche a melhor coisa que eu já tinha provado. Parecia um sanduíche que você compra numa casa de frios, ou vê na televisão, e eu ficava alegríssima por comer um sanduíche tão normal assim – nem uma única folha de alface, nenhum feixe de brotos! Eu nunca falei disso com minha mãe, por medo de ela pedir a Bebe para trocá-lo por manteiga de amendoim e geleia.

Embora eu adorasse aquele sanduíche, ele me assustava um pouco. O salame me deixava nervosa – por causa dos cubinhos cortados que eu via em toda fatia. Perguntei à nossa baby-sitter o que era aquilo; ela olhou para mim muito séria e disse: – É melhor você não saber.

Tenho certeza de que todos aqueles terríveis pedaços de carne que não podem ser maquiados e vendidos de nenhuma outra forma estão escondidos naqueles longos rolos defumados – o mesmo se pode dizer dos cachorros-quentes -, mas não consigo deixar de comprar meu salame todo sábado na banca do Fatted Calf no mercado dos produtores. No começo eu digo a mim mesma que a ignorância é uma bênção, mas esse consolo não dura muito. Vou ter de descobrir algum dia. O que há realmente nessa comida mágica? Será que eu quero mesmo comer esse negócio?

Quando pergunto a Taylor se posso ir ao Fatted Calf e assistir enquanto ele fabrica seus produtos, ele é cordial e receptivo. Pergunto também se preciso usar um determinado tipo de calçado. Imagino que as instalações devem ser cheias de sangue, com pedaços de carne e nacos macios e úmidos de gordura jogados por todo lado, mas ele me diz que posso usar o que bem entender. Quando chego lá, não encontro nada além de uma cozinha comercial comum, muito limpa e bem arrumada. Minhas imagens de sangue e carnificina viking são inteiramente despropositadas.

Taylor também não é o que imagino quando penso num fabricante de frios. Imagino um velho europeu barrigudo com sotaque e um avental salpicado de vermelho, mas Taylor é jovem, tem cabelos loiro-acastanhados, olhos azuis e muita energia. Em geral usa calças jeans e um boné de beisebol e é o tipo de cara com quem você ia gostar de tomar umas cervejas – ao menos eu ia gostar.

– Eu gosto da *charcuterie* porque ela usa o animal inteiro – explica ele. – Depois que você tira todos os bifes, ainda sobra um monte de carne. Se você quiser mostrar respeito pelo bicho, tem de usar o corpo todo.

Enquanto ele me mostra a cozinha, fala mais de filosofia que de técnica. Passamos pelo defumador, que parece um forninho elétrico, mas consegue transformar a carne de porco num belo toicinho defumado, e passamos também por prateleiras de linguiças *fegatelli* penduradas para secar.

– Vamos ser pragmáticos: as pessoas não vão parar de comer carne. Por isso é importante criarmos os animais da maneira certa, – explica ele. – Só porque ganho a vida vendendo carne não significa que sou um assassino por atacado.

Este é um comentário que me dá o que pensar. É fácil para os vegetarianos acharem que são os únicos a se preocuparem com o bem-estar dos animais, mas a verdade é que há carnívoros que também se preocupam. Pode parecer absurdo – como ambientalistas e caçadores trabalhando juntos para salvar os pântanos. Um grupo quer preservar um ecossistema, o outro quer manter o ecossistema saudável para poder continuar tendo patos para caçar. Os valores são diferentes, mas o caminho que percorrem é o mesmo.

Ao mesmo tempo, quando vejo um artigo online sobre um *chef* tentando fazer campanha em favor de um tratamento melhor aos animais, a seção de comentários sempre tem palavras tocantes – escritas provavelmente por vegetarianos – sobre o fato de eles estarem sendo bem tratados para poderem ser mortos e consumidos. Posso ser uma boba, mas ainda acho que isso é melhor do que tratá-los mal e *ainda por cima* matá-los.

– Os animais vão ter de morrer um dia, – diz Taylor. – Até esse momento, devem viver como os animais vivem, em pastos, correndo por toda parte. – Taylor e Toponia têm o cuidado de comprar sua carne de fazendas que criam os animais assim – no pasto, sem antibióticos e sem hormônios. – O setor de carne industrializada é um atentado, – diz ele. – Não quero fazer parte dele.

Estamos a poucos passos da sala de defumação, uma sala especial onde há uma floresta de salames pendurados – uns 200 quilos de carne. É uma coisa espantosa de se ver, e não consigo pensar em nenhum equivalente no mundo vegetariano. Isso é engenho humano, desenvolver uma forma de preservar a carne para fazê-la durar até um momento em que ela não existe em abundância. As raízes da *charcuterie* são profundas – remontam aos romanos, aos gregos, aos egípcios, que salgavam, secavam e defumavam as carnes para preservá-las.

A carne curada dura até cinco meses. Algumas *charcuteries* usam uma cultura que desencadeia o processo, mas Taylor prefere não usar nada. – Ela dá o mesmo gosto a todos os produtos, – diz ele. – Eu quero que cada um deles tenha o seu próprio sabor.

Pergunto a Taylor qual é a sua opinião sobre toda essa questão de comer ou não comer carne. Fico surpresa com a resposta.

– Eu não como carne todo dia, – diz ele, – e não acho importante todo mundo comer carne todo dia. Mas, se for comer carne, certifique-se de que é de boa procedência, que ela vem de um lugar que merece a sua confiança. – Taylor diz que já deu um basta em fregueses do mercado dos produtores – disse-lhes que já haviam comprado o suficiente para a semana e que deviam voltar no sábado seguinte. – Um dos motivos pelos quais gosto da *charcuterie* é que ela incentiva o consumo de porções pequenas de carne de boa qualidade.

O produto que está sendo fabricado no dia em que visito Taylor é um *boudin noir* – uma linguiça francesa que, bom, não sei bem como dizer isso de uma forma legal, de modo que vou direto ao ponto: é uma linguiça de sangue, um chouriço.

Eu já tinha visto linguiça de sangue antes. Há vários anos atrás, quando estava viajando de bicicleta pelo litoral ocidental da Irlanda, fiquei numa série de hoteizinhos que serviam um desjejum irlandês completo: ovos com bacon, cogumelos ou um tomate grelhado e uma ou duas fatias de chouriço parecidas com um disco de hóquei, também chamadas de linguiça preta ou pudim preto (ah, eufemismo, que bons serviços você nos presta!). Às vezes havia até uma fatia de pudim branco (linguiça sem sangue) para acompanhar o pudim preto. Nunca consegui reunir coragem para provar essas coisas. Quando a dona do hotelzinho virava as costas, eu os escondia num guardanapo para jogá-los fora mais tarde. Eu devia ter-lhes dito francamente que não queria nada daquilo, mas temia ofender o orgulho nacional. Em geral, acho que a gente deve comer a comida do lugar, mas salsicha de sangue era um pouco demais para mim.

E agora, cá estou eu, assistindo a fabricação da salsicha de sangue. Sei que quase todas as culturas têm a sua versão de chouriço: *blutwurst, morcilla, jelito.* Antigamente, toda parte do animal tinha de ser usada. A comida é sagrada: você não desperdiça nenhum pedacinho de carne, e nenhuma gota de sangue.

É bom que eu sempre tenha sido fascinada pela cor escura, pelo vermelho quase azulado do sangue coagulado (embora, em geral, por ser uma cor maravilhosa num vestido tomara-que-caia). Essa é a cor do tonel com o recheio do chouriço. Antes de eu poder pensar direito, Taylor mergulha as mãos no tonel para verificar a consistência, e a expressão de satisfação – de prazer, até – do seu rosto, me distrai completamente do conteúdo. É óbvio que ele adora seu trabalho.

Assisto enquanto a mistura é posta à mão numa máquina de fazer linguiça que comprime o recheio na sua embalagem – longos fios de, bem, isso mesmo, tripa, intestino.

*Intestino.* Até a palavra soa mal.

Taylor podia optar por usar outra coisa. Poderia usar tiras fibrosas de colágeno que são fabricadas artificialmente e custam um décimo da tripa natural. Ele diz que prefere a tripa natural porque as tiras de colágeno são "muito manipuladas, provavelmente são tratadas com substâncias químicas suspeitas e processadas demais para o meu gosto".

É esse grau de preocupação com os detalhes e com toda pequena opção a ser feita que acaba me impressionando mais que tudo no Fatted Calf. – Se eu não me importasse com essas coisas, – diz Taylor – eu teria um grande depósito em algum lugar, compraria um monte de carne de porco de segunda, acrescentaria um monte de recheios diferentes, poria um rótulo artesanal e venderia para a Williams-Sonoma por um dinheirão. – Quando lhe confesso meus temores em relação ao salame, ele concorda com um gesto de cabeça. – Você tem de ter cuidado com o que está comprando.

Ele diz que algumas pessoas preparam seus frios com o que chamam de sobras. São baratas, mas cheias de cartilagens, pelancas e membranas. – Você não pode comprar sobras, moê-las e esperar que tenham a mesma consistência de pedaços de carne de primeira, – explica ele. Depois diz algo que ficaria ecoando na minha cabeça nos meses seguintes: – Carne barata é uma coisa que não existe.

Saio da cozinha de Taylor naquele dia com mais *finocchiona* e mortadela – e um pouco de carne seca feita com Bourbon e melado. Mas saio impressionada sobretudo com o que vi e satisfeita de estar apoiando um pequeno negócio cujo dono tem paixão por fabricar produtos de qualidade com técnicas veneráveis. Talvez eu possa ter meu salame, e possa comê-lo também.

Naquele fim de semana eu queria ir ao mercado dos produtores mais ainda do que normalmente. Resolvi que vou comprar um pouco do *boudin noir* que vi ser feito e estou empolgada com a perspectiva. Há algo especial em comprar sua comida da pessoa que trabalhou duro para produzi-la. Quando é feita por alguém que você respeita, e se você teve condições de assistir ao processo, a experiência pode ser muito profunda mesmo. Eu não tenho ideia do que fazer com o *boudin noir*, mas isso não me incomoda. Estou tendo um momento feliz-por-saber-de-onde-vem-a-minha-comida-e-me-sentindo-bem-por-isso.

No entanto, depois que chego em casa vinda do mercado, me dou conta de que, por maior que seja o prazer de estar conectada com a minha comida, não tenho a mais pálida ideia da maneira de preparar ou servir chouriço. No que eu estava pensando?

Passei um dia pensando no chouriço e, na noite do segundo dia, resolvo simplesmente fritá-lo: é assim que o preparam na Irlanda. Cheguei em casa tarde, estou cansada e com fome. Acho que um chouriço e uma salada verde será uma refeição nutritiva e rápida antes de eu ir para a cama.

Os chouriços são escuros. Depois de serem recheados, foram fervidos, o que altera a cor do sangue, que passa do vermelho-escuro para um preto amarronzado. Ponho um numa frigideirinha e frito em fogo médio até achar que está no ponto – há marcas leves de fritura causadas pelo calor da frigideira, mas eu acho que é assim mesmo. O chouriço é fino demais para eu conseguir enfiar meu termômetro antiquado nele, mas também sei que já está cozido. Provavelmente não corro o risco de me envenenar.

Faço o chouriço escorregar para um pratinho e corto o dito cujo com a ponta do garfo, o que fura a tripa, mas o recheio não é nada do que eu esperava. Pensei que seria uma espécie de salsicha sólida – como aqueles pedaços de pudim preto da Irlanda, ou de nossa salsicha comum usada no desjejum americano – mas essa é um pouco diferente. O *boudin noir* não tem nada de duro. Depois de furada a tripa que lhe serve de embalagem, ele é bem macio no meio, uma mistura granular que é escura e suculenta, meio sinistra e quase – tenho a audácia de dizer – *parece uma calda de chocolate.*

Estou passando maus bocados com ele.

Fico instantaneamente irritada e impaciente comigo mesma. É tarde, estou cansada e tudo quanto eu quero é cair na cama. Sei que já comi tutano; mas, por algum motivo, o sangue é um salto mais difícil de dar. Ao mesmo tempo, parece ridículo – toda vez que eu corto o dedo quando estou picando legumes e verduras, eu o ponho instintivamente na boca. Sei qual é o gosto do meu próprio sangue; nesse caso, por que é tão difícil pensar em provar o sangue de um animal cujos músculos e gordura eu andei consumindo? Será que existe alguma coisa mais primal e elementar no sangue do que nas outras partes de um animal?

Teoricamente, trata-se de uma coisa que aprovo – comer o animal inteiro, sem desperdiçar nadinha dele. É a coisa mais respeitosa que se pode fazer. Eis aí uma coisa na qual eu devia acreditar.

Mesmo assim... *Não consigo comer o chouriço.*

Com um suspiro, finalmente desisto – ao menos esta noite. Embrulho o chouriço e o coloco na geladeira. Amanhã tento de novo, digo a mim mesma. Mas amanhã se transforma em depois de amanhã e eu ponho o chouriço no freezer. No fim, dou tudo para um *chef* conhecido meu, alguém que vai curtir essa iguaria. Tenho muito respeito por Taylor e por seu trabalho para jogar o chouriço fora, mas sangue é um pouco demais para mim a essa altura. O bacon pode ser uma porta para as drogas – aquela droga inofensiva que leva a outras mais pesadas – mas *boudin noir* está mais à frente na estrada, e ainda não cheguei lá.

Continuo adorando a *charcuterie*, e todo fim de semana eu paro na banca do Fatted Calf, no mercado dos produtores, e compro salame. Quando chego lá bem cedo, compro o *finocchiona*. Quando ele já foi todo vendido, compro *saucisson sec*. Certo dia, depois de parar no mercado dos produtores, vou visitar alguns amigos. Quando nos sentamos no deque ensolarado lá dos fundos, com algumas cervejas e tira-gostos, tiro o *finocchiona* e corto algumas fatias.

– Isso aqui é muito bom mesmo, – diz meu amigo Frank – é o melhor salame que já comi na vida. – Frank cresceu comendo carne, de modo que parece um grande elogio. Ele fica pasmo com o preço – US$ 15 a peça – mas eu me lembro do comentário de Taylor de que carne barata é coisa que não existe, e não ligo. Gosto da ideia de comer pequenas quantidades de carne de boa qualidade, de apoiar uma empresa local e independente tocada por pessoas nas quais eu acredito e confio. Prefiro comprar um produto bom e consumir uma quantidade menor dele.

Mas, quando me levanto para ir embora para casa no fim da tarde, dou uma desculpa para levar o resto do meu *finocchiona*. Qualquer coisa inferior eu teria deixado para os meus amigos, mas isso aqui é *finocchiona* do Fatted Calf. A amizade é tudo de bom, mas não se meta entre uma moça e sua *charcuterie*.

Por fim, chego a me diplomar em *crépinettes* – aqueles pasteizinhos de carne condimentada coberta por uma renda de gordura branca que me assustava antigamente. Acontece que, quando você cozinha os pasteizinhos, a gordura derrete – como aquele tutano – e deixa a carne tão úmida e macia que faz minha cabeça girar. Toda semana há um tipo diferente de *crépinette*: de carne de porco ou de galinha com tomilho e cebola frita; pato com vinho branco e azeitonas verdes; cordeiro com espinafre, pinhão e passas no conhaque; e, naquelas semanas de sorte quando é a época deles, cogumelos *morel* frescos com ervas e carne de porco. Quando minha amiga Shauna e Dan, o marido *chef*, vieram me visitar, comemos *crépinettes* no desjejum com ovos e as batatas absolutamente perfeitas de Dan, e nós três entramos em transe ao mesmo tempo.

Talvez os judeus e muçulmanos tenham razão ao banir a carne de porco – ela é realmente uma porta para as drogas. Acho que já passei dessa fase. Só me pergunto onde é que ela leva. Será que daqui a seis meses vou estar injetando banha derretida na veia?

Capítulo sete

# Boas Festas, com costeletas em coroa e molho

NA CONTRACULTURA DO NORTE DA CALIFÓRNIA da década de 1970, todo mundo tinha um guru, ou líder espiritual. Minha infância foi cheia de gente que estava em busca da verdade. Algumas pessoas estudaram tipos diferentes de budismo, do zen ao tibetano. Havia iogues e sufis, e seguidores de Mãe Meera, Sai Baba e Ram Dass. Havia gente com nomes espirituais (*alô, Starhawk!*) que se dedicava a práticas espirituais e, em casa, tinha pequenos santuários e altares decorados com escritos, echarpes com orações e incenso que irritava o meu nariz.

Quando meu irmão e eu estávamos entediados no banco de trás do carro, não ficávamos procurando placas de carro de outro estado. Era mais divertido ser o primeiro a identificar os seguidores do guru indiano Bhagwan Shree Rajneesh, que usavam roupas vermelho vivo e roxas. Seja como for, havia muito mais deles vagando pelo norte da Califórnia naquela época do que placas de carro de outro estado.

Quando eu tinha 13 anos, encontrei o meu guru. Seu nome era Martha Stewart.

Naquela época, Martha ainda não era *Martha*. Eu a descobri num programa da PBS sobre o Dia de Ação de Graças, mas ela já tinha o estilo que virou sua marca registrada, sensibilidade para as tradições e saber *como as coisas devem ser feitas*. Para uma criança que procurou uma estrutura a vida inteira – alguém que me dissesse como fazer as coisas – foi um sonho que se tornou realidade.

Uma geração de hippies fugiu das restrições de sua educação tradicional para criar um ambiente onde não havia limites, só possibilidades. Tendo crescido no meio dessas possibilidades, tudo quanto eu queria era estrutura. Eu queria saber como a vida funcionava. Quando fazia uma pergunta, eu queria uma resposta substancial que me ajudasse a navegar pelo mundo. Eu não queria que me dissessem para seguir minha intuição.

Esquece essa história de desenhar fora dos limites da página – eu queria desesperadamente saber onde é que estavam os limites para poder ficar dentro deles. Martha, ao que parecia, podia me dizer. Tinha todas as respostas. É claro que eu a idolatrava.

Comecei a cozinhar com prazer, fazendo geleias e conservas. Cheguei à conclusão de que eu precisava me mudar para Westport, Connecticut, para morar numa casa de fazenda da época da revolução na Turkey Hill Road, na mesma rua de Martha. Para onde vão os filhos dos hippies depois que crescem? Para os subúrbios de Connecticut, parece.

O único problema de Martha é que ela comia carne.

Mas isso não era um grande problema para Martha – eu esperava que ela comesse carne porque quase todo mundo comia. Era mais um problema meu. Minha mãe comprou para mim os livros de receitas de Martha à medida que eles iam sendo publicados, e eu tentava reproduzir meticulosamente o que via naquelas fotos brilhantes. Minha mãe teve a bondade de apoiar meus esforços, a ponto de comprar vodca para eu poder fazer o coquetel de *cranberry* de Martha, para as festas de fim de ano.

Quando penso nisso hoje, fico impressionada com o fato de minha mãe ter comprado bebida alcoólica para uma menor que afirmava precisar dela para "propósitos culinários." Acho que os serviços de proteção à criança não teriam aprovado esse tipo de comportamento.

Mas, muitas vezes, os filhos dos hippies acabam ficando muito mais adequados socialmente que os pais, e minha mãe sabia que não tinha com o que se preocupar. Enquanto meus amigos estavam saindo escondido à noite, tentando pôr a mão numa cerveja, eu ficava em casa fazendo geleia. Dei até a última gota do cordial feito com vodca aos amigos da família, todos bem acima da idade mínima permitida por lei para consumir bebidas alcoólicas. Em vez de querer ficar bêbada, eu estava mais interessada em fazer uma bela cesta para dar de presente.

Cheguei até a falar com minha mãe para ela me deixar recriar o almoço de Martha com *bouillabaisse* para uma refeição de despedida para um amigo da família que estava se mudando. Eu ainda não tinha me dado conta de que não gosto de peixe – não tinha comido nada além do sanduíche ocasional de atum na casa de alguma amiguinha – de modo que a *bouillabaisse*, que é uma sopa de peixe, foi uma grande decepção para mim. Mas gostei do *creme caramel*, feito na forma de *charlotte* que eu havia comprado na Williams-Sonoma com o dinheiro que havia ganho como baby-sitter, e a tarde que passei à sombra sarapintada das nogueiras do nosso quintal foi maravilhosa. Até Martha teria aprovado.

Mas, quando chegava a hora de refeições sérias – aquelas com pratos de verdade, pratos onde a carne era a *pièce de résistance* – eu não tinha sorte. Não havia modo de convencer minha mãe vegetariana a me deixar assar um tender. A maioria dos adolescentes quer chegar em casa mais tarde ou pede as chaves do carro emprestada; tudo quanto eu queria era fazer costeletas de cordeiro.

Com toda a sinceridade, não tenho certeza de que eu teria coragem de preparar um cordeiro, para não falar em comer a carne (de um cordeirinho fofo, macio, felpudo). No fim, não tinha importância: essa alternativa estava fora de questão desde o começo. Mesmo assim, eu estudava as fotos e as receitas com o maior cuidado. Ao contrário de livros de culinária mais tradicionais, que têm seções separadas para carne e peixe e coisas assim, neste, todas as receitas estavam misturadas. Cozinhar com um livro da Martha Stewart não era simplesmente recriar uma receita, era recriar uma experiência, um modo de vida.

É desse modo que eu vivo, os livros pareciam me dizer. Essa é uma vida que vale a pena reproduzir. Esquece essa história de seguir a própria intuição – eu queria seguir a intuição de Martha.

Onde tudo isso desembocava realmente era na ceia do dia de Natal. Quando eu era criança, tinha certeza de que todo o resto do mundo passava o Natal cercado de parentes, presentes, cálidas luzes de velas e boa comida. Era isso que as famílias faziam nos livros e nos filmes – reuniam-se em grupos aconchegantes, com gente de todas as gerações, em torno de suas carnes assadas com molho. Parecia que nós éramos os únicos a não fazer isso. Nada de família, nada de carne, nada de molho.

Agora sei que nem sempre é assim. Desde aquela época conheci muita gente que, nas festas de fim de ano, queria estar em qualquer lugar que *não* fosse com a família. Mas, quando eu era criança, e mesmo quando era jovem, eu estava convencida de que, se tivéssemos os ingredientes certos, tudo iria às mil maravilhas. Nós também poderíamos desfrutar do calor e da alegria. Nós também poderíamos ser uma família na plena acepção do termo.

A mãe da minha mãe morreu quando ela tinha só três anos de idade. Na sua condição de mãe solteira, ela não tinha tempo, nem vontade de construir um senso de comunidade, de fazer parte de algo maior; ela mesma nunca teve essas coisas. Ela deu a meu irmão e a mim muito mais do que jamais lhe deram – por maior que seja a esquisitice da minha infância, eu sempre soube que era amada – mas, apesar disso, queria mais. Ansiava por aquilo que via nas páginas dos livros de Martha Stewart: família, tradição, ritual e costeletas de cordeiro com molho para a ceia de Natal. E também não podia ser uma costeleta qualquer – tinha de ser a costeleta em coroa. Era isso que Martha e sua família comiam.

Hoje entendo que quase ninguém prepara mais costeletas em coroa. Com os enfeites de papel nos ossos, as costeletas são deliciosamente anacrônicas. Mas, no começo da adolescência, eu estava fascinada por esse prato que lembrava uma coroa. Eu havia crescido comendo pesto, sushi de vegetais, macarrão oriental e *burritos* muito antes de qualquer pessoa do quarteirão saber do que se tratava, mas costeletas em forma de coroa era um prato tão exótico que podia muito bem ser a comida de Martha.

Quando comecei a cozinhar e a comer carne, sabia que tinha de tentar fazer costeletas em coroa em homenagem a Martha. Não seria para a ceia de Natal, mas eu planejava convidar amigos e servir costeletas. Eu estava aterrorizada e excitada em partes iguais, com uma sensação suprema de rebeldia. Talvez fosse minha adolescente interior voltando para curtir essa fase todos esses anos depois. Finalmente eu ia ter as minhas costeletas em forma de coroa, e ia comê-las também.

Parece que o açougue da velha guarda vai ser minha melhor opção para encontrar esse tipo anacrônico de carne. Ainda alimento a ideia nostálgica de um açougue de bairro, onde sabem o seu nome e te orientam devidamente, de modo que liguei para a casa de carnes Drewes. Eu poderia ser uma dona de casa da década de 1950 fazendo uma encomenda para a ceia de Natal.

Eu provavelmente devia lhe contar que, na verdade, não sei o que são costeletas em coroa. Já vi imagens, mas não tenho certeza de que tipo de carne é essa. Suponho que seja carne de vaca, e fico um pouco surpresa ao descobrir que costeletas em coroa, em geral, são de carne de porco.

Encomendo minhas costeletas em coroa e convido alguns amigos, e é então que as coisas ficam engraçadas. Posso lhe dizer que adiei a data do jantar – não só uma vez, mas duas – porque queria ter certeza de que todos iam comparecer, mas não tenho certeza absoluta de que isso seja verdade.

A verdade é que estou assustada com o compromisso que acabo de assumir. A maior parte das vezes que preparei carne foi para mim mesma, e não tenho muita experiência com carne de porco. Além disso, quando olho para a lista de convidados, me dou conta de que vou cozinhar para duas pessoas que têm diploma em escola de culinária, outra que já teve uma coluna de jornal sobre comida e um *chef* profissional. *Deus do céu, o que foi que eu fiz?*

Petrificada por um pânico cego, telefono para o Drewes e peço a eles para colocarem as costeletas em coroa no freezer para mim (porque é claro como água que elas não vão caber no meu). Invento uma história, dizendo que houve um imprevisto e vou ter de viajar, e prometo que vou pegá-las assim que voltar. Depois desligo o telefone e respiro fundo. Tenho certeza de que Martha nunca passou por nada disso.

A essa altura, estou arrependida por não ter convidado os meus amigos que gostam de viajar de mochila no lugar dos especialistas em comida. Eles comem qualquer coisa, e numa boa. Depois de passar o verão comendo tabule e homus com torradas, qualquer coisa parece um manjar dos deuses. É claro que a maioria dos meus amigos mochileiros é vegetariana.

Esse jantar é só para carnívoros. O que também é uma boa, pois um dos pratos de legumes é couve-de-bruxelas com bacon. Também vai ter salada de erva-doce e mandioquinha assada. Mas o prato principal será carne de porco.

Ligo para o Drewes e digo a eles que vou passar lá mais para o final da semana para pegar as costeletas e peço-lhes o favor de descongelá-las para mim. Os caras não parecem nem um pouco irritados com as minhas embromações, ou talvez o tipo de freguês que faz pedidos especiais receba uma atenção especial. Seja qual for o motivo, apareço no Drewes e lá me entregam uma caixa grande – uma caixa bem grande – e uma conta de quase US$ 100.

Nossa! Você compra um Tofurky [imitação vegetariana de peru, feita de proteína do trigo e tofu] inteiro por US$ 26,79.

Mas o preço da costeleta é por quilo e, quando pego a caixa, entendo porque a conta é tão alta. É extremamente pesada. Tenho de fazer a maior força para levá-la até o carro e colocá-la no banco de trás. Tenho mais umas coisinhas para fazer. A próxima parada é a Rainbow Grocery.

Embora a maioria dos fregueses que chega lá num Toyota Prius para fazer compras, hoje talvez não saiba, mas a Rainbow Grocery começou como um desdobramento de um *ashram* espiritual nos idos da década de 1970 – uma cooperativa de consumo para assegurar um suprimento constante de comida saudável para os seguidores do Guru Maharaj Ji, um líder espiritual nascido na Índia. A Rainbow foi organizada como parte do People's Food System, uma comunidade e um projeto de educação política que via o fornecimento de comida coletiva como um ato revolucionário. Pode não ter dado poder ao povo, mas certamente lhe vendia produtos orgânicos.

A Rainbow cresceu e desenvolveu-se e sobreviveu à dissolução do People's Food System, e ainda funciona como uma cooperativa de trabalhadores, uma vez que pertence aos funcionários e é administrada por eles. Agora a loja está em seu terceiro endereço e é espaçosa – uma loja de produtos naturais do tamanho de um supermercado. Mas, apesar de todas as mudanças e da evolução pela qual passou nos últimos 33 anos, a Rainbow ainda não vende carne.

É nisso que estou pensando ao trancar o carro e deixá-lo na área de estacionamento coberta. Não estou preocupada com a possibilidade de vegetarianos bem intencionados farejarem o cheiro de carne em mim – não sou tão paranóica assim. O problema é que aquela caixona com carne de porco na parte de trás do meu carro tem algumas palavras em cima, impressas em letras grandes em negrito, **19 costeletas.** Estou achando que isso devia me manter à distância da Rainbow.

Depois de algumas compras rápidas, estou indo para casa com meu carregamento de carne de porco, aliviada por ninguém ter jogado tomates podres no carro durante a minha ausência (você não acha que os vegetarianos usariam ovos crus para isso, acha?).

O problema começa depois que arrasto minha caixa pesada com carne de porco pelas escadas acima e depois até a cozinha. As costeletas em coroa, que pedi para eles descongelarem para mim há três dias, está dura como pedra no centro. É uma enormidade – um pedaço imenso de carne e ossos de porco. Duro como pedra. Os convidados devem chegar em questão de horas e o jantar ainda está congelado.

Entro em ação, tentando freneticamente descongelar a carne com a ajuda de um fluxo contínuo de água quente da torneira. O problema é o tamanho do pedaço. Parece um corte de carne da Idade da Pedra, torcido de modo a formar um círculo com os ossos aparecendo no alto. É grande demais para caber inteiro na pia, de modo que trabalho seção por seção. Estou xingando à meia voz e pensando que Martha provavelmente nunca teria de enfrentar nada parecido com isso.

Minha cabeça está girando, tentando chegar a algo que pudesse ser o plano B do jantar, mas não vem nada. Você não pode convidar as pessoas para uma carne assada e servir-lhes massa. E, se eu servir alguma outra coisa, vou estar amarrada a um pedaço indecente de carne de porco que não cabe na minha geladeira e do qual eu não daria conta sozinha. Não há opção – eu simplesmente tenho de descongelar esse negócio e enfiá-lo no forno de algum jeito.

Enchi de água quente o saco plástico que servia de embalagem para a carne e parece estar havendo algum progresso, embora a água esfrie depressa e eu precise acrescentar mais o tempo todo. Os minutos estão passando, e devagar, ai, muito devagar, parece que aquela carne dura está começando a amolecer. Acho que os órgãos de segurança alimentar não aprovariam o que estou fazendo, mas vou em frente. Quais são as outras alternativas? Eu poderia ligar para todo mundo e propor um adiamento – apesar disso, não conseguiria guardar a carne na geladeira. Depois de já ter adiado esse jantar duas vezes, eu me sentiria mais fracassada ainda do que já me sinto.

*Ai, Martha, você faz tudo parecer tão simples! Onde é que você está quando preciso da sua ajuda?*

Mas a verdade é que abandonei a Martha. Em nome da tentativa de preparar as costeletas em coroa, eu devia ter procurado a mulher que me inspirou a fazer tudo isso. Ainda tenho um exemplar gasto do primeiro livro de Martha, *Entertaining*, que estudei meticulosamente quando criança. Mas, quando vou à prateleira pegá-lo, lembro que levei meu exemplar para Seattle, onde eu tinha passado um tempo com a família. Levei-o para lá numa caixa de livros de receitas que achei que ia precisar. Eu devia ter saído e comprado outro exemplar, mas não saí. Em vez disso, abandonei bobamente a minha mentora e me atirei na arena dos leões.

Quando eu estava pegando a carne de porco, perguntei lá no Drewes como é que eles recomendariam que eu a preparasse. Ainda me apego a essa ideia de cultivar uma boa relação com meus açougueiros para poder aprender com eles e crescer na minha condição de iniciante nos mistérios da carne.

— Em que temperatura eu devo pôr o forno? — perguntei a um dos açougueiros jovens. Era uma pergunta razoável, a meu ver. Mas sua resposta me deixou horrorizada.

— Você conhece o site da Food Network? Entra lá. Tem muita informação.

Está brincando comigo?

Chega de aprender e crescer com a sabedoria transmitida por meu açougueiro. Esta foi a última gota d'água pra mim com o Drewes. Sei que não vou voltar.

Agora estou à mercê da Food Network e o que me chega é mais confusão do que diretrizes. Paula Deen me diz para assar as costeletas de 50 a 60 minutos por quilo de carne a uma temperatura de 80$^0$C. Emeril quer que eu me atenha a 40/45 minutos por quilo de carne a uma temperatura média de 70$^0$C. É uma diferença de 10$^0$C. Não sou nenhuma especialista, mas parece uma diferença muito grande.

*Ai, Martha, Martha. Por que é que me desviei do bom caminho? Esses outros chefs são todos falsos profetas. Agora é que estou vendo.*

Mas eu já me desviei do bom caminho e não há tempo para correr até uma livraria e conseguir outro exemplar de *Entertaining*. Vou ter de me virar sem a orientação de que preciso tão desesperadamente.

Resolvo esquecer a diferença e me fixar em 70°C por quilo, e uma busca rápida na Internet me diz que é o número de que preciso. O Google pode não substituir a Martha, mas bem que quebra o galho na hora do aperto. As costeletas – aquela carne monstruosa – finalmente descongelaram e eu as ponho no forno a 175°C. Depois de fechar a porta do forno, tudo quanto eu quero é cair desmaiada na poça de água suja da cozinha.

Mas não posso. Perdi uma hora descongelando a carne e estou perigosamente atrasada. O recheio já está quase pronto, mas ainda precisa ser montado e assado. A mandioquinha precisa ser cozida. As couves-de-bruxelas e o bacon precisam ser cozidos e vitrificados. A erva-doce tem de ser limpa e temperada.

Entro num redemoinho de temperar, assar, regar, picar. O recheio é uma receita que eu mesma inventei: triste que a minha família não tenha tradições de festas de fim de ano e, por conseguinte, nenhuma receita tradicional dessa data. Fiz um recheio que incorpora todas as minhas coisas favoritas – pão de massa azeda e broa de milho, cebola *à sautée*, aipo, um montão de cogumelos, nozes-pecãs e castanhas. Pico e tempero rapidamente, e cruzo os dedos. Tudo está ficando meio confuso esta noite.

As mandioquinhas são cortadas em meias-luas para serem assadas no forno. Nunca fiz mandioquinha antes, elas só pareciam aconchegantes e invernais. Agora estou arrependida de não ter testado a receita. Ponho o prato no forno junto com a carne e espero que dê tudo certo.

E a carne – *ah, a carne assada!* Está sendo preparada junto, claro. É um pedaço de carne tão grande que passei o maior aperto manobrando-o para dentro e para fora do forno para poder regá-lo, mas era uma coisa que eu tinha de fazer. Mas estou um pouco preocupada, porque não sei se vou conseguir saber se está no ponto ou não.

Quarenta e cinco minutos depois eu estou em pânico. As couves-de-bruxelas com bacon ficaram na beira do caminho. Se eu tivesse aquela hora que desperdicei descongelando a carne, elas teriam sido preparadas, mas não agora. Estou testando a carne com o meu termômetro antigo, mas a temperatura varia dependendo do lugar onde o enfio. Tento a parte do meio da carne, longe do osso ou da banha que poderia alterar a leitura. Estou com 68°C e sempre há variação. Pode estar pronto, mas não tenho certeza. Será que a carne de porco ainda vai ficar rosada no meio como a carne de vaca? Ou branca como a carne de galinha? Há perguntas que nunca tive de fazer antes.

Fiz o que todos nós devíamos poder fazer quando estamos numa roubada: ligar para uma central de informações.

– *Chef* 911 – responde o meu amigo Dan no celular. Ele está no restaurante de Seattle onde trabalha e sabe que estou tentando fazer uma carne assada (e eu suspeito que estivesse esperando minha chamada).

– Como é que eu sei se a carne está pronta? – O tom da voz sai um pouco mais queixoso do que eu planejava, o grito desesperado de uma carnívora novata.

– Como está a aparência dela? – Uma pergunta simples, mas foi duríssimo respondê-la.

– Está meio rosada do lado de fora, mas um pouco avermelhada em certos lugares, com listas de branco também. As partes em volta do osso parecem um pouco tostadas, talvez. Parece meio repugnante, na verdade. Sei lá – *parece carne!* – Só consigo balbuciar. Fui reduzida a balbucios incoerentes por um pedaço de carne de porco.

Pedir a uma vegetariana para descrever a textura e a consistência da carne é maldade. Dan é paciente comigo, mas não consigo lhe dar muito com o que trabalhar. No fim, chegamos a uma posição sólida, por falta de outra melhor: está quase pronta, mas talvez precise de mais alguns minutos.

A campainha começa a tocar. Eu tinha arrumado a sala de visitas para as pessoas ficarem lá curtindo, mas todo mundo vai se acotovelar na cozinha, sentando-se nos degraus, jogando conversa fora enquanto eu preparo a salada de erva-doce no último minuto. Shuna se apropria de um canto da cozinha para preparar a bebida com gengibre que vai acompanhar a sobremesa que ela trouxe (sempre convido um *chef pâtissier* para os meus jantares – ele traz a parte boa). Há vinho e nozes temperadas em casa, que Debby e Rob trouxeram. Também há uma expectativa crescente em relação à carne de porco.

Essa é a coisa engraçada que acontece com refeições cerimoniais de carne – as pessoas ficam excitadas. Pense na expectativa do peru de Natal ou do Dia de Ação de Graças: não é raro as pessoas baterem palmas quando a ave assada é carregada para a mesa numa bandeja. E há no mínimo um pouco de óós e aahs.

Ninguém faz óós e aahs diante da comida vegetariana – e com certeza ninguém bate palmas.

Será que é por causa do trabalho e do tempo investidos no preparo dessas carnes que são o prato principal? Será que as pessoas gostam tanto por saber que alguém ficou o dia inteiro regando a carne na frente de um forno quente? Ou será que a excitação decorre do fato de esses serem pratos de ocasiões especiais, em geral caros e, por conseguinte, um luxo? Não quero acreditar que a ovação se baseie só no sabor. Já provei alguns pratos vegetarianos incríveis que mereciam uma ovação, mas ninguém pensa em bater palmas para a *coulibiac* [termo francês para uma torta russa tradicional] de cogumelo.

E sempre há aquela teoria (minha e talvez meio temerária) de que nos reunimos em volta desses pedaços de carne de forma muito parecida com aquela dos nossos antepassados em volta da presa caçada. Estamos repetindo o que aconteceu durante muitas gerações: comunidades se juntando em torno da carne obtida na caça ou assassinato, a carne que pode fazer com que a gente sobreviva ao inverno e que mantém nossa vida.

Talvez eu seja louca, mas vou lhe dizer: nada que já cozinhei na vida despertou tanta excitação dos meus convidados quanto um pedaço de carne. O que é engraçado, porque meus pratos vegetarianos costumam ser muito mais saborosos.

Parece surreal caminhar pela minha própria sala de jantar carregando uma bandeja com costelas em coroa, os ossos com enfeitezinhos de papel. Eu me sinto uma dona-de-casa de meados do século, só esqueci de pôr minhas pérolas Donna Reed. A minha sorte foi a Debby ter entrado em cena no último minuto e me ajudado a fazer o molho, senão eu teria me esquecido dele também. Ela jogou um pouco de farinha nos sucos da panela e me pôs de novo nos trilhos. Eis aí uma coisa que nunca teria me ocorrido.

A carne parece claramente medieval, as partes laterais curvando-se para cima e terminando com os ossos se projetando para o alto como o topo recortado dos torreões de um castelo. Transfiro para outra pessoa o dever de trinchar aquele monte de carne. Gosto de um desafio, mas sei quando estou mesmo fora da minha praia.

Meus amigos Sean e Paul fizeram recentemente umas costeletas em coroa e chamaram os pedaços maciços de carne que resultaram do processo de brontopedaços. É uma descrição pertinente. Essa é uma refeição dos Flintstones, se é que já vi alguma. Eu nunca tinha provado um pedaço de carne de porco, se é realmente isso que é cada uma dessas costeletas, de modo que não tenho nenhum termo de comparação, mas o pedaço é enorme. A carne parece estar bem suculenta e bem cozida – minhas duas maiores preocupações da noite – de modo que é um grande alívio. Com uma expectativa daquelas, preparo-me para experimentar o animal.

Quando finalmente ponho o garfo na boca e dou uma mordida na carne de porco, descubro que estou decepcionada, pra baixo, completamente deprimida. Essa costeleta em coroa não é nada do que eu esperava.

Eu nunca tinha comido carne de porco, lembra? Só tinha comido bacon, *pancetta* [bacon temperado com especiarias e sal, depois curado], presunto e outros salames e linguiças de porco deliciosas que o Taylor faz. É nisso que penso quando penso em carne de porco: salgada, curada, viciante. Essa carne que estou mastigando é suculenta, mas deixa um pouco a desejar no sabor – ao menos comparada ao que pensei que ia comer. Eu tinha ficado empolgada com a costeleta em coroa, sabe, porque achei que seria uma montanha enorme de bacon!

No fim, a carne é só boa. Fica melhor com o molho salgado, brilhante de gordura, claro, mas sozinha eu achei sem graça. Meus amigos me garantem que ela foi preparada corretamente e que é assim que se espera que seja o sabor de uma costeleta em coroa, mas não consigo evitar a decepção. Ela não é a carne de porco defumada que eu estava esperando. É só um pedação enorme de carne moderadamente temperada que precisa de molho para lhe dar vida. Talvez a costeleta em coroa de Martha seja diferente – tenho certeza que é – mas essa? Merreca. Não acho que vale a pena. Da próxima vez, vou gastar US$ 100 em bacon e salame, e estamos conversados. *Isso* é que seria uma festa.

Aos meus olhos, só meses depois é que a carne de porco não defumada foi redimida. Estou visitando meus amigos Shauna e Dan – ele é o *chef* da linha 911. Dan andou criando alguns pratos novos para o restaurante, e sai da cozinha calçado só com as meias e com um pedaço de alguma coisa na mão.

– Olha aqui, prova isso. – Ele segura um pedacinho minúsculo de carne para eu morder.

Ponho a carne na boca e antes mesmo de mastigá-la o sabor se solta – um sabor de carne defumada, salgada, substanciosa, intensa, amadeirada que me faz pensar em outono e inverno e na alegria das festas de fim de ano. Naquele pedacinho minúsculo estão todas as velas dos candelabros de Natal e de momentos felizes com amigos, e de enrodilhar-me embaixo do cobertor no escuro para espiar maravilhada uma árvore totalmente decorada irradiando luz. É tudo quanto eu queria que a costeleta em coroa fosse, e muito mais.

Peço outro pedaço. Depois o faço prometer que vai me ensinar a fazer isso. Esquece a costeleta em coroa (desculpe, Martha). Se algum dia eu for responsável por preparar uma ceia de Natal, vou fazer o lombo de porco do Dan.

Capítulo oito

# A carne e os homens

MESMO DEPOIS DE MESES COM MEU EXPERIMENTO de carne, às vezes ainda parece uma loucura eu estar fazendo tudo isso. Comer carne pode ser a coisa mais normal do mundo para outras pessoas, mas para mim parece fraqueza, uma coisa proibida, um desvio de comportamento – todas as coisas que ela era quando eu estava crescendo. E não é só isso – a carne é uma comida totalmente masculina.

Eu estaria mentindo se lhe dissesse que não faz parte do seu encanto. A carne chega com uma atmosfera de clube do Bolinha, de testosterona e machismo. Para uma moça criada sem pai, que sempre só viu a cultura dos homens à distância, é uma tentação. Parte de mim sempre quis ser um dos caras. Eu não escalei aquelas montanhas todas à toa.

Embora talvez seja mais acurado dizer que eu sempre quis a aprovação dos caras – ser vista como alguém respeitável aos olhos dos homens. É isso que acontece às menininhas quando os pais vão embora e nunca olham para trás. Ficamos com um buraco na vida que a gente tem de tapar. Um buraco que tem a forma exata de um homem.

Eu tinha dois anos quando meu pai foi embora, eu era apenas uma criança de cabelos loiro-esbranquiçados e olhos azuis que ainda não havia crescido. Nessa idade nós estamos só começando a formar memórias, e eu não tenho lembrança alguma do meu pai. Tenho algumas fotos, claro, mas não me lembro dele vivendo conosco, de sermos uma família. Isso torna fácil pensar que sua deserção não deixou cicatrizes. Durante anos, o que eu dizia a mim mesma era: *Não me lembro dele; estou bem.* E, mais tarde, quando ele morreu de câncer, eu disse a mim mesma que não estava perdendo nada. Nunca houve nada de que me desapegar.

Mas agora minha sobrinha mais nova está com a mesma idade que eu tinha quando meu pai foi embora. A aparência dela também é similar – cabelos loiros, olhos grandes absurdamente azuis, tão delicada e confiante... Seu mundo gira em torno dos pilares gêmeos que são os pais, com a certeza de que o papai vai voltar para casa toda noite e lhe dar o jantar.

Eu me pergunto como uma criança como essa poderia perder metade do seu mundo da noite para o dia. Como sobreviveria à dissolução da única vida que chegou a conhecer? Que forma antinatural ela teria de dar a si mesma para resistir a esse golpe?

Não tenho lembranças do meu pai indo embora, e não sei como foi que me virei, mas nos momentos em que olho para minha jovem sobrinha, eu sei a resposta. A gente se deforma. Tenta dar sentido a um mundo que está se espatifando à nossa volta. Faz o que tem de fazer para continuar vivendo, só isso. Ninguém sobrevive incólume. Uma partezinha de mim sempre vai se perguntar o que é que havia de tão errado comigo para meu pai não querer nem me conhecer, para ele não se preocupar comigo a ponto de manter o contato.

Crescendo sem um modelo de homem, adquiri um fascínio incrível pelos apetrechos da masculinidade moderna: mesas de sinuca, jogos de pôquer e bares onde se toma cerveja. Na faculdade eu era amiga de jogadores de rúgbi, com toda aquela virilidade vigorosa. Eu observava enquanto eles tomavam cerveja, paqueravam as mulheres, comiam carne e jogavam e rolavam na lama. Para mim aquilo era coisa de menino, como uma cultura estrangeira. Eu queria entendê-la; queria ser membro dela.

Lembro-me da primeira vez que assisti um namorado se barbear de manhã depois de passar a noite comigo. Sem um pai por perto, este era um ritual que eu só tinha visto na televisão ou no cinema. Não acreditava no quanto as linhas de sua mandíbula e do pescoço eram sensuais. Era uma coisa tão masculina, tão pouco familiar e intrigante para mim...

Detesto arrastar as correntes do triste estereótipo de uma menina sem pai, perdida – mas detesto mais ainda estar vivendo esse estereótipo de uma forma mais triste ainda – mas vale a pena mencionar o fato aqui. O mundo da carne é o mundo dos homens para mim – um lugar exótico e tentador, muito longe da minha zona de conforto. Ele me atrai e me assusta em medidas iguais.

Tenho plena consciência de que preparar carne não vai resolver as cicatrizes de criança abandonada, mas talvez essa história tenha algo mais que apenas carne e uma moça. À medida que exploro esse mundo pouco familiar da carne e dos homens, pode ser que haja alguma coisa que esteja querendo consertar. Entre esses açougueiros e caubóis e fabricantes de frios, talvez eu esteja procurando algo além de um pedaço de carne.

Bom, tem o sexo.

Eu sei que pais e sexo não devem ser postos em parágrafos adjacentes – nem mesmo com o grande salto de uma linha em branco entre eles – mas a verdade é que não se pode falar de carne sem mencionar o sexo.

Sabe, tudo se resume à carne.

*Carne* é uma palavra latina. *Carnívoro* é aquele que devora carne. *Carnal* significa pertencer à carne ou ao corpo, suas paixões e apetites; sensual. Prazeres carnais.

Isso só me ocorre quando estou indo para casa a pé certo dia com dois livros na mão. Um deles é intitulado *The Shameless Carnivore* [*O carnívoro sem-vergonha*]. A capa mostra um garfo atravessado em dois pedaços de carne tão malpassados que praticamente pingam sangue. O outro livro é *Good in Bed* [*Bom de cama*]. Nessa capa há uma mulher deitada numa cama, as pernas nuas cruzadas estrategicamente.

Na verdade, o segundo livro é um romance, um *best-seller* de 2001 escrito pela inteligente e atrevida Jennifer Weiner; mas, se você o folhear rapidamente, pode pensar que é um manual para melhorar o desempenho sexual. Ao menos é o que eu tinha medo que alguém pensasse se me visse andando na rua naquele dia.

Um manual de sexo e uma ode sangrenta ao consumo de carne – não sei qual desses dois livros me deixa mais constrangida. Se eu topar com alguém do bairro, vou preferir que pense que estou obcecada por carne de vaca ou pela alcova? Difícil dizer.

A que ambos esses tópicos realmente se resumem é à nossa natureza primal, animal. Comida e sexo – essas são as nossas necessidades básicas. Roendo um osso de costeleta com o rosto lambuzado de molho de churrasco, não estou muito diferente de meus ancestrais históricos. É por esse mesmíssimo motivo que qualquer um de nós pode ser reduzido a gemidos primais no auge de um sexo bom de verdade, que deixa de ser verbal quando o corpo assume o controle sobre a mente racional.

Este não é um mundo no qual eu me sinta à vontade. Fui criada como asceta, alimentada com arroz integral e legumes cozidos no vapor, com espiritualidade e meditação. Espiritualidade, nos casos mais extremos, pede que a gente supere inteiramente o corpo por meio do jejum ou do celibato. Quando era criança, parecia-me que as necessidades físicas deviam ser negadas (não usávamos nem sal na comida). Tenho certeza de que essa era a lição que minha mãe queria nos ensinar, mas ficou bem claro para mim que *ceder aos apelos da carne* era uma coisa ruim. Pior ainda que *ter prazer*.

A única pessoa do nosso mundo que não rezava por essa cartilha, era um homem que minha mãe namorou durante vários anos, um relacionamento que começou quando eu tinha 10 anos. Este homem era um carnívoro hedonista que adorava a boa comida, a boa bebida e belas mulheres. O seu nome devia ser João dos Prazeres. Era a alma de toda festa – um egomaníaco, dizia a minha mãe, embora eu não soubesse o que aquilo significava. Ele tinha um Porsche antigo e falava várias línguas estrangeiras, e gesticulava freneticamente com as mãos.

Era um europeu escolado, este homem, e quando ele ficava para passar a noite e cuidar de meu irmão e de mim, quando minha mãe estava fora da cidade, fazia para nós sanduíches de *prosciutto* e manteiga numa baguete crocante – *prosciutto* e manteiga! Eu não poderia imaginar entregar-me a uma fraqueza maior, era fazer arte em dose dupla. Quando ele estava por lá havia cerveja na geladeira, chocolate e comidas que minha mãe nunca nos teria permitido em outras circunstâncias. Quando ele estava por lá, tudo tinha graça.

Nunca conheci ninguém como este homem e não sabia o que fazer com isso. Ele existia num plano carnal, buscava somente o prazer, agressivo e impenitente. Ele não era como os buscadores espirituais bem intencionados que eu havia conhecido ao longo de toda a minha vida. Fazia minha mãe rir, mas também roubava sua atenção. Eu não gostava dele. Ele bagunçava a ordem do único mundo que eu conhecia.

Apesar disso, não dava para ignorá-lo; ele exigia atenção, toda a atenção da sala. Durante dois anos ele desempenhou um papel de meio período em nossa família e mesmo depois que ele e minha mãe romperam, continuou um amigo, aparecendo de vez em quando para cuidar de meu irmão e de mim.

Secretamente eu esperava crescer e me transformar no tipo de mulher que homens como ele admiravam. Eu queria ser linda e solicitada como as modelos que ele fotografava para seu trabalho. Eu queria que homens como ele me achassem bonita. Eu ainda era redonda e rechonchuda, ainda tinha muito de criança, mas imaginava um dia futuro em que eu me pareceria com as mulheres das páginas das revistas. Admito que queria isso.

O que eu não queria era que ele entrasse no meu quarto de dormir certa noite, a altas horas. Não queria que tocasse em mim do jeito que tocou. E não queria tocar nele do jeito que me obrigou a tocar. Fez coisas que um homem de 56 anos não devia fazer com uma menina.

Não contei pra ninguém. Levantei-me no dia seguinte e fui para a escola como se nada tivesse acontecido, mas tentei me matar pouco tempo depois. Duas vezes.

Eu já tinha 20 anos quando contei a alguém o que aconteceu naquela noite. Guardei segredo, mas não por causa dele, e sim para proteger minha mãe do sofrimento que eu sei que isso lhe causaria. Nunca entendi como é que alguém como ele, alguém que tinha feito sanduíches para eu levar para a escola podia fazer uma coisa daquelas comigo. Eu tinha só 13 anos. Ele tinha filhas mais velhas que eu.

Se aprendi alguma coisa com a experiência foi que ceder aos prazeres era algo que não merecia confiança. *Prosciutto* e manteiga só levavam a coisas ruins.

E então houve uma noite anos depois. Eu tinha 20 anos, morava em Viena e estava correndo na trilha que segue paralela ao rio Danúbio, como fazia quase todo fim de tarde. O tempo estivera tempestuoso na noite anterior e havia menos gente que de costume caminhando enquanto o sol começava a se pôr atrás dos morros ocidentais.

Isso significava que não havia ninguém por perto para ver os dois homens que me agarraram e se lançaram contra mim, apertando-me os seios e as nádegas com as mãos. Toda vez que eu conseguia me soltar, eles me perseguiam e me agarravam de novo, enquanto eu lutava com eles. Peguei suas mãos com tanta força que arranquei o relógio de pulso de um deles, mas não consegui fugir. Eles eram mais fortes e tinham as pernas mais longas; eu estava em desvantagem numérica.

Por fim, gritei. Achei que ninguém me escutaria, mas era a única coisa que eu ainda não havia tentado. Eu estava com medo de que a escaramuça se tornasse violenta e tinha receio de acabar no chão. Sabia que não conseguiria me defender contra dois deles. Se quisessem, poderiam fazer o que bem entendessem comigo.

Ao som dos meus gritos, eles fugiram correndo e rindo, abandonando-me como um brinquedo. Peguei sozinha o metrô para casa, tremendo incontrolavelmente no compartimento do trem, em pânico quando as portas se fechavam, me perguntando o que aconteceria se a única mulher que estava no trem descesse na estação seguinte e eu ficasse num compartimento selado com os homens. O que eles fariam comigo? Corri a toda velocidade da estação até meu apartamento e foi só depois que a porta estava fechada e trancada é que me permiti chorar.

Foram precisos anos para eu começar a entender o impacto que esses acontecimentos tiveram sobre mim. Por fim percebi que, quando ia comprar sapatos, eu sempre comprava os de salto baixo. Precisava sentir que poderia correr para salvar a vida. Passei a entender o quanto temo as luzes da ribalta – o quanto me escondo delas – porque sei que chamar a atenção pode ser perigoso. E toda vez que vejo um brilho de admiração nos olhos de um estranho, tenho de reprimir um calafrio de medo, por menor que seja. Nunca sei do que um homem qualquer é capaz.

Essa aventura no reino da carne e da masculinidade é bem estranha para mim. Minha experiência com a carnalidade foi muitas vezes mais penosa do que prazerosa, e me sinto tentada a ficar bem longe dela, mas ela tem algo de tentador assim mesmo. A carne do balcão de um açougue, a luz difusa de uma churrascaria, caubóis e fazendeiros e homens que cozinham com fogo – há algo aqui que me fascina, não há como negar. Sinto-me tentada e assustada na mesma medida.

É claro que seria mais fácil e mais seguro me ater ao mundo ascético do tofu e do arroz integral e de homens que praticam ioga e falam sobre seus sentimentos. Essa é a minha terra natal, onde me sinto à vontade. Talvez eu devesse admitir, pura e simplesmente, que sou mais salada que bife e que sempre vou ser. É o caminho que a vida traçou para mim, e eu deveria aceitá-lo.

Mas alguma coisa em mim se rebela de novo contra a ideia de que as feridas da minha vida vão ditar a minha trajetória. Há uma assertividade em mim – foi assim que sobrevivi. Não sei fazer escolhas baseadas no medo. Quero todos os sabores do mundo à minha disposição, não só os poucos que me foram alocados.

O caminho óbvio para a minha vida não leva para o mundo dos homens e da carne, reconheço isso. Mas talvez ir onde tenho pavor de ir seja a resposta a tudo isso. O que vim fazendo até agora parece que não dá mais certo. Claro, seria mais fácil ficar em águas plácidas; mas, hoje em dia, não tem o mesmo fascínio para mim, longe disso. Talvez eu esteja disposta a abrir mão da segurança.

Talvez, só talvez, eu esteja faminta por outra coisa qualquer.

Capítulo nove

# Michael Pollan e a política da carne

VOU TE CONTAR UM SEGREDINHO VEGETARIANO: não comer carne é como ter um salvo-conduto contra a culpa. Posso dormir o sono dos justos sabendo que não estou contribuindo para os problemas éticos e ambientais causados pela produção de carne. O suprimento mundial de peixes em seu habitat natural pode acabar nos próximos anos, mas não vai ser culpa minha; eu nem gosto de peixe. Quaisquer que sejam os males que existem na moderna criação de animais, nenhum deles está sendo perpetrado em meu nome. Ser vegetariano lhe oferece uma porção saudável de virtude. Para ser franca, isso também pode acabar se transformando num caso aflitivamente comum de vegetariano dono da verdade.

Quando comecei a comer carne, meu salvo-conduto em relação à culpa foi revogado. Agora sou um membro das massas carnívoras, só mais uma pagã. Pior ainda: um outro homem entrou na cena alimentar e seu único papel na minha vida, ao que tudo indica, era fazer os norte-americanos pensarem bem sobre cada decisão de comer carne. Não se trata de nenhum açougueiro pedaço de mau caminho, nem de um fabricante de salame movido a paixão. Este homem é um intelectual – alto, magro, com os óculos de aros de metal para coroar. É jornalista e professor: Michael Pollan.

Quando o livro *The Omnivore's Dilemma* [*O dilema do onívoro*] de Pollan foi publicado, seu nome estava na boca de todo gourmet ambientalista que se prezasse eticamente. Foi assim que, numa noite de maio, surpreendi-me lendo sobre bois – sobre um boi em particular, um Angus preto com três manchas brancas na cara que Pollan havia comprado. Ele queria acompanhar a vida desse boi, do nascimento até o abatedouro, para ter uma ideia de como nossa carne é produzida hoje em dia. A história que ele conta não é bonita.

Mesmo que o boi de Pollan tenha nascido numa fazenda de Dakota do Sul e lhe tenha sido permitido pintar e bordar nas campinas durante um tempo, aos seis meses ele já tinha sido desmamado e seus dias no pasto tiveram fim. Pouco depois ele foi mandado para uma unidade de alimentação concentrada de animais, mais conhecida como local de engorda, no Kansas. Ali, junto com outros 37 mil bois em currais que se estendiam até o horizonte, ele faria uma única coisa muito importante – ganhar peso. Ele precisava ganhar mais de 500 quilos em pouco mais de um ano.

Para isso, esse gado era alimentado com milho. Sua dieta natural de capim não os engorda com a rapidez exigida. O milho consegue, mas também lhes faz mal. Para combater isso, dão antibióticos aos animais. Também são mortos jovens – entre 14 e 16 meses. Se vivessem mais, a alimentação inadequada os mataria.

O milho não é a única coisa que o gado dos locais de engorda come. Também pode comer sebo de outros bois e vacas (alô, canibalismo!), esterco de galinha (estamos alimentando animais com cocô de outros animais?) e penas (é, penas de galinha).

Pasma, olho para o livro. Será que é assim mesmo que estamos criando nosso gado nos Estados Unidos hoje em dia? Dando-lhes uma alimentação que os faz adoecer, enchendo-o de antibióticos para impedir que morra antes da data marcada para a ida ao abatedouro e dando-lhe hormônios para acelerar o ganho de peso?

O uso de hormônios é particularmente preocupante porque eles entram no sistema das águas e agora os peixes dos rios próximos aos locais de engorda estão nascendo com características sexuais anormais. Algumas pessoas acham que o estrógeno dado ao gado é responsável pela redução da contagem de esperma nos homens e pela puberdade precoce nas meninas. Eu não tinha me dado conta de que estava pedindo um ensopado químico junto com a minha carne.

(Será que devo falar com você sobre a quantidade de petróleo que entra nos fertilizantes usados no milho que é dado a esses bois nos locais de engorda? Pollan estima que esse boi teria consumido mais de 1.000 litros de petróleo na época em que ele chega ao peso indicado para ir para o abatedouro. Meu belo boi foi morto cheio de antibióticos e hormônios, e impregnado de petróleo importado. Credo!)

Parte de mim queria ignorar o que eu tinha acabado de ler, fazer de conta que eu nunca tinha ouvido falar de Michael Pollan e continuar curtindo a aba de filé recém-descoberta com molho chimichurri. Mas eu sabia que toda vez que olhava para um pedaço de carne de vaca, as palavras *rumensin*, *tilosina* e *revlar* me viriam à mente. Esses são os nomes dos antibióticos e do estrógeno dados ao gado nos locais de engorda. E não é só o gado que está comendo esses aditivos – nós também estamos.

Pouco tempo depois, li um artigo publicado na revista *Rolling Stone* sobre a companhia responsável pela criação de aproximadamente um quarto da carne de porco dos Estados Unidos – 27 milhões de suínos só em 2005. É o equivalente da população humana combinada de Nova York, Los Angeles, Chicago, Houston, Filadélfia, Phoenix, San Antonio, San Diego, Dallas, San Jose, Detroit, Indianapolis, Jacksonville, São Francisco, Columbus, Austin, Memphis, Baltimore, Fort Worth, Charlotte, El Paso, Milwaukee, Seattle, Boston, Denver, Louisville, Washington, DC, Nasville, Las Vegas, Portland, Oklahoma City e Tucson.

É um bocado de bacon. E também não é um bacon legal.

Voltando à época em que nossos avós eram crianças: os animais eram criados basicamente em propriedades rurais administradas por famílias. Agora, um único local de criação comercial de suínos pode ter até 500 mil animais estabulados em galpões enormes, onde eles ficam tão perto um dos outros que, às vezes, alguns morrem pisoteados pelos outros.

Esses porcos nunca têm feno onde se deitar e o rabo é cortado porque a superpopulação leva a comportamentos anormais, como roê-lo.

Estamos comendo porcos levados a tal estado de loucura que devoram a própria cauda? Minha nossa!

Os chiqueiros têm chão azulejado que permite que o excremento dos suínos caia em fossas construídas embaixo dele. Segundo o artigo da *Rolling Stone*, essas fossas também recebem os leitõezinhos esmagados acidentalmente pela mãe, secundinas [placenta e membranas expulsas do útero depois do parto], seringas de antibióticos, frascos quebrados de inseticidas e fetos que nasceram mortos.

Há tantas substâncias químicas na fossa que, quando ela é limpa e o conteúdo jogado em tanques, ele tem uma cor rosa bem viva. Parece que o cheiro basta para fazer uma pessoa vomitar. Quando um operário cai acidentalmente num desses tanques, ele morre.

Aquele único local de criação comercial de porcos gera mais resíduos do que todos os habitantes de Manhattan juntos. Ao contrário das cidades, não é exigido das unidades de criação comercial de suínos que tratem seus resíduos ou disponham deles de maneira apropriada. De vez em quando, esses resíduos transbordam dos tanques ou são espalhados por furacões. Quando isso acontece, esses resíduos matam os peixes e outras criaturas aquáticas. Um derramamento, em 1995, foi tão tóxico que queimava a pele de qualquer um que tocasse nele.

Meu gosto florescente pela carne de porco levou um balde de água fria. Eu não tinha me dado conta de que o bacon que eu comia de manhã vinha com um acompanhamento de antibióticos e com resíduos tóxicos de cor rosa.

Como os bois e as vacas, os porcos morreriam sem essas drogas. Os porcos doentes recebem tantas drogas quantas forem necessárias para lhes permitir ir andando para o abatedouro. Enquanto puderem caminhar, podem ser mortos e vendidos para o jantar de alguém – talvez o meu.

Embora eu saiba que Taylor e Toponia não usam porcos criados como se fossem produtos de fábrica como matéria-prima dos frios do

Fatted Calf, o bacon que comi com os ovos no restaurante local na semana passada era provavelmente um bacon comercial retirado de animais criados dessa forma. Com duas porções a US$ 2,50, como poderia deixar de ser a carne mais barata que existe?

Pode ser tentador pensar que eu poderia bater em retirada para a carne de galinha – o porto seguro e insosso de um peito de galinha sem ossos e sem pele – mas até ela está recheada de perigo. Andei comprando galinhas orgânicas que vivem soltas e me senti bem com isso, mas Michael Pollan conseguiu demolir até esse mito para mim.

Parece que as galinhas que vivem soltas não estão andando nem metade do que pensei que andavam. Pollan fala de dezenas de galpões de teto baixo ocupados por até 20 mil aves, os corpos formando um tapete branco que se estende por toda uma área correspondente a um campo de futebol americano.

Parece que, para fazer propaganda de galinhas criadas "soltas," só é preciso que elas tenham acesso ao ar livre – não é preciso que utilizem a vantagem que ele oferece. As aves têm de ficar estabuladas durante as cinco primeiras semanas de vida, e são mortas com sete semanas. Como ouvi Pollan dizer numa palestra, a liberdade das galinhas não é um modo de vida muito diferente de uma opção de férias de duas semanas. E essas são as galinhas criadas soltas – você não vai querer saber nada a respeito da vida das aves comerciais criadas segundo os preceitos predominantes hoje nos Estados Unidos.

Chega, Michael Pollan – não aguento mais! Você venceu!

A gota d'água dessa história foi uma viagem que fiz com minha mãe naquele mês de junho até o Canadá, para uma ilha onde minha família morou. Saímos cedo de Seattle e, ao nascer do sol, estávamos atravessando o Skagit Valley do estado de Washington, campos verdes de fazendas estendendo-se de ambos os lados da estrada. Enquanto avançávamos rumo à fronteira canadense, passamos por um caminhão de galinhas que estava indo para o abatedouro. Consistia em gaiolas empilhadas umas sobre as outras, fila após fila delas, com oito ou nove camadas. As galinhas estavam lá dentro, apertadíssimas umas contras as outras e açoitadas pelos ventos da rodovia. Eu sabia que aquela visão me assombraria na hora do jantar.

Minha mãe não disse nada. Mas diminuiu a velocidade do carro quando passamos pelo caminhão para eu poder dar uma boa olhada.

No meio disso tudo, minha amiga Katina se torna vegetariana. Ela não é uma vegetariana legítima, mas parou de comer carne quando saímos para jantar fora. Ela não quer comer carne a não ser que conheça a procedência.

Katina dá a notícia quando um grupo de nós está pedindo o jantar num restaurante tailandês na Clement Street. No fim do jantar – um delicioso curry verde tailandês com galinha e manjericão – estou me sentindo mal. Se eu for fiel àquilo em que acredito, tenho de fazer o que Katina faz, e evitar a carne a menos que eu saiba de onde veio e isso me tranquilize.

Fazer isso levaria a uma inversão da minha forma tradicional de viver. Durante anos fui vegetariana privadamente, só consumindo carne em público raríssimas vezes. Se eu assumir a responsabilidade pela qualidade da minha carne, essa equação vai se reduzir ao seguinte: vou ser vegetariana em público e carnívora privadamente – exceto naquelas ocasiões em que vou jantar em restaurantes conscienciosos sobre a procedência de sua carne e que apresentam uma lista de seus fornecedores.

Será que consigo mesmo fazer uma coisa dessas? Será que consigo assumir a responsabilidade pelo preparo de toda a minha carne? Isso significa que não vou ter moleza – nada de *burritos* de galinha, nada de yakissoba de carne na banca de comida chinesa do outro lado da rua. Se eu quero comer carne, eu mesma vou ter de prepará-la.

Mas, antes de pensar em preparar a carne, tenho de saber onde comprá-la. Onde é que a gente encontra carne ética?

Doug Stonebreaker [Doug Quebra-Pedra] pode ser o mais próximo que já cheguei em termos de conhecer um vaqueiro autêntico em carne e osso. Ele também é a pessoa com o nome mais pertinente que já conheci: as mãos e os antebraços sólidos como rochas parecem capazes de quebrar um penhasco inteiro. Está usando calças jeans e uma camisa xadrez. Quando nos sentamos para tomar um café no San Francisco Ferry Building, sinto uma necessidade absolutamente irracional de tocar seu ombro só para ver o quanto minha mão pareceria pequena contra o pano de fundo daquela vasta extensão de músculo.

Quando começo a lhe fazer perguntas sobre a carne que eu poderia consumir com tranquilidade, Prather Ranch foi o nome que ouvi muitas e muitas vezes. Eu tinha visto os caras que trabalham no Prather no mercado dos produtores – caras esguios e vigorosos, de beleza viril – são os Marlboro Men do pessoal do mercado. Quando paro na banca do Grand Lake Farmers' Market, num certo fim de semana, converso com Scott Vermier – outro belo cara do Prather – que me fala de seu gado alimentado com capim; que não se considera um dono da terra, e sim um responsável por ela; e de práticas humanas de criação de animais. Também me aconselha a conversar com Doug Stonebreaker.

Doug cresceu no mundo fazendeiro do San Joaquin Valley, onde criava carneiros e ovelhas e já castrava animais aos 13 anos de idade. Quando lhe faço perguntas a respeito da infância, ele diz que ficou independente em tenra idade. Isso só alimenta a minha fantasia do vaqueiro abrindo caminho no mundo desde bem novinho, taciturno e independente. Quem não adora um vaqueiro?

Doug cresceu na cultura pecuarista, mas na época em que tinha 20 e poucos anos, tornou-se vegetariano.

– Entrar no sistema industrial da carne é que foi o problema; os locais de engorda, os antibióticos – aquilo não me parecia certo, – diz ele numa voz tão baixa que tenho de me inclinar para ouvi-lo. – O negócio da carne não é muito transparente – tem um monte de coisa estranha acontecendo.

Doug fala das "downer cows," aqueles animais tão mal de saúde que não conseguem ir andando sozinhos até a unidade de processamento e por isso, segundo a lei, não podem ser mortos. Esse gado não serve mais para as pessoas que o criaram, de modo que são entregues ao caminhão de sebo. – São jogados no chão e abandonados, – diz ele. – Estão morrendo, estão sofrendo.

Diante de um exemplo tão perfeito de um cara durão de coração mole, faço um esforço tremendo para não ter uma síncope.

Dado o sistema da carne industrial, o vegetarianismo parecia a melhor opção, diz ele.

– Minha especialidade no curso universitário foi o estudo das religiões, – Doug me diz enquanto se inclina para a frente com firmeza, descansando o peso nos antebraços. – Já li todos os livros que existem por aí a respeito de vegetarianismo e ética animal. Foi uma coisa importante para mim.

A coisa importante para mim nesse exato minuto é tentar não me deixar distrair por aqueles antebraços musculosos descansando na mesa à minha frente. Bem mais difícil do que parece.

Doug era vegetariano há 10 anos, mas havia coisas no vegetarianismo das quais ele não gostava.

– Numa alimentação vegetariana, você acaba comendo um monte de comidas processadas, – diz ele. – Há cerca de 35 ingredientes num sanduíche Boca [uma marca popular de uma espécie de hambúrguer vegetariano]. – O que esse produto tem de sustentável?

Muitos dos caras que trabalham com Doug foram vegetarianos numa época ou noutra – e cerca de 40% de seus fregueses também. Todos voltaram a comer carne por terem encontrado um produto cujo consumo não os deixa preocupados. Alguns fregueses só comem carne do Prather Ranch. São os pratherianos.

– Na primeira vez que fui a uma fazenda orgânica, eu pirei, – diz Doug. – Havia tanta vida ali... Até chegar à fazenda, você vê toneladas de biodiversidade. Existem aves e habitats ribeirinhos e tudo isso funciona junto. Compare isso com uma região de monocultura do trigo, onde há estragos causados pelos pesticidas e os coelhos e as aves são moídos pela máquina que faz a colheita.

Posto dessa forma, não parece muito difícil tomar uma decisão.

– Estamos procurando fazer o melhor que podemos, – explica Doug. – Sustentabilidade para a terra, cuidado com os animais.

Doug e sua antiga freguesia vegetariana não são as únicas pessoas que voltaram a comer carne. Num artigo do periódico *Food & Wine*, fiquei sabendo que agora há vegetarianos reconsiderando sua opção de produtos de soja que passaram por processamentos barra-pesada em favor de carnes orgânicas de gado criado de maneira sustentável em pequenas fazendas. Segundo o artigo, até Mollie Katzen está comendo carne hoje em dia.

O nome de Mollie Katzen pode significar alguma coisa para você, ou não, mas para mim significa muito. Depois de uma infância tentando abrir meu próprio caminho através de livros de receitas, onde fui obrigada a pular capítulos inteiros – frutos do mar, aves, carne vermelha – minha mãe me comprou um exemplar de *The Moosewood Cookbook* [Livro de culinária do restaurante Moosewood], escrito e ilustrado por Mollie Katzen. Este livro e o seguinte de sua autoria, *The Enchanted Broccoli Forest* [A floresta encantada de brócolis], passaram a ser minhas bíblias do vegetarianismo. Finalmente livros de culinária dos quais eu podia fazer qualquer receita – e a comprovação de que talvez não fôssemos as únicas pessoas da terra a comer da mesma forma que nós. Não havia carne e todas as receitas incluíam instruções no sentido de substituir o açúcar por mel.

Agora, 30 anos depois, Mollie Katzen está comendo carne. Eu mesma posso estar comendo um pouco, mas a novidade foi um verdadeiro golpe para mim. Como foi que esse exemplo de perfeição vegetariana chegou a esse ponto?

– Por algum motivo, começaram a dizer que eu não quero que as pessoas comam carne, – explica Mollie na entrevista do periódico. – Eu só queria apresentar possibilidades que estão mais embaixo na cadeia alimentar, – diz ela. – Agora que há oferta de uma carne mais limpa, de animais alimentados de forma natural, é uma opção maravilhosa para qualquer um que esteja querendo completar sua alimentação.

Suponho que Mollie Katzen não *tenha* de ser vegetariana, embora a ideia seja difícil de entrar em minha cabeça. Eu mal havia começado a me recuperar do choque sobre Mollie quando fiquei sabendo de Deborah Madison.

Deborah Madison foi, durante anos, a *chef* do Greens Restaurant de São Francisco. Quando eu era criança, o Greens era o lugar onde levar convidados quando você queria causar boa impressão. A vista da baía e da Golden Gate Bridge era maravilhosa e a comida era tão boa que nem os carnívoros sentiam falta da carne. O Greens elevou a cozinha vegetariana, fazendo-a passar de costume hippie para comida fina.

Foi isso também que Deborah Madison fez com seus livros de culinária – *The Greens Cookbook, Vegetarian Cooking for Everyone, The Savory Way [Livro de receitas do Greens Restaurant, Cozinha vegetariana para todos, O caminho do sabor]* e outros. Se Mollie me garantiu que havia outras pessoas comendo da mesma forma que nós, Deborah me abriu os olhos para o fato de que a cozinha vegetariana podia ser *cuisine*, tão criativa e tão bonita quanto as refeições carnívoras. Isso pode parecer óbvio hoje – embora alguns consumidores de carne provavelmente ainda não acreditem – mas, ao mesmo tempo, foi uma revelação. A mulher foi pioneira mesmo.

Agora descubro que Deborah Madison também deixou de ser vegetariana.

– Sinto-me muito melhor fisicamente quando como um pouco de carne, – diz ela numa entrevista publicada no Chow.com. – Nunca fui uma vegetariana rígida. Eu me preocupo com a maneira pela qual o gado e as aves são criados, mais do que com qualquer outra coisa... Sempre é muito difícil você se dar conta de que um ser vivo vai morrer e sofrer por sua causa. Mas os seres vivos sofrem por todos os motivos possíveis e imagináveis, e não só por causa de comida.

Se os ídolos vegetarianos de minha infância agora estão comendo carne de gado criado de maneira sustentável, por que não eu?

– Fazer parte da cadeia alimentar local no Ocidente significa comer carne vermelha, – diz Deborah – e significa apoio a criadores que estão fazendo a coisa certa – não àqueles com a mentalidade de abatedouro e locais de engorda.

Há algo a ser dito em favor do que ela está fazendo – apoiar uma abordagem alternativa à criação do gado. Já ouvi falar de outros ex-vegetarianos que deixaram a turma agora que há opções melhores. Talvez a coisa certa a fazer seja apoiar as alternativas e torná-las mais viáveis.

Existe até uma facção que assina embaixo da teoria de "comê-los para salvá-los." A produção de carne em larga escala dos Estados Unidos concentra-se em umas poucas variedades animais que se desenvolvem rapidamente, de forma comprovada. Por causa disso, agora existem animais em vias de extinção. "É estranho pensar que, para salvar espécies quase extintas, a gente precise comê-las," diz Meg Hourihan em seu blog especializado em alimentação, o Megnut.com, "mas se não houver mercado para essas variedades, ninguém vai criá-las." Essa é uma ideia estranha para mim – que comer carne pode fazer bem – e tentei fazê-la entrar na minha cabeça. Talvez apoiar pequenos produtores e salvar espécies em risco de extinção seja a coisa certa a fazer.

"Não faz muito tempo, ser alguém consciencioso em matéria de alimentação significava ser vegetariano," diz Sasha Wizansky, editora da *Meatpaper* (sim, uma revista inteira sobre a cultura da carne), citada pela revista *Gourmet*. "Agora eu acho que estamos diante de um novo movimento de pessoas em condições de defender a carne que consomem e apoiar produtores locais."

Tenho de admitir que isso quase faz sentido. Acho que até Michael Pollan aprovaria.

Havia um casal de idosos na fila da banca do Prather Ranch, no mercado dos produtores em Oakland, no dia em que estive lá – progressistas grisalhos de Berkeley, a julgar pelo visual dos dois. Quando o tópico de Michael Pollan veio à tona, eles concordaram com um gesto de cabeça. – Ele é a razão de estarmos aqui, – disseram-me solenemente.

Quando Scott Vermier ouviu isso, soltou uma risada.

– Adoro Michael Pollan, – disse ele. – Esse cara me ajudou a preservar minha garganta – não tenho mais de explicar às pessoas porque é importante comer carne de gado alimentado com capim. Mas estamos falando de muitas outras coisas além de comer capim. Há também o apoio aos produtores, e esse lance de proteger o meio ambiente.

Parece bom, mas quero saber mais. Quando os planos para o verão me levaram até o norte da Califórnia, perto do Prather Ranch, envio um e-mail perguntando se eu poderia visitar a propriedade e logo recebo uma resposta cordial. "Lógico, adoramos visitas... venha na terça-feira." Parto para as montanhas a fim de conhecer umas vacas.

Capítulo dez

# Os vaqueiros high-tech do Prather Ranch

NA NOITE ANTERIOR À MINHA VISITA AO PRATHER RANCH, fico num resort de águas termais recomendado por uma amiga. Depois de passar dias inteiros com a mochila nas costas, estou louca para mergulhar numa banheira de hidromassagem com água escaldante; mas, quando chego, o lugar não é exatamente o que eu esperava.

Há cristais de cura, artesanato em todas as cores do arco-íris e um bar no deque onde servem sucos, com a opção de pitadas de grama-do-campo (ai!). Os hóspedes que passam a noite ali têm a opção de dormir numa tenda de índios norte-americanos. Se prestar muita atenção e tentar ouvir alguma coisa, além da música *new age*, você talvez somente escute o som dos chacras das pessoas sendo purificados. Sinto como se estivesse de volta à infância.

Mas a água termal aquecida está maravilhosa quando mergulho nas águas frias que vêm da montanha e passam pela propriedade. É um lugar onde você tem a opção de ficar vestida ou não, mas eu mantenho minha toalha em volta do corpo enquanto escolho o caminho para descer até as pedras e mergulhar na piscina. Talvez eu esteja sendo distraída pelos flashbacks da minha juventude, mas a meio caminho até a água escorrego no musgo úmido e bato o dedão do pé numa rocha. Ponho gelo no local naquela noite, mas na manhã seguinte o pé está inchado e dói: extremamente problemático.

Eu havia sido aconselhada a usar botas para ir à fazenda. Trouxe mesmo um par, mas não há como enfiar meu pé inchado dentro delas. Os únicos calçados que servem são um par de tamanquinhos Mary Jane, bem femininos, com uma tira atrás do calcanhar. De repente parece que estou dentro de um filme de *Bridget Jones* – loira avoada vai para a fazenda de gado com uns calçados fofos, mas impróprios.

O Prather Ranch não fica longe do Mount Shasta, perto da fronteira com o Oregon. É uma região acidentada e bela – pleno deserto com montanhas cobertas de pinheiros e sálvia. O dia está quente e ensolarado, mas sei que, no inverno, a neve cobre os picos e os vales.

Entro numa estrada de terra que vai na direção das colinas e vejo o cartaz que indica o caminho para o Prather Ranch de Ralphs. O "Ralphs" daqui é o mesmo Ralphs por trás da cadeia de supermercados. Tendo vendido os supermercados na década de 1960, Walter Ralphs queria ter uma unidade modelo de criação de gado. Para isso, associou-se a Mary e Jim Rickert, proprietários de uma parte da fazenda e responsáveis pela administração da unidade propriamente dita.

Estou passando agora por campos verdíssimos salpicados de vacas de cor marrom e negra. Meu instinto primal é despertado – vacas de olhos doces e pelo macio! São mesmo. Algumas delas estão encostadas na cerca de arame olhando para mim. Sinto vontade de mugir.

E então me ocorre um pensamento chocante. Essas vacas estão sendo criadas para se transformarem no jantar de alguém – talvez até no meu.

Não sei se isso devia me chocar, mas choca. Suponho que não seja diferente de passar por uma plantação de morango ou de alface – essa é uma unidade de criação de gado. O fato de a comida estar olhando para mim com olhos doces é um pouco difícil de engolir.

Se a fazenda de Ree, descrita em *Confessions of a Pioneer Woman*, é uma unidade de criação de vacas e bezerros, sendo os novilhos criados até uma certa idade e depois vendidos para a engorda e o processamento industrial, o Prather Ranch é algo completamente diferente – um rebanho fechado. Isso significa que ali não se compra animais de fora. Todo o gado do Prather Ranch descende de uma vaca do Prather Ranch e vai passar toda a sua vida, do nascimento ao abatedouro, em terras controladas pelos donos da fazenda.

Esse grau de precaução não se deve apenas à segurança da carne, mas também ao fato de o Prather Ranch utilizar absolutamente todas as partes do animal. Grande parte delas vai para a indústria farmacêutica. Os ossos do gado vão para implantes cirúrgicos; a glândula hipófise é usada em enxertos de pele artificial; o colágeno da pele do gado é destinado às injeções cosméticas, tampões de angioplastia e outros usos cirúrgicos.

– É bom saber que podemos ajudar dessa forma, – diz Mary a mim.

Mary planejou uma turnê completa. Apresenta-me a Mark Estes, o responsável por cuidar do gado e alimentá-lo. Mark parece um vaqueiro perfeito: camisa xadrez abotoada de cima a baixo, jeans, costeletas longas e – *sim!* – um chapéu de caubói. Mas não vamos selar os cavalos, para grande decepção minha. Em vez disso, pulamos para dentro de uma camionete toda empoeirada, usada para dar comida às vacas e bois. Mark limpa várias vezes o banco para mim enquanto procuro lhe assegurar que, apesar dos meus tamanquinhos fofos, sou uma moça que não se importa com um pouco de poeira. Talvez isso seja cavalheirismo de vaqueiro. Resolvo curtir e fechar a matraca.

Quando pergunto a Mark como é que entrou no negócio de gado, ele me diz que, no nordeste do Oregon, onde ele cresceu, todo mundo estava nesse ramo de um jeito ou de outro.

– Era assim que eu achava que se ganhava dinheiro, – diz ele. – Você vendia feno, cereais ou gado. Eu não sabia que existiam outras formas de ganhar a vida.

Mark começou trabalhando em fazendas quando estava na oitava série e depois foi para a faculdade batalhar um diploma de graduação em ciência animal e um título de mestre em ecologia do cerrado. Agora assumiu a tarefa de cuidar do rebanho do Prather Ranch.

Enquanto vamos chacoalhando na camionete, Mark me fala sobre o ciclo vital completo de uma rês do Prather. Aqui as coisas começam antes do nascimento – com a inseminação artificial passando por todos os testes para detectar doenças e seleção feita com vistas à diversidade genética. Toda vaca que não conseguiu engravidar por meio da IA (inseminação artificial) vai ser coberta por um bando de touros que passaram por uma faxina em regra e foram selecionados especificamente para essa tarefa (um trabalho bem legal, se você conseguir pegá-lo). Nove meses depois, as vacas dão à luz nos campos.

— Elas entram em trabalho de parto e se deitam no chão; têm o bezerro em meia hora e depois se levantam e vão pastar com o bezerro recém-nascido, – me diz Mark.

Estamos andando de camionete em volta de uma área grande e empoeirada, fechada por uma cerca, a versão do Prather Ranch de um local de engorda. É uma área grande que sobe o morro. É para cá que o gado é trazido dos campos quando está com 12 a 15 meses de idade, e sua alimentação muda. Continuamos chacoalhando na camionete e as vacas nos ouvem e partem em marcha acelerada morro acima, na direção das gamelas, onde é colocada a ração diária depois de retirada da parte traseira da camionete. Pergunto a Mark se o gado tem permissão de sair dessa área. Parece triste mantê-lo na terra quando há campos verdes do outro lado da estrada.

— O gado gosta da sua rotina, – ele me diz. – Procuro não quebrá-la. Às vezes a gente leva os animais para fora para testar sua reação, mas bastam alguns dias para eles se adaptarem de novo à rotina. Eles não gostam de ser incomodados.

O Prather Ranch produz o tipo de carne originária de um animal alimentado com capim e com um complemento de cereais. Os cereais – uma mistura de cevada orgânica e arroz Lundberg cultivado na Califórnia – são usados para engordar as reses. Começam com uma alimentação de 25% de cereais e 75% de feno. Essa proporção é alterada lentamente no decorrer dos meses que os animais passam no curral. Quando estão prontos para o abatedouro, estão consumindo 75% de cereais e 25% de feno. O gado do Prather nunca é alimentado com milho, pois não consegue digeri-lo bem.

Eu já tinha ouvido falar de carne de vaca alimentada com capim e um complemento crescente de cereais, e supus que fosse uma forma de conciliar as coisas, uma forma de respeitar a alimentação natural da vaca e, mesmo assim, produzir o tipo de carne a que nosso paladar está acostumado. Há quem diga que as vacas alimentadas somente com capim têm a carne mais dura e, por isso, ela tem de ser preparada de maneira diferente da usual. Parece que a carne de antigamente deve ter sido um pouco mais parecida com sola de sapato do que os cortes opulentos de hoje, que mais parecem manteiga.

Quando pergunto a Mary por que fazem essa combinação de capim e cereais, começo a entender que a resposta é mais complexa. Ela explica que eles acreditam que a adição de um pouco de cereais leva a um produto melhor para o consumidor, mas também faz parte do processo de tornar a empresa sustentável. Alimentar os animais com cereais e feno permite que eles tenham uma reserva de alimento, mesmo no inverno, quando o capim não é o ideal.

– Queremos ter condições de oferecer um emprego de ano inteiro, – explica ela. – Também precisamos trabalhar o ano todo por causa das companhias farmacêuticas que assinaram contrato conosco. Elas não estão nem aí para o ciclo natural da vida.

Os defensores da carne de vaca alimentada com capim e um complemento de cereais, como Bill Niman, que foi um dos pioneiros do movimento de carne sustentável obtida em condições humanas com o seu Niman Ranch, diz que a carne de vaca alimentada somente com capim teria de ser um produto sazonal, que só existiria em maio ou junho, quando as vacas chegam a seu apogeu. Também há preocupação com a impossibilidade de produzir a quantidade de carne que o público quer só com animais alimentados com capim.

O celular de Mark toca o tempo todo. Rio um pouco ao ver um vaqueiro com um telefone desses, mas o Prather Ranch é uma unidade *high-tech*. Esqueça todas aquelas imagens da vida antiquada de fazenda: os vaqueiros do Prather são uma espécie moderna.

Mary me diz que estou com sorte porque hoje vou conseguir assistir os vaqueiros fazerem os sonogramas das vacas e, no começo, fico empolgada – *óóó, bezerrinhos!* Mas descubro logo que não são bezerros ainda por nascer que vamos ver. Hoje vamos examinar a carne.

A imagem que aparece na tela é uma bisteca – uma imagem tão nítida como se você estivesse olhando para o seu prato. Nada mal de se olhar, diga-se de passagem. Examinar a bisteca é um processo que tem a ver com a seleção dos touros que devem ser reservados para a reprodução. Os vaqueiros estão avaliando tanto o tamanho da bisteca quanto um termo que eu nunca havia escutado antes – *gordura intramuscular*. Trata-se da marmorização que todos passamos a conhecer e amar (até eu, embora mais tarde que a maioria). Esses são os tipos de características que eles gostariam de transmitir. Quando elas estão bem desenvolvidas num touro, ele é selecionado para a reprodução.

– Ele vai se classificar para a seleção, – diz o técnico de ultrassom a respeito do touro que está examinando.

Embora muita gente seja atraída pelo gado Prather por causa de suas políticas de rebanho fechado, da alimentação de capim ou da carne macia que a fazenda produz, uma boa parte de sua clientela vem por causa das políticas de tratamento humano a seus animais, cuja maior parte se deve a Mary.

– Já fui acusada de ser a consciência moral do Prather Ranch, – diz Mary a mim com uma gargalhada. Mary vem de uma família que tinha uma fazenda de gado leiteiro e fabricava laticínios, e esteve perto das vacas e dos bois a vida inteira. As vacas leiteiras tinham uma expectativa de vida de mais de 15 anos – tempo suficiente para desenvolver uma relação afetiva. Agora, devido ao estresse dos métodos da tecnologia moderna aplicados nas fazendas de lavoura e pecuária, a maioria das vacas leiteiras vive só de dois a cinco anos.

– As pessoas acham que estou louca porque converso com elas, mas as vacas são algumas das minhas melhores amigas, – diz ela.

Ao desenvolver suas políticas de tratamento humano, Mary inspirou-se na filosofia de Temple Grandin, a professora de ciência animal da Universidade Estadual do Colorado, cujo trabalho teve um impacto profundo na mudança da maneira de tratar e matar os animais. O local onde fica o abatedouro do Prather Ranch foi desenhado com linhas curvas, o que ajuda a manter os animais calmos. Eles são desacordados antes da morte para estarem inconscientes do que vai acontecer em seguida. Mary chegou a pôr uma citação de Temple Grandin num cartaz que pendurou no seu escritório:

"Acredito que o lugar onde um animal morre é um lugar sagrado. O ritual pode ser muito simples, como um momento de silêncio. Nenhuma palavra, só um momento de puro silêncio. Posso imaginá-lo perfeitamente."

E, na verdade, no Prather Ranch, antes de cada animal ser desacordado com um golpe na cabeça e enviado para o abatedouro propriamente dito, um jovem chamado Anthony faz um minuto de silêncio para agradecer ao animal a sua contribuição.

Naquela tarde, consegui ver o local onde o gado morre – um lugar que chamam de sala de corte. A carne do Prather Ranch é maturada, pendurada durante duas semanas numa sala refrigerada com temperatura controlada. Durante esse período, a carne perde umidade, e os músculos amaciam e ficam mais moles. É extremamente improvável que a carne comum de seu supermercado seja maturada. A umidade que evapora significa que a carne perde peso. Para uma mercadoria vendida a quilo, essa não é a maneira de ganhar o máximo possível de dinheiro.

Depois que a carne foi maturada, é levada para a sala de corte, onde é dividida nos pedaços que vemos no açougue e que vão se transformar em bifes, costeletas, carne assada. É aqui que encontro o açougueiro que venho procurando há tanto tempo – o tipo de homem cordial e instruído que você gostaria de ter no açougue do seu bairro.

Ben Tanuz abre um sorriso de orelha a orelha quando ponho os pés no chão gelado de cimento da sala de corte.

— Por onde é que você andou? Estava à sua espera! – diz ele ali de pé com um avental manchado de sangue. É um cara grande, com um jeito brincalhão, e está segurando uma faca.

*Você estava esperando por mim? Eu estava procurando por você!*

Ben é claramente a maior personalidade da sala de corte, onde é um dos quatro homens que cortam e embalam a carne que sai da sala refrigerada. Um deles passa as imensas peças do animal por uma serra mecânica fixa e depois as entrega a Ben, que as corta à mão.

Embora no começo tenha sido enervante ver aquelas peças enormes, o vermelho e o branco do músculo e da gordura, logo fiquei presa no feitiço de ver Ben trabalhar com sua faca. Hipnotiza ver a lâmina achar seu caminho em volta dos ossos e da cartilagem. Ele faz a coisa parecer fácil, mas eu tenho certeza de que não é.

— Eu gosto de desossar, – diz Ben a mim. – É uma arte saber desossar, saber onde estão as linhas de junção.

Ben usa um avental de malha de metal como proteção, para o caso da faca escorregar, que parece uma peça da armadura de um cavaleiro medieval. Em sua mão esquerda há um gancho que ele usa para pegar cada pedaço de carne e mantê-lo firme no lugar. É um gancho impressionante e talvez seja dele que venha a sua fanfarronice. Não vou lhe contar o que exatamente ele disse sobre os pobres coitados que estavam trabalhando na máquina de moer carne, mas parece que preparar o ingrediente principal de um hambúrguer é motivo para questionar a virilidade de um homem.

Não consigo deixar de querer que Ben fosse o meu açougueiro – em alguma casa de carnes antiquada no centro da cidade. Seria divertido entrar lá toda semana e brincar com ele, ouvir as novidades, deixá-lo zoar comigo um pouco. Ele é exatamente o que sempre imaginei que seria um açougueiro perfeito – o tipo de pessoa que deixa um sorriso no seu rosto quando você vai pra casa depois de um dia longo, com as compras bem embaladinhas embaixo do braço.

As qualidades interpessoais de Ben não estão sendo devidamente exercidas na sala de corte. Se você quer saber, ele precisa de um bairro inteiro para paquerar. O meu, de preferência.

Jim, o marido de Mary, se junta a nós depois do almoço para me levar para fazer uma turnê pelo que chamam de fazenda de feno. O Prather Ranch cultiva todo o feno que usa – para alimentar o gado e também para vender. Há acres e acres de feno e alfafa logo ali, do outro lado da rodovia, descendo um pouco.

Jim Rickert é um vaqueiro da quarta geração, tendo criado sua primeira vaca aos nove anos de idade, e começado a trabalhar no abatedouro aos dez. Mas, quando era adolescente, chegou à conclusão de que aquilo não era vida para ele. Foi para a faculdade de Cal Poly, dizendo ao pai que nunca voltaria a trabalhar de novo numa sala de abate.

Adivinha quem trabalha na sala de abate do Prather Ranch.

Hoje em dia, Jim é um tipo afável, paternal, com a cabeça cheia de fios prateados e muito senso de humor, principalmente em relação à inusitada fazenda de gado de corte que administra.

– Entre o pessoal que trabalha em fazendas de gado, sou considerado esquisito, – diz ele. – Eu me preocupo com o tratamento humano aos animais – sabem até que ouço a National Public Radio [uma rádio educativa]. – Ele diz isso com um sorriso malicioso e um olhar oblíquo enquanto vamos chacoalhando pela estrada de terra da fazenda num caminhão. Gosto dele instantaneamente.

Ofereceram um emprego a Jim Rickert na Cal Poly quando ele se formou, mas ele abriu mão da vida acadêmica para voltar à vida da fazenda.

– Essa é a única coisa que eu sempre quis fazer, – me diz ele com um sorriso. – Peguei a doença da vida de fazenda – considero-me terminal.

Jim me fala da integração vertical que eles estão tentando pôr em prática no Prather Ranch. Eles não criam vacas somente, cultivam a maior parte de sua alimentação, e toda parte do animal é utilizada. A carne é vendida por atacado e no varejo; os ossos vão para a indústria farmacêutica; as peles são salgadas e enviadas para a Ásia, onde serão usadas na fabricação de calçados e cintos.

– Gosto de pensar nisso aqui como um sistema integrado, – diz ele. – Os animais são parte dele, a terra é parte dele, a água é parte dele.

– O único problema no qual eu não tinha pensado ainda é o combustível, – continua Jim. – Eu gostaria que alguém fizesse uma caixa preta onde eu pudesse pôr todo o sebo que produzimos e fabricar combustível para tocar a fazenda. Esse é um circuito que não consegui fechar.

Atualmente o sebo do Prather Ranch é vendido para uma empresa que o usa para fazer sabão.

Estamos andando de carro pela fazenda de feno agora, campos de aveia e alfafa acenando dourados nesse dia de verão, o pico coberto de neve do Mount Shasta visível à distância. Jim aponta um antílope que está correndo pelos campos, um animal que eu nunca tinha visto antes em estado selvagem.

O Prather Ranch colhe 19 mil toneladas de feno por ano; delas, duas mil toneladas são usadas para alimentar seu gado, o resto é vendido. As vendas do feno respondem por metade da renda da fazenda; a indústria farmacêutica contribui com outros 25%. As vendas de carne equivalem somente a 25%. Pergunto a Jim se seria possível alguém começar uma fazenda como o Prather Ranch hoje.

– Acho que ia ser complicado, – diz ele abanando a cabeça. – É difícil encontrar o tipo certo de terra, e ele é muito caro aqui na Califórnia. Começar ia ser dureza.

– A agricultura é o negócio que mais deixa a gente humilde, – diz Jim. – Você pode ter o melhor plano do mundo, mas aí, num certo ano, não chove. Às vezes eu estava na estrada, dirigindo o meu carro e me perguntando, "mas por que eu?" Um cara inteligente devia se tornar professor universitário, – diz ele com aquele sorriso malicioso outra vez no rosto. Depois sacode a cabeça, olhos na estrada em frente enquanto dirige. – É uma grande responsabilidade ter de ganhar dinheiro suficiente para pagar todo mundo e ainda zerar as contas. Às vezes estou aqui trabalhando, e fico torcendo para conseguir ter algum lucro. Exige uma certa fé.

Estamos atravessando o vilarejo de Macdoel agora (população: 600 pessoas), não muito mais que um flash à beira da estrada vicinal que leva até Bend, no Oregon. Mary havia me dito que os empregos do Prather Ranch são considerados de elite por aqui, já que eles veem acompanhados de benefícios e pacotes de aposentadoria. A fazenda procura contribuir para a comunidade. Já patrocinou eventos de limpeza ambiental e toda semana separa uma rês para ser vendida aos habitantes locais por US$ 7,47 o quilo – bem menos do que o que eu pago por ela no Ferry Building Marketplace, um lugar de gente abastada.

– Achamos que é uma responsabilidade social vender um pouco de carne para nossa comunidade por preços que as pessoas daqui podem pagar, – diz Jim.

Eu estava me perguntado se Jim se considera um pecuarista ou um agricultor, mas quando lhe pergunto ele me diz que é agricultor:

– Estou na lavoura desde que nasci. Tudo o que temos é um pedaço da superfície da terra. Eu gosto do desafio e da oportunidade de cuidar da terra e de deixá-la melhor do que a encontramos. Tenho esperanças de conseguir chegar a um programa sensível ao meio ambiente – de poder tratar bem as pessoas e oferecer-lhes uma carreira e não só um emprego, e de que a sociedade nos apoie.

Com essa finalidade, o Prather Ranch participa de programas de conservação da terra. As bacias hidrográficas são testadas periodicamente para acompanhamento do impacto do gado, e metade da terra que usam é protegida por diretrizes conservacionistas postas em prática para preservar áreas agrícolas tradicionais. Uma dessas fazendas de gado de Bear Valley é uma reserva florestal. A certa altura, foi decidido retirar o gado da terra, mas depois que isso foi feito, as flores silvestres deixaram de desabrochar. O gado que pastava ali tinha se tornado parte do ecossistema e as flores contavam com ele para serem podadas.

— Nossa maior vitória é observar a natureza e deixar os animais fazerem o que querem fazer, — me diz Jim. — Nunca dá certo quando tento forçar a barra. Mas uma empresa grande precisa de lucros trimestrais. Tivemos sorte por conseguir ter lucro em dez anos. Você tem de ter visão de longo prazo. Agora é que estamos colhendo os benefícios de coisas que fiz há 30 anos.

O fazendeiro que quase se tornou professor universitário está considerando o quadro como um todo.

— Se não tomarmos cuidado, logo, logo vamos deixar de ser autossuficientes em comida, — diz Jim, referindo-se à quantidade de comida que os Estados Unidos estão importando agora de outros países. — Pela minha experiência, as sociedades que não são autossuficientes em comida se dão mal.

Talvez pequenas propriedades rurais como o Prather sejam a resposta.

— Por que não criamos um sistema alimentar alternativo? — pergunta Jim. — Se um número suficiente de pessoas aderir, talvez possamos mudar a forma de produzir a comida. Talvez possamos mudar o mundo.

No fim, nunca encontrei realmente o vaqueiro que estava procurando. No Prather não há ninguém tocando o gado para levá-lo para o outro lado de uma cordilheira escarpada. Jim Rickert nem tem cavalo.

— Tenho uma parelha de cavalos japoneses, — me diz ele sorrindo. — Tenho uma Honda e uma Yamaha.

Em vez dele, encontrei outra coisa, e vou embora aquela tarde empolgada com o que vi. Claro, o Prather Ranch não vai conseguir alimentar todo mundo, mas quem sabe não é possível ter pequenas fazendas de gado como o Prather por todo o país? Lugares que sejam humanos, éticos e sustentáveis. Se já foi assim, por que não pode voltar a ser? Quem sabe, se as pessoas comessem menos carne, mas fosse carne de primeiríssima, não poderiam ficar com a consciência tranquila? Quem sabe se, como diz Jim Rickert, não mudaríamos o mundo?

Capítulo onze

# Quando a carne é a única opção do cardápio

Agora já faz meses que estou comendo carne, e até a preparo eu mesma de vez em quando. Para ser bem franca, também comecei a jogar um monte de carne fora.

Não é que eu quisesse realmente jogar carne fora. Quando estou com coragem, com planos de cozinhar durante a semana, compro um peito de frango, ou um belo bife. Mas, à medida que os dias vão passando, deixo a carne de lado. Em parte porque nunca tenho certeza do que fazer com ela. Sei que poderia pesquisar e encontrar uma receita para fazer algo novo, mas nem sempre quero correr riscos com o meu jantar. Às vezes só quero uma comida que sei que vai me deixar satisfeita.

Posso ser uma aventureira na vida, mas não quando se trata de carne. Quero ser uma consumidora de carne com orgulho dessa condição, mas em geral acho mais fácil esquentar um pouco de sopa de lentilha, fazer uma salada e ponto final. Sei que pode não parecer inspirador para um monte de gente, mas acredite em mim quando digo que consigo fazer coisas assombrosas com um quilo de feijão. Você não tem ideia.

Depois vem o segundo problema: eu nunca sei quando é que a carne está estragada. Quando um dia na geladeira se transforma em dois – e, de vez em quando, em até três ou quatro – entro em pânico, pois a carne pode estar estragada. Isso pode parecer uma paranoia desnecessária, mas tenho uma boa razão para ter medo.

Há uns dez anos atrás, quando eu morava no Japão, comprei um pacote de bolinhos de camarão no minúsculo supermercado perto do meu apartamento. Fazia muito tempo que eu havia me resignado ao fato de ser praticamente impossível viver no Japão rural e evitar consumir frutos do mar. Em todo lugar onde eu ia, ofereciam-me peixe, polvo, camarão. Todo molho é feito com um caldo de peixe. Não gosto muito de peixe, mas descobri que adoro camarão. Um dia resolvi comprar uns bolinhos.

Quando abri o pacote mais no fim da semana, o cheiro estava meio desagradável. Não pensei muito nisso porque acho todos os cheiros de peixe desagradáveis.

Não pensei no assunto até tarde da noite, quando eu estava tendo violentos ataques de vômito. Depois pensei bastante no assunto. Achei que foi o camarão que me fez mal.

Hoje em dia eu exagero no cuidado. Quando um pedaço de carne me parece suspeito, vai pra lata de lixo. Fico mal com isso. Detesto desperdiçar comida e carne não é uma coisa barata, mas eu detesto mais ainda o envenenamento alimentar.

Mas, depois que visitei o Prather Ranch, tudo mudou. Mary Rickert me disse que são precisos três anos – *3 anos* – para criar uma rês, e eu senti que nunca mais jogaria carne fora. Agora eu a trago pra casa e a ponho no freezer, mesmo quando acho que vou usá-la dali a dois dias. Isso ajuda a diminuir meu medo de envenenamento alimentar, embora não diminua em nada o medo que eu tenho de preparar carne. Compro mais do que preparo, e as compras começam a se empilhar no freezer – a pilha da vergonha que não admito para meus amigos. Talvez eu esteja brincando de ser carnívora, mas ainda é só uma brincadeira.

E há também a ambivalência que ainda tenho em relação a comer carne. Um dia, ao atravessar a rua para ir a uma biblioteca, olhei para baixo e lá na calçada, na minha frente, vejo um exemplar do *Vegetarian Starter Kit [Kit do vegetariano iniciante]*, um livro publicado em papel acetinado pela People for the Ethical Treatment of Animals (PETA) [Pessoas a favor do Tratamento Ético de Animais]. Não consigo evitar me perguntar se o meu povo não está tentando me trazer de volta.

Ao mesmo tempo, minha saúde ainda está deixando a desejar. A doença prolongada do inverno finalmente cedeu, mas ainda me sinto cansada o tempo todo. Alguns dias são melhores que outros, mas nenhum deles chega a um ponto em que possa ser chamado de bom. Estou acostumada a superar minha fadiga através da força de vontade, mas nem ela está adiantando agora. Não importa o quanto eu tente, não tenho forças para seguir adiante. Um dia minha mãe vem à cidade me visitar e me encontra em posição fetal, chorando.

– Meu corpo me odeia, – digo a ela entre soluços. – Ninguém sabe a resposta.

Minha mãe olha para mim preocupada. Deu tanto duro para me alimentar com a melhor comida do mundo, para ter certeza de que eu seria saudável... Mas seus esforços parecem ter dado com os burros n'água. Está preocupada, mas também não sabe a resposta.

Esta não é a vida que eu queria levar. Sempre fui aventureira e ativa – era a única coisa que me dava energia e me ajudava a superar a fadiga que ameaçava me fazer naufragar. Houve uma época em que eu avaliava minha qualidade de vida pelo número de dias por mês em que eu passava acampada no meio do mato. Agora estava fazendo dois anos que eu não acampava; simplesmente não tenho energia para isso. Ter minha vida roubada de mim, lenta e silenciosamente, é mais do que consigo suportar.

Em junho as coisas estavam piores ainda. Estou incapaz de andar de um lado da minha casa para o outro. Há dias em que fico na cama e me pergunto por que me dar ao trabalho de me levantar. Simplesmente não está em mim lutar. Minha fadiga sempre me fez sentir como se eu tivesse de correr duas vezes mais depressa só para acompanhar o ritmo do resto do mundo, mas agora mal consigo andar.

Para mim, o legado de eu ter sobrevivido a tentativas de suicídio é que há uma pequena parte em mim que acha que a vida é opcional. *Se as coisas ficarem difíceis demais por aqui, sempre posso cair fora.* Mas não é um plano de verdade; até eu sei disso. Há um núcleo obstinado de esperança em mim – quero muito saber como é que a história acaba. Não nadei até aqui para morrer na praia. Mas, enroscada na minha cama durante aqueles longos dias e meses, olhando para uma rachadura no teto, não há como não me perguntar por que insisto em continuar por aqui.

Portanto, marco consulta com outro médico, meu quarto especialista. A acupunturista não mudou a minha vida. E também perdi a fé na naturopatia, após dois anos de suplementos e pozinhos, pois o profissional nunca sabia o que fazer com os resultados dos meus exames.

– Nunca vi nada parecido, – era o que ele estava sempre me dizendo.

Como paciente, não é o que você quer ouvir. Você quer ouvir que eles já viram isso antes; que sabem o que fazer para resolver a parada. Estou convencida de que existe uma solução mágica – um comprimidinho minúsculo que pode ser jogado na boca para fazer tudo funcionar direito outra vez. É só uma questão de encontrar a pessoa que possa fazer isso.

O engraçado é que não espero chegar à saúde perfeita. Compreendo que vou ter de fazer reposição dos hormônios da tireoide todo dia, e pelo resto da vida, mesmo sem gostar da ideia. Não combina com a vida de viagens e aventuras a que aspiro (e se eu estiver descendo o Amazonas de barco, e ele vira, e as sacolas com meus remédios se perdem – e aí?). Mas a minha vida anterior de viagens e aventuras parece muito distante hoje em dia. Não penso mais em escalar montanhas – só quero conseguir chegar até a loja.

O fato de minhas calças estarem todas muito apertadas também me deixa mal. Tenho um armário cheio de roupas nas quais entro cada vez menos. Minhas amigas me aconselham a me livrar de todas elas e comprar outras novas, mas eu me recuso a admitir que essa é a vida que vou levar daqui para a frente. Uma das minhas amigas marca hora para eu fazer uma terapia inspirada naquela de 12 passos para eu aceitar a mim mesma. É bem intencionada, eu sei, mas me dá vontade de gritar, nem que seja só um pouquinho.

Eu me dou conta de que é este o lugar em que estou. Tenho de enfrentá-lo todo dia. Ao mesmo tempo, não estou interessada em aceitação. Se eu tivesse energia suficiente, estaria com raiva. Como não tenho, estou a fim de encontrar uma solução. Tenho certeza de que há uma resposta lá fora. Só preciso encontrá-la.

O médico que resolvo consultar é um especialista em tireoide. A amiga que o recomendou me diz que ele é o cara que a gente deve procurar quando ninguém mais sabe o que fazer, o que parece uma síntese perfeita da minha situação. Já procurei um clínico geral, um endocrinologista, uma acupunturista, um naturopata e um homeopata (ooops, quase me esqueci deles: muitos remédios à base de ervas). Apesar disso, parece que vou de mal a pior.

Estou com esperanças nesse novo médico, embora ele vá contra todo o senso comum. Depois de me decepcionar tantas vezes, é melhor não ficar alimentando expectativas. Eis aí uma lição que nunca aprendo. A cada novo profissional da área médica que consulto, agarro-me à ideia de que talvez este tenha a resposta. Posso me considerar cínica, mas a verdade é que sempre quero acreditar.

O médico cobra US$ 250 pela primeira consulta e US$ 80 pelas seguintes. Quer me ver de 15 em 15 dias e não trabalha com planos de saúde – só com cheque. Se você estiver fora da cidade e marcar uma consulta por telefone, seu cheque tem de ser recebido antes da sessão. Fico surpresa por ele não querer verificar o meu extrato bancário com antecedência.

O médico é da velha guarda. Com seus óculos de aros de metal e camisa abotoada de cima a baixo, quase dá para sentir nele o cheiro da escola preparatória de Massachusetts. Na minha primeira consulta, ele me dá guias para exames de laboratório. Respondo alegremente às suas perguntas e vou correndo tirar sangue. Duas semanas depois, quando chegam os resultados dos exames, ele apresenta seu diagnóstico incrível. Ele me diz que estou com hipotireoidismo.

Sem brincadeira. Eu podia ter lhe dito isso – na verdade, eu disse!

Explico ao médico que eu posso estar com hipotireoidismo, mas estou convencida de que há mais alguma coisa acontecendo além disso. Depois vou até o meu carro, enrosco-me no banco, e choro. Eu achava realmente que ele teria a resposta, a solução mágica pela qual eu estava procurando.

O médico me pede para escrever tudo que eu como durante uma semana – um diário de alimentação. Quando lhe entrego os papéis, ele dá uma olhada – uma lista de legumes, verduras e frutas, cereais integrais e feijões, alguns ovos, nozes e um pedaço ocasional de queijo. Uma dieta saudável.

– Você precisa comer mais carne, – me diz ele, fazendo anotações no meu gráfico.

– Ummm, é. Não gosto de comer muita carne.

Estou fazendo um esforço nesse departamento, mas ainda não sou uma carnívora regular e nem mesmo confiável. Não consegui me obrigar a comer carne mais que algumas vezes por semana.

– Tudo bem, – diz ele, sem erguer os olhos do que estava escrevendo nos meus papéis. – Você pode comer peixe ou frango no lugar da carne vermelha.

*Está brincando comigo?*

Para uma vegetariana, trata-se de uma piada. É óbvio que peixe e frango também são carne – carne morta, algo que um dia foi um animal. Mas o médico não está brincando.

Ele pede mais alguns exames, entre os quais um para detectar alergias alimentares. Se eu tiver uma reação muito forte a certos alimentos, devo eliminá-los da minha dieta, ou pelo menos evitá-los bem seriamente.

Quando os resultados dos exames chegam, tenho uma reação muito forte a várias coisas. Na lista de alimentos que preciso eliminar estão os seguintes:

    Laticínios (de leite de vaca e cabra)

    Ovos

    Açúcar branco

    Feijões (roxinho, carioca, vagem e feijão de lima – a maioria dos feijões que eles testam)

Também devo evitar a soja devido ao fato de que ela pode ter impacto sobre os níveis hormonais. E a maioria das pessoas com doenças autoimunes em geral também passa melhor com uma alimentação sem glúten. Isso significa que posso esquecer a aveia, o centeio, a cevada, a espelta etc.

Tenho de passar sem esses alimentos durante 3 meses; depois posso voltar a consumi-los lentamente para ver se tenho uma reação. O médico explica que devo acrescentar um item de três em três dias porque pode levar até 72 horas para uma reação alimentar acontecer. Sento-me na cadeira, perdendo silenciosamente a coragem.

Nada de laticínios, ovos ou feijões. Sinto como se tivesse ouvido uma sentença de morte.

Não é o desafio de eliminar essas coisas – isso eu consigo. Certa vez cortei todos os produtos de trigo e glúten durante um ano para ver se eles eram os culpados pelos meus problemas de saúde. Numa outra vez, na esperança de perder peso, passei nove meses sem comer nada que pudesse elevar a glicose do meu sangue. Nada de amidos, e nada que tivesse açúcar – nem mesmo cenoura. Mas isso, isso é pior.

Sem feijões, sem ovos e sem laticínios, todas as minhas fontes habituais de proteína foram retiradas. Vou ter de comer carne agora. Pra valer.

No primeiro dia do meu programa de eliminação, não sei o que comer – todo alimento que considero contém ao menos um dos ingredientes ofensivos aos quais sou supostamente alérgica.

Torrada sem manteiga.

Chá sem leite.

Legumes *à sautée* sem tofu.

Arroz sem feijão.

No fim, espalho um pouco de abacate num bolo de arroz, e sigo pelo corredor que leva a meu escritório. No meio da tarde como maçãs – não pode haver nada de errado com elas, pode? Para o jantar daquela noite, preparo um punhado de nozes e acelga chinesa *à sautée* em azeite de oliva e alho (nada de molho de soja – a maior parte das marcas contém glúten).

Depois coloco um pouco de proteína de arroz em pó, que sobrou da minha fase naturopata, porque estou preocupada com a possibilidade de não estar consumindo uma quantidade suficiente de proteína. No fim do dia, não me sinto nem um pouquinho melhor. Em geral, só me sinto deprimida.

Alguns amigos me convidam para jantar fora e eu fico apavorada. Verifico os cardápios dos restaurantes pela Internet para ver se há algo que eu posso comer – e rezo para que as informações estejam atualizadas. No restaurante faço um interrogatório ao garçom sobre os ingredientes: há creme de leite na sopa? Manteiga nas batatas? Açúcar nos molhos da salada? As *tortillas* de milho foram fritas no mesmo óleo que as *tortillas* de trigo? Comer fora perdeu a graça.

Toda a minha vida procurei evitar ser um cliente difícil. Quando criança, lembro-me de me encolher de constrangimento quando minha mãe interrogava os garçons para saber se havia ou não caldo de galinha na sopa. Agora estou muito pior do que ela jamais foi. Ser vegetariana é moleza comparado com ter de fazer uma lista de perguntas com dois quilômetros de extensão. Sinto muito pelos garçons que ficam paralisados diante da minha mesa. Hoje em dia, sou como a Inquisição espanhola.

Começo a dar gorjetas incríveis.

O que fica óbvio na segunda semana é que preciso aprender a preparar carne. Claro, posso fazer uma capa de filé e incrementá-la com uma porção moderada de caldo de galinha, mas isso não pode servir de base para a alimentação de uma pessoa. Cozinho desde os dez anos; sei improvisar, sei juntar as coisas e fazer uma refeição rápida sem receita. Mas meus talentos estão enraizados nos legumes, nas verduras e nos cereais (sei fazer coisas impressionantes com quinoa, pode crer), e estou perdida na cozinha, o único lugar no qual sempre me senti à vontade. A comida deixou de ser uma parte gostosa da minha vida. Preciso da cultura da carne, e preciso dela agora – onde procurar?

Por mais ousado que pareça, resolvo aventurar-me no *Meathenge*.

Capítulo doze

# Uma visita ao Meathenge

Guy Prince, o crânio que está por trás do blog de comida *Meathenge* [Templo (pré-histórico) da Carne], atende pelo apelido de Biggles. Tem 1,88 metros e uma barba ruiva – e se apresenta como matuto despretensioso. É o tipo do cara que pararia e ofereceria ajuda para você trocar o pneu se visse você arrasada na beira da estrada, e ele inspiraria tanta confiança que você aceitaria.

Quando envio um e-mail para Biggles, para lhe dizer que meu médico havia me mandado comer carne e que não sei prepará-la, ele tem a bondade de me oferecer seus serviços.

– Deixa *a carne* pra lá e vamos conversar, – sugere ele.

Fico na expectativa desse "encontro," mas a cabeça de Biggles está em outra. Ele almoça feito um passarinho e me conta que seu açougueiro acaba de se aposentar.

– Ainda estou numa roubada, – diz ele. – Não sei o que fazer. Eu estava lá quase todo dia para conversar.

Não sei qual tipo de condolência seria adequado para a perda de um açougueiro, mas tento parecer devidamente simpática.

Quando volto para casa naquela tarde, há um e-mail mais animador de Biggles, me convidando para uma sessão de carnes grelhadas naquele fim de semana. Vou ser sua aprendiz por um dia. Um convite para o *Meathenge*? É absurdo o quanto fico empolgada.

"O que devo levar para assar?" – espero que Biggles me diga o que comprar, mas ele está levando meu treinamento a sério. Vou ser o *Gafanhoto* de um Mestre da Carne.

"Diga a seu açougueiro que você quer algo com um quilo, um quilo e meio, e que possa ser tostado rapidamente e depois assado em fogo baixo por muito tempo," responde-me ele. "Se fizer amizade com seu açougueiro, vai ter um amigo para o resto da vida. Meu açougueiro, o Paul, levantava aquela pilha toda e puxava o bacon bom para mim, lá de baixo, quando me via chegar."

Nossa troca de e-mails naquela semana é um ABC do mundo do churrasco.

"Muitos carnívoros têm o costume de andar com uma geladeirinha de isopor," escreve ele. "É boa para esfriar a cerveja e para guardar as sobras."

Não sei se isso é uma insinuação para eu levar cerveja, mas separo um pacote de seis unidades. Estou entrando em território estrangeiro e tenho de seguir as regras. Na manhã de domingo, encho uma geladeirinha de isopor. Estou de saída para o *Meathenge*, planejando fazer uma amizade a caminho de lá.

Quando chego ao Berkeley Bowl, um mercado independente muito popular com uma seção de carnes bem suprida, dirijo-me para o fundo da loja, passando por vegetarianos que andam de patins e estão se abastecendo de feijão e lentilha na seção do meio. As seções de carne e peixe estendem-se pelo fundo do mercado. Estão cheias de açougueiros, ao que parece, esperando para fazer amizade comigo.

Mas é domingo de manhã e o Berkeley Bowl está um hospício. Há oito açougueiros trabalhando, dançando atrás do balcão, e uma multidão de fregueses esperando com senhas numeradas na mão. Quando o açougueiro chama o meu número, eu falo exatamente o que Biggles me havia instruído a dizer:

– Estou procurando algo com um quilo, um quilo e meio, que possa ser tostado rapidamente na frigideira e depois tirado de lá e assado em fogo baixo por muito tempo.

O açougueiro, vestido com um jaleco branco com as insígnias do Berkeley Bowl no peito, tenta me levar na direção de uns bifes.

— Esses aqui seriam bons, – diz ele apontando para uma bisteca. Não sei por que, mas não era nisso que eu estava pensando.

Quero algo grande – um daqueles pedaços de carne com uma embalagem de rede em volta. Eu talvez consiga reunir a coragem necessária para preparar eu mesma mais uma carne. Se essa é a minha única chance de ver Biggles em ação, quero preparar algo que eu nunca teria peito de fazer sozinha. Quero preparar um churrasco.

Aponto para uma grande ponta de alcatra.

— Será que dava pra você cortar um pedaço de um quilo, um quilo e meio daquela ali?

— Claro, – diz o homem, tirando aquele pedação de carne do mostruário e levando-o para a mesa onde ia cortá-lo.

*Desde quando tenho uma opinião sobre essas coisas?*

O açougueiro volta e põe um embrulho pesado nas minhas mãos. É do tamanho de um cachorrinho filhote. Olho de relance para o preço – a US$ 15,40 o quilo, vai custar quase US$ 25. Quando eu estava na faculdade, há poucos anos atrás, meu orçamento semanal para os gêneros alimentícios era de US$ 30.

O lugar que chamam de *Meathenge* fica numa rua residencial de uma área suburbana de East Bay cheia de casinhas de família e retalhos verdes de gramados. Estaciono meu carro e começo a pegar as compras. Nunca apareci na casa de ninguém com uma geladeira de isopor e ela me faz sentir como se eu fosse um cirurgião prestes a tirar um coração para transplante. Sou do tipo vinho com salada – mas cá estou eu, carne e cerveja no gelo. Sinto-me estranhamente americana. O churrasco no quintal é uma forma de patriotismo da qual não costumo participar. Não é um sentimento ruim, só diferente.

Biggles me dá as boas vindas ao *Meathenge*. Sua camisa tem dizeres antiquados: APENAS PORCO! e não consigo deixar de rir. Pergunto-me se esta é uma roupa de todo dia ou algo que ele pôs por minha causa.

Partimos para a cozinha, um cômodo aconchegante num lado da casa. Os armários e gavetas estão pintados com um vermelho brilhante e têm maçanetas em forma de garfos e facas. Um fogão a gás Wedgewood está num canto com uma frigideira de ferro fundido em cima.

Há duas fitas magnéticas largas montadas na parede, ao lado do Wedgewood, com 15 facas grudadas! Três pedras de amolar pendem de ganchos ao lado de uma balança, e há também um porrete de madeira que poderia abrir um coco com facilidade.

É claro que esta é a casa de um carnívoro. Com sua altura, cabelos ruivos e barba, não seria preciso muita imaginação para ver Biggles como um dos gigantes dos livros de contos de fadas da minha infância. Se ele começar a cantar, "Sniff, sniff, estou sentindo cheiro de vegetariano," estou preparada para sair correndo.

Mas Biggles é um gigante ruivo, muito cordial, ansioso para me mostrar suas compras.

— Consegui uma *porchetta* do Fatted Calf.

Puxa um pedaço rosado de carne, em forma de meia lua, com casca de limão e temperos.

— Estes aqui são dois cortes de carne de cordeiro do Farmer Ted. Você já viu o bacon? Está com o couro. — Biggles aponta para o arremate amarronzado que estava em toda a extensão da fatia de bacon. Eu nunca tinha ouvido falar de arremate de bacon (será que a maioria dos pedaços de bacon já vêm sem o couro?), de modo que concordo só com um gesto de cabeça e sorrio.

*Espera aí. A gente vai pôr bacon no churrasco?*

Biggles está nas nuvens de tanta expectativa, cativantemente infantil.

— Ele fica todo crocante e puxa-puxa — como se fosse uma bala de bacon!

Mostro a Biggles a carne que comprei, e parece que ele aprova. Confesso até que a comprei por causa da embalagem de rede, o que provavelmente é como comprar uma garrafa de vinho pelo rótulo, mas Biggles não parece pensar mal de mim por isso. Há uma avaliação imparcial da carne aqui no *Meathenge*.

Está na hora de começar a fazer o churrasco, mas – como estou prestes a descobrir – há um ritual a realizar naquele dia.

– Cerveja antes do churrasco, – diz Biggles, e tira a tampa de duas garrafas. Em geral eu agradeço, mas não bebo a essa hora do dia; mas, estando no *Meathenge*, faço como Biggles.

Ele me mostra como fazer talhos no pedaço de carne com uma de suas facas (tão afiada que corto sem querer o papel de embrulho do açougueiro) e como inserir dentes de alho até a carne ficar toda recheada. Ele espalha um pouco de azeite de oliva e me pede para esfregar a peça toda com alecrim fresco picadinho que colhemos no quintal.

– Carne gosta de alecrim, – me diz ele.

Parece um pouco impróprio e talvez até meio indecente massagear um pedaço tão grande de carne crua. A consistência da carne é macia e suave, a cor um rosa escuro arroxeado. Não é muito diferente de massagear os ombros de uma pessoa, é só mais frio e úmido.

A churrasqueira de Biggles fica numa área pavimentada ao lado da casa. É coberta com uma armação de bambu que permite a entrada do ar, mas bloqueia parte do sol. Ao lado da churrasqueira grande e quadrada há um objeto que parece um barril de metal de 150 litros virado de lado. Este, me diz Biggles, é o defumador.

Não sei bem qual é a diferença entre uma carne de churrasco e uma carne defumada, mas não vou dar provas de uma ignorância crassa e perguntar qual é na mesma hora. Tenho certeza de que um defumador pode ser mantido em funcionamento durante mais tempo que uma churrasqueira – e sei, sem sombra de dúvida, que é usado para fazer coisas como bacon e presunto.

– Hoje em dia todo mundo tem tanto orgulho de suas churrasqueiras elétricas, – me diz ele, – mas estão perdendo o essencial. Quero sujar as mãos. Se eu tiver de fazer um churrasco num aparelho elétrico, prefiro não fazer nada.

Além da churrasqueira quadrada e do defumador do tamanho de uma lata de lixo, há uma churrasqueira Weber redonda no canto. É o altar do *Meathenge*; é onde acontece a magia da carne.

Biggles desaparece por um momento e volta com uma caixa grande com um rótulo: BROADLEAF MAPLE LUMP CHARCOAL [aglomerado de carvão de bordo]. Ele já tinha falado comigo a respeito do carvão artesanal que encomendara de um homem que o fabrica numa cidade próxima à fronteira do Oregon. Quando abre a caixa, vejo que cada pedaço lembra a forma da madeira que já foi antes. Não se parece em nada com os sacos de briquetes [bloquinhos de forma pré-definida, resultante da compactação do pó de carvão e um aglutinante, usado como combustível e considerado lenha ecológica] de tamanho uniforme e produzidos em massa de que me lembro dos churrascos em casa de amigos quando eu era criança.

Biggles me diz que detesta as churrasqueiras Weber redondas de minha infância.

– São eficientes demais, – explica ele. – Elas esquentam, e a área toda fica quente. – Aponta com um gesto a churrasqueira quadrada. – Tenho tanto espaço aqui que posso cozinhar as coisas devagar, pelas bordas. Você não consegue fazer isso numa Weber – e é uma barra chegar nos carvões, – me diz ele enquanto enfia jornal num recipiente que parece uma chaminé para acender o carvão. Quando lhe pergunto se nunca usa fluido de isqueiro, ele olha para mim como se eu tivesse acabado de proferir uma blasfêmia.

Biggles começa seu monólogo da carne:

– Olhe para esse pedaço de carne – o que ele nos diz sobre a maneira como quer ser preparado? Aquela marmorização significa que ele deve ser assado com pouco calor e durante muito tempo; carne magra deve ser assada em fogo alto, e rápido. Não abaixe e aumente o fogo com as válvulas superiores que controlam a saída do ar, prefira as inferiores. A carne vai estar pronta quando estiver pronta: você não pode chegar num churrasco às três da tarde e esperar que a comida já esteja no prato... Ponha a carne branca nas laterais e a carne mais escura perto do meio.

Ele continua falando, uma enciclopédia ambulante da ciência do churrasco compilada ao longo de toda uma vida de experiência com carvões em brasa. É bárbaro, mas um pouco demais. Procuro tomar notas, pondo no papel as pérolas desse saber.

Os carvões viraram brasas e Biggles os coloca no fundo da churrasqueira, acrescentando mais carvões à mistura.

– Quer ver uma coisa legal?

Ele mostra um objeto pequeno – um tubo redondo de uns 15 centímetros de comprimento com um cabinho rotatório preso a um dos lados. Ele aponta o tubo para os carvões e começa a apertar o cabo e logo todo o fundo da churrasqueira está vermelho e brilhante.

– É um fole de churrasqueira, – explica ele enquanto examino aquele objeto perplexa. Penso em todas as fogueiras de acampamento que acendi soprando penosamente nas brasas, inalando fumaça e ficando com cinza nos olhos.

Ainda que só por essa informação eu já ia achar Biggles o máximo, mas ele tem mais a me ensinar.

– Vamos ver se conseguimos um pouco de fumaça ruim, – diz ele mexendo na churrasqueira até os carvões soltarem uma fumaça amarronzada que parece poluição misturada com neblina. – Você quer evitar isso, – explica ele. – Ela dá um gosto amargo à comida.

Finalmente estamos prontos para a carne – embora entre o sol, a cerveja e o bate-papo, eu não esteja com pressa. Sinto-me presa pelo feitiço do *Meathenge*, começando a pensar que esse pode não ser o jeito ruim de passar os domingos – em pé ao lado da churrasqueira, conversando, rindo, uma cerveja gelada na mão, uma tigela de batatinha frita por perto. Talvez esteja na hora de eu aceitar meu carnívoro americano interior e entregar-me a fins de semana suburbanos relaxados e sem pressa. Não vamos salvar o mundo aqui; não estamos nem fazendo nada de útil ou produtivo – só estamos curtindo. Eu não me sentia relaxada assim há meses.

– Esse tipo de fogo recém-aceso você usa para tostar a carne, – diz Biggles enquanto começa a pôr a carne na churrasqueira, começando com a parte do fundo, puxando a mão para trás quando a temperatura sobe demais. Estou surpresa por ele não ter mais nenhum pelo nos braços, mas quando pergunto se todos eles foram queimados, ele ri.

— Não, ainda tenho alguns, — responde ele sorrindo.

Depois que o bacon é posto para grelhar, ele enche o resto da churrasqueira — carne de cordeiro, carne de vaca, carne de frango, *porchetta*, aba de filé. Está tudo indo de vento em popa e as carnes começam a estalar e crepitar com o calor das brasas. Quando olho para baixo, vejo que há quatro tipos diferentes de animais na churrasqueira — quatro tipos diferentes de animais!

*Ai, minha Mãe do Céu, me perdoa, pois me desviei do bom caminho.*

Biggles baixa a tampa da churrasqueira, que abafa o som da carne assando, mas levanta uma questão importante a meus olhos.

— Como é que você sabe quando a carne está pronta? — pergunto.

Ele abre uma gaveta, no gabinete da churrasqueira, e pega um objeto retangular, feito de plástico laranja, de onde puxa um fio de metal. É um termômetro Thermapen, uma engenhoca que custa US$ 85.

— Em geral não preciso, eu simplesmente sei, — diz Biggles. — Mas, hoje em dia, sempre verifico a temperatura. Desisti daqueles termômetros baratos de dez dólares. Quando você cozinha tanto quanto eu, simplesmente não vale a pena. Você acaba com eles muito depressa.

— Mas como *eu* vou saber?

Biggles põe uma pinça de churrasco na minha mão e abre a tampa da churrasqueira. Fico surpresa com a pouca quantidade de fumaça que sai das brasas, mas há bastante calor. De pé, atrás de mim, ele guia minhas mãos para eu colocar a pinça em volta da carne e apertá-la. A carne está macia e elástica.

— Lembre-se da textura, — me ensina ele. Ele diz que não há porque se envergonhar pelo fato de tirar um pedaço para testar. — Às vezes faço um pedaço extra de carne de vaca ou de porco só para eu poder abri-lo e ver se está pronto. Não há mal nisso.

O bacon está prestes a ficar no ponto, e Biggles começa a pô-lo na tábua de madeira que está sobre a mesa do quintal. O cheiro é espantoso – defumado e salgado, aquele cheiro absurdamente baconiano que evoca manhãs ensolaradas e cafés da manhã suntuosos para toda a família. Até para essa vegetariana, o bacon traz essa sensação de fins de semana felizes.

Comemos com as mãos; não há porque fazer cerimônia aqui. Jogamos na boca belos pedaços de bacon assado na brasa. O bacon está crocante, dissolvendo-se depois de mastigado algumas vezes num sabor tão profundamente defumado, tão incrivelmente salgado, tão tentadoramente saboroso que quase faz minha cabeça girar. Essa talvez seja a coisa mais gostosa que já provei na vida. Sorrio para Biggles, que retribui na mesma moeda.

– Entende o que quero dizer?

Concordo com um gesto de cabeça, incapaz de falar. Tudo quanto eu sei é que quero mais bacon na brasa.

Biggles ri e volta à churrasqueira, reorganizando alguns itens. Tira a carne de frango, que também vai para a tábua de madeira.

Parece que estou num banquete medieval: carnes grelhadas postas numa tábua para vikings famintos caírem matando em cima delas e as comerem com as próprias mãos. Fico um pouco constrangida com o quanto estou curtindo a situação. Esqueça do arroz integral e dos legumes cozidos no vapor, comidos com aqueles pauzinhos japoneses e servidos em tigelas delicadas: isto aqui é *comida*.

E o frango – ah, o frango! Entre todas as carnes que estamos preparando, o frango é a que conheço melhor – é a minha referência. Mas, ao pegar uma coxa com os dedos e prová-la, começo a me perguntar se já comi carne de galinha algum dia. Isso aqui não se parece em nada como os peitos de galinha sem osso e sem pele que eu preparo e que ficam aflitivamente secos. Esta coxa está gotejando, pingando, úmida, com mais sabor do que jamais senti. Está tão úmida que fico desconfiada, achando que talvez não esteja completamente assada, mas Biggles conseguiu cozinhá-la de uma forma que não acaba com a umidade dela. E a parte externa está caramelizada, um pouco crocante, com aquela casquinha que só um churrasco consegue criar. Essa coxa de galinha está transcendental. Morri e fui para o céu dos carnívoros.

A orgia de carne continua. Os pedaços de cordeiro estão macios, o tempero está perfeito. A *porchetta*, que Biggles declara que cozinhou demais, está parecendo manteiga. A pilha de carnes assadas na brasa cresce em cima da tábua. Em nenhum momento nos sentamos ou pegamos talheres – preferimos ficar de pé na frente da churrasqueira, comendo com as mãos o que fica pronto de uma forma que parece primal e elementar e, *ai, tão certa...* É o equivalente em churrasco de sexo no chão da cozinha.

– Olha aqui, experimenta essa, – diz Biggles enquanto põe a pinça em minhas mãos outra vez e me faz testar a carne novamente. Ela está mais firme, perdeu um pouco da elasticidade. – É isso o que você quer, – ele me diz. – Essa é a textura certa. – E me mostra que a aba de filé – um pedaço comprido e fino – ficou firme nas pontas e ainda está um pouco mole no centro. – Com a prática você vai sentir a textura, – promete ele.

Não tenho certeza de querer chegar a esse ponto. Prefiro voltar ao *Meathenge* todo fim de semana e passar o dia com Biggles. Se deixada por minha própria conta, vou começar do zero, com grandes possibilidades de queimar e estragar as carnes muitas vezes antes de ter esperanças de me aproximar do grau de maestria que ele já atingiu. Isso sem falar que a companhia de Biggles e da cerveja numa tarde de domingo é pura e simplesmente um grande barato.

– Experimenta a carne de vaca, – insiste ele empurrando-me na direção daquele pedação de carne que escolhi no balcão do açougue. O alho praticamente se dissolveu no meio da carne enquanto ela assava lentamente na lateral da churrasqueira. Enquanto Biggles corta as fatias, vejo que ela está rosada por dentro, levemente marmorizada, mas com uma textura delicada. Provo um pedaço. Está macio e cheio de sabor. O alho e o alecrim continuam em segundo plano, uma simples moldura da carne.

Estou satisfeita a essa altura, embora ainda esteja mordiscando pedaços de bacon (não consigo parar, e Biggles parece não se importar). Aquela carne toda empilhada em cima da tábua – é muito mais carne do que a gente consegue comer. Biggles põe os buquês de couve-flor que eu trouxe na churrasqueira (tive de trazer um legume, senão não haveria nenhum vegetal para comer naquele dia, e ainda sou vegetariana demais para achar que isso não é problema). Os legumes não estavam incluídos no plano original; ambos sabíamos que o ponto alto já havia sido atingido. Biggles os assa na brasa com perfeição, mas nada se compara ao bacon e a outras delícias que já comemos. Ele tem a bondade de provar alguns, embora admita que não gosta da textura dos vegetais na boca.

– Me dá aflição, – diz ele. – Mas não é ruim, – afirma ele voltando à carne. Eu também volto à carne.

Um pedaço de bacon aqui, uma asa de frango ali, tudo comido com as mãos. O sol está se aproximando do horizonte agora; o restinho de cerveja no fundo da minha garrafa está quente. O domingo está chegando ao fim e não fizemos nada o dia todo além de fazer churrasco e comer carne – o que parece absurdo, mas dá uma sensação sublime. Talvez seja a grande quantidade de carne passando pelo meu organismo (será que a carne funciona como chocolate e faz você se sentir como se estivesse se apaixonando?), mas eu vou adorar dedicar meus fins de semana ao churrasco a partir de agora. Acho que estou apaixonada pelo churrasco; acho que estou apaixonada por Biggles.

Já mencionei que não tenho o mais básico dos equipamentos para fazer um churrasco? Que não tenho um quintal? Não tenho nem uma saída de incêndio.

É isso – vou ter de me mudar de casa.

Estamos fazendo a faxina agora, depois de terminado o churrasco, embora sem pratos e talheres a coisa ande rápido. Biggles, sempre cavalheiro, tenta me dar toda a carne que preparamos – *toda a carne*. Há um pedaço de carne de vaca que deve ter uns dois quilos, a *porchetta*, o que sobrou dos dois pedaços de carne de cordeiro, a maior parte da aba de filé, uma boa porção de uma galinha inteira e todo o bacon que ainda não consegui comer. É mais carne do que eu comeria num ano, talvez em cinco anos.

É bondade de Biggles, exagerada até, e insisto numa redistribuição da riqueza.

– Não vou conseguir comer isso tudo, – explico.

– Dá pros seus vizinhos – eles vão gostar. – Biggles só quer dividir o prazer, levar bacon para os outros.

– Moro no centro, – explico. – Nem conheço os vizinhos.

– Eis aí uma boa forma de fazer amizade com eles – é só deixar na porta deles. Vai deixá-los felizes.

Talvez Biggles esteja se esquecendo de que moro em São Francisco. Meus vizinhos provavelmente são vegans [vegetarianos estritos que não consomem nenhum produto de origem animal] membros da PETA.

No fim, chegamos a um acordo. Levo uma parte da carne de vaca, um pedaço da galinha e um pedaço do bacon no qual já estou viciada. O resto eu deixo pra ele. Ponho meu embrulho de carne na geladeirinha de isopor, deixando o resto da cerveja para Biggles.

É meio estranho ir embora depois de nossa sessão de churrasco. Sinto-me como uma daquelas damas dos filmes antigos, salva por um herói mascarado que depois vai embora a galope.

*Então é isso? Será que nunca mais vou vê-lo de novo?*

Os carvões apagaram, está na hora de ir para casa. É aquele mesmo constrangimento da manhã seguinte à transa de uma noite só. Bom, então até, a gente se vê...

Mas o que acontece é o seguinte: entro no carro, a geladeira com as carnes assadas acomodada com segurança no espaço vago à frente do banco do passageiro (por um instante eu me pergunto se devo pôr a geladeira no banco, com o cinto de segurança, mas a ideia me parece ridícula), e parto na direção de um crepúsculo de começo de primavera. Há um engarrafamento no trânsito de fim de semana na Bay Bridge, quando volto para a cidade. É temporada de esqui e estou cercada de carros com bagageiros no teto cheios de apetrechos para andar na neve. Ficamos presos na via expressa, sem podermos ir à parte alguma. Tento resistir, mas a tentação aumenta, e acabo enfiando a mão na geladeira e depois no pacote de papel laminado que está em volta das sobras.

Tenho certeza de ser a única pessoa da Highway 80 que está mastigando bacon na brasa. Biggles aprovaria.

Capítulo treze

## Sobre aquele negócio de saúde

O QUE BIGGLES NÃO ME DISSE – e que só descubro depois de ler todas as postagens antigas de seu blog – é que meu mentor de carne tem alguns problemas de saúde. Há algum tempo atrás, Biggles teve gota.

Não conheço bem a causa, nem os sintomas da gota. Parece ser uma daquelas coisas – como escorbuto e raquitismo – que não deviam mais estar nos afligindo na era moderna. Depois de ler tudo o que encontro a respeito, descubro que a gota é causada por um acúmulo de ácido úrico no organismo e que se caracteriza por rigidez, dor, queimação e vermelhidão nas juntas. Qualquer toque ou pressão na área afetada – tão leve quanto um lençol roçando a pele – pode provocar uma dor inacreditável.

Há várias formas de você chegar a ter gota. A mais comum é o consumo exagerado de alimentos que contêm purinas – principalmente carne e frutos do mar.

Quando faço perguntas sobre isso a Biggles, ele não quer se demorar no tópico. Não o culpo. Não tenho certeza de que eu mesma tornaria público esse tipo de informação, não num blog sobre carne. Ele me diz que tem gota nos pés e que eles doem quando ele anda. Pergunto se ele pensa na conexão com o consumo de carne.

– Um monte de coisas contém purina, – diz ele – coisas como cogumelos e verduras.

É verdade que as purinas podem ser encontradas em vegetais e laticínios, embora, à medida que pesquiso mais, eu descubra que essas purinas não parecem aumentar o risco de gota. Mas o tofu entra, sim, nessa categoria perigosa. Mas, se eu for acreditar no que ele diz, Biggles não come muitos legumes e verduras.

O médico obrigou Biggles a diminuir o consumo de carne durante 8/9 meses, e a gota sumiu. O problema faz parte do passado para ele, mas me deixa com uma pergunta: será que é realmente saudável comer carne?

Nunca pensei muito em coisas como acúmulo de gorduras saturadas nas minhas artérias, nem me preocupei com a possibilidade do colesterol alto levar a um ataque cardíaco ou a um derrame. Embora eu tenha comido carne, de vez em quando, achava que aquela pequena quantidade não neutralizaria anos e anos de alimentação saudável. Imaginava minhas artérias completamente limpas, escovadas por décadas de virtuoso consumo de brócolis.

Agora, tudo isso está acabado. Meu novo médico gostaria que eu comesse duas porções de carne por dia, algo que eu tenho certeza que não vou conseguir fazer. Tento negociar duas sólidas porções de proteína, com carne só cinco vezes por semana. Comer carne me parece um trabalho, não vejo por que não tirar folga nos sábados e domingos.

Ao mesmo tempo, os artigos sobre saúde que falam sobre os riscos da carne começam a me chamar a atenção – como o estudo de Harvard que prova que as mulheres que comeram carne vermelha regularmente dobraram sua chance de ter câncer de mama mais tarde. E também li o estudo do National Institutes of Health que mostrava que os homens que comiam mais de 150 gramas de carne por dia, e as mulheres que consumiam mais de 90 gramas por dia, aumentaram enormemente os índices de vários tipos de câncer. Há outros estudos – todos ligando a carne vermelha a vários tipos de câncer, diabetes e problemas cardiovasculares.

Talvez esses artigos sempre tenham estado na mídia e eu simplesmente nunca tenha me dado ao trabalho de perceber a sua existência. Não há mais como evitá-los agora, mesmo que eu queira. Minha mãe vegetariana começou a me enviar e-mails sobre o assunto.

Não é uma surpresa incrível que eu esteja me sentindo confusa em relação ao que comer. A sabedoria popular mudou radicalmente nas duas últimas décadas. Nos anos 80, eu comia minha torrada sem manteiga, punha iogurte desnatado em vez de creme de leite na minha batata assada e tomava leite desnatado tão magro que ele tinha uma cor azulada. Não vamos falar do queijo sem gordura que tinha gosto de plástico – é terrível demais para eu ficar me lembrando. Não foi exatamente a época de ouro da culinária americana.

Quando voltei do Japão, uma década depois, estávamos no meio da coqueluche de pouco carboidrato. De repente a torrada estava fora do cardápio, mas o queijo cremoso servido com fatias de peru era bem cotado. As pessoas rejeitavam o pãozinho de hambúrguer, preferindo enrolar seus recheios em folhas de alface. Renunciaram às massas e ao pão e passaram a comer barrinhas de proteína com baixo teor de carboidratos que mais pareciam serragem adoçada (é, até para mim – e eram horríveis mesmo).

Não é inteiramente absurdo eu ficar um pouco perdida quando se trata de regras e diretrizes sobre o que eu devo comer – as regras sempre mudam para mim. Sinto-me à vontade no meu nicho quase todo vegetariano – a maneira como fui criada. Mas que referências nutricionais existem às quais eu possa me agarrar enquanto dou alguns passos hesitantes para longe do cardápio de minha infância?

As diretrizes alimentares publicadas pela USDA [órgão federal que administra programas que oferecem serviços aos fazendeiros – entre os quais pesquisa e conservação do solo e propostas para estabilizar a economia rural] recomendam a uma mulher da minha altura e da minha idade consumir 200 gramas de cereais por dia, três xícaras de legumes e verduras, duas xícaras de fruta e 170 gramas de carne ou feijão, além de três xícaras de leite.

Só que eu não posso tomar leite. O médico me aconselhou a não tomar.

Quando olho para o folheto da USDA sobre intolerância à lactose, ele me diz para não eliminar o leite por completo – só cortá-lo um pouco, combiná-lo com as comidas certas, talvez tomar um comprimido de enzima. Ainda posso curtir meus laticínios todo dia, diz ele. Não fico surpresa ao perceber o logotipo do National Dairy Council [Conselho Nacional de Laticínios] na parte de trás do folheto.

Esse é o problema das recomendações do governo. Você pode me achar cínica, mas não consigo acreditar que ele não sofre a influência do agronegócio. Será que eu sou obrigada a comer 170 gramas de proteína porque os Estados Unidos têm um setor de gado bem grande?

Quanto mais mergulho na questão das recomendações alimentares do governo, tanto menos transparentes ficam as coisas. Ao que tudo indica, nos idos da década de 1970, foi preparado um relatório pelo Comitê Seleto do Senado sobre Nutrição e Necessidades Humanas, segundo o qual o consumo exagerado de certos grupos de alimentos levava a doenças crônicas. Sugeria que o consumo de carne devia diminuir, mas nem bem o relatório tinha ficado pronto, o lobby do agronegócio envolveu-se e as recomendações foram revisadas e diluídas. O novo relatório dizia que a gordura – não necessariamente carne – devia ser evitada, principalmente a gordura saturada. É por isso que cresci comendo torrada sem manteiga e com uns molhos de salada estranhos que não levavam azeite. *Obrigada, USDA.*

Parece que até a pirâmide alimentar foi corrompida. A versão original foi redigida por nutricionistas. Tinha uma ampla base de vegetais e recomendava uma quantidade limitada de cereais integrais. Mas foi alterada por um comitê para a versão da qual me lembro: uma base de carboidratos refinados – pão, massas e biscoitos – que nunca chegariam a mim. O resultado foi eu passar meus anos de faculdade comendo baguetes sem nada e massas sem molho, alimentos com alto teor de carboidratos e pouca gordura. A USDA me alimentou mal durante todos esses anos.

Depois que você perde a fé nas recomendações do governo, para onde se volta em busca de diretrizes nutricionais? Há propostas alimentares tradicionais, mas cada uma delas oferece soluções diferentes – do regime vegetariano do dr. Dean Ornish, com uma quantidade pequeníssima de gordura, destinada a reverter problemas cardíacos, a dietas com pouquíssimos carboidratos, como a South Beach Diet e a Zone, que se concentram na perda de peso. Andrew Weil, um médico com uma proposta integrativa, chegou a apresentar sua própria pirâmide, que recomenda peixe e produtos de soja, feijão e legumes com chá verde e quantidades limitadas de vinho tinto e chocolate amargo.

Quando você se volta para o resto do mundo, as coisas ficam mais confusas ainda. A Organização Mundial de Saúde, um braço das Nações Unidas, dá recomendações diferentes. Embora seus relatórios sejam tão densos, que a tentativa de lê-los acaba com os olhos, a composição de minha dieta devia se resumir ao seguinte:

Gorduras: 15-30%

Carboidratos: 55-75%

Proteínas: 10-15%

Só 10% a 15% de proteína? A USDA me recomenda comer algo em torno de 24%.

É uma confusão dos diabos que torna muito mais complicada a questão do que comer no jantar. Em quem confiar? E, seja como for, quantas pessoas sabem a composição de sua dieta? Imagino que a maioria de nós planeja as refeições mais em termos de gosto pessoal ou comodidade do que em função de relatórios e gráficos do governo. Depois de ler todos eles, não sinto nem um pingo mais de mais confiança do que antes.

Parece que os artigos que chamam a atenção para as repercussões que o consumo de carne tem sobre a saúde são publicados de tantos em tantos meses. Quando são, lotam a minha caixa de e-mails. Não sei bem o que fazer com a matéria do *New York Times* que diz: "Homens e mulheres que consumiram muita carne processada vermelha têm probabilidade de morrer mais cedo... que as pessoas que consumiram quantidades muito menores desses alimentos." E o que dizer do artigo do *Washington Post* que começa com a seguinte frase, "Comer carne de vaca, de porco e hambúrgueres aumenta as chances de morte prematura." Meu médico é o único que me fala para comer carne. Será que ele leu esses artigos? Será que devo começar a enviá-los para ele por e-mail?

Tudo isso implica na discussão de se devemos ou não comer carne, para começo de conversa. Eis aí uma coisa na qual nunca parei realmente para pensar. Algumas pessoas comem carne, outras não; sempre achei que se tratava de uma opção pessoal. Eu poderia usar um argumento ambientalista em favor do aumento do vegetarianismo, mas nunca parei para pensar se haveria um argumento biológico. Muitíssimos médicos, tanto tradicionais quanto alternativos, disseram-me para comer carne, e é por isso que estou comendo – mesmo que a contragosto. E se eles estiverem errados?

Depois de procurar bastante, descubro gráficos que comparam a fisiologia dos animais que são carnívoros, herbívoros e onívoros com os seres humanos. Logo de cara somos postos ao lado dos herbívoros – em função do comprimento de nosso intestino delgado, do grau de acidez de nosso estômago, da concentração de determinadas substâncias na nossa urina, da forma de nossos dentes e unhas, da localização das juntas de nossa mandíbula, fora a questão da existência de enzimas digestivas na nossa saliva. Com base nessas informações, diz o gráfico, somos herbívoros por natureza, não onívoros como dizemos ser.

Pergunto-me por que nunca vi esse gráfico antes, um gráfico organizado pelo médico Milton R. Mills, um especialista em nutrição formado em Stanford. Se a nossa fisiologia nos inclina a uma alimentação vegetariana, por que isso nunca foi mencionado nas minhas aulas de biologia? Por que então o vegetarianismo é um modo de vida tão minoritário e criticado?

Todas essas informações podem ser encontradas em sites pró-vegetarianos – e elas me dão o que pensar, uma vez que parecem bem práticas. O gráfico explica que os carnívoros têm tratos digestivos mais curtos, capazes de processar a carne rapidamente e absorver uma quantidade muito grande de gordura saturada, ao passo que nosso sistema mais longo é mais problemático. Não sou cientista, mas essas coisas parecem fazer sentido.

Outra pessoa que acha que não devíamos comer carne – ou não tanta – é T. Colin Campbell, que tem o título de mestre em bioquímica nutricional pela Universidade Cornell. Seu livro, *The China Study*, baseia-se numa pesquisa feita com 6.500 adultos no decorrer de 20 anos. O livro é volumoso, mas pode ser resumido de maneira bem simples. "As pessoas cuja maior parte da alimentação consiste em comidas de origem animal são aquelas que adquirem a maioria das doenças crônicas.... As pessoas cuja maior parte da alimentação consiste em comidas de origem vegetal são as mais saudáveis e tendem a não apresentar doenças crônicas." Ele diz que o consumo significativo de proteínas animais pode ser o responsável por vários tipos de câncer, doenças cardíacas, obesidade, diabetes, doenças autoimunes e osteoporose.

A obra de Campbell é tão convincente que conheço gente que eliminou ou reduziu bastante o consumo de carnes e laticínios depois de ler seu livro. Campbell é vegetariano, claro.

Por outro lado, há também a obra de Weston A. Price, um dentista de Cleveland que publicou um estudo sobre populações indígenas pré-industriais em diferentes partes do mundo na década de 1930. Suas teorias estão sendo divulgadas agora pela Weston A. Price Foundation, fundada por ele, por Sally Fallon e pela nutricionista Mary G. Enig. Escreveram juntos o livro *Nourishing Traditions [Tradições nutritivas]*, com base na filosofia nutricional de Price. A dieta que recomendam inclui laticínios em estado natural, carne, legumes e verduras, e ausência total de açúcar ou alimentos industrializados – e coisas como mel puro e caldos feitos com ossos de animais. É extremamente carnívora, com pouca preocupação com o consumo de gordura.

As teorias de Weston Price são consideradas suspeitas por alguns, mas já vi pessoas que seguiram sua dieta e floresceram. Os devotos que conheço são todos esbeltos e parecem saudáveis, muito mais saudáveis do que mostraria um perfil aleatório dos Estados Unidos hoje em dia. Doug Stonebreaker, do Prather Ranch, tem clientes que passaram a comprar sua carne depois de começarem a seguir as diretrizes de Weston Price. "De repente, eles começam a perder peso num abrir e fechar de olhos, – me disse ele – "e é um loucura, porque estão comendo um monte de toicinho!"

Quem sabe se a resposta certa à questão nutricional não é que os Estados Unidos não parecem capazes de fazer a coisa certa. Atualmente consumimos uma média de 360 gramas de carne por dia, muito mais que qualquer outro país do mundo, mais até do que a USDA acha que devíamos comer – e suas recomendações são consideradas um exagero, aí é que está. Nos últimos 50 anos, nosso consumo de carne aumentou em mais de 25 quilos, e a previsão é que esses números vão continuar subindo. Temos índices assombrosos de diabetes, obesidade, câncer e doenças cardíacas, e nenhum lugar de confiança onde conseguir uma boa educação nutricional.

Também não sei qual é a resposta para mim. Será que devo abrir mão da proteína animal, ou será que devo começar a comer toicinho? Diante da confusão nutricional, resolvo continuar seguindo as prescrições do meu médico. Ainda alimento esperanças de que ele tenha a solução mágica.

À medida que os meses vão passando, ajusto-me às minhas novas restrições alimentares. Não é fácil, mas estou começando a me sentir mais confiante no preparo do meu cardápio limitado. Digo a mim mesma que são só uns meses – não vai ser para sempre. Quando penso que vou ter de fazer isso para sempre, tenho vontade de chorar.

Quando chega a data do meu aniversário, prefiro comemorá-lo em casa a jantar num restaurante. Comer fora perdeu a graça. Prefiro convidar amigos para tomar vinho e comer queijo (queijo para eles, não para mim) e para curtir a *charcuterie* diante do fogo.

Mas não posso ficar presa dentro de casa o tempo inteiro, de modo que vou corajosamente em frente. Interrogo os garçons dos restaurantes sempre que como fora. De vez em quando eles cometem erros, ou mentem pura e simplesmente. Agora sei identificar o sabor do açúcar nos molhos de salada, mesmo quando me dizem que eles não têm nenhum. Sei com certeza porque, quando como açúcar, meu rosto fica vermelho. É o único sintoma que noto.

Em geral sobrevivo graças à bondade dos outros. Quando minha amiga Cheyenne me convida para um jantar na sua casa, hesito – comer na casa dos outros é mais complicado ainda que em restaurantes. A chance de eu ter condições de comer o que prepararam é muito pequena.

– Não se preocupe, – me diz Cheyenne – você vai poder comer de tudo.

Ela planejou toda a refeição em torno do que eu posso comer. A essa altura, estou com medo de cozinhar para mim mesma. O fato de outra pessoa assumir intrepidamente essa tarefa me comove.

Quando minha amiga Susan oferece um chá na sua casa, faz para mim um prato de salmão defumado e pepino em fatias finíssimas servidos em bolachas de arroz porque não posso comer os sanduíches que acompanham o chá. Ela consegue descolar até uma bolacha vegetariana sem açúcar e sem glúten. Todos concordamos em que o sabor não é lá essas coisas, mas o gesto é de uma doçura cativante.

E, um dia, combino ir ao cinema com minha amiga Jen. Enquanto nos acomodamos em nossas cadeiras, ela tira um saco plástico que contrabandeou para dentro da sala de projeção.

– É pipoca que fiz em casa, – sussurra ela no escuro. – Foi feita com azeite de oliva e temperada com sal – verifiquei os ingredientes, não tem problema você comer.

Essas amigas nunca vão saber o quanto isso significou para mim. Sentir-me menos só – menos esquisita, menos estrangeira em meio a essas estranhas restrições alimentares – é um presente pelo qual sempre serei grata.

Dois dias antes do Dia de Ação de Graças, estou com minha mãe num supermercado de Seattle, onde queremos celebrar a festa em família. Enquanto abrimos caminho no meio das gôndolas, ela examina um produto após outro para ver se é seguro para mim. Abano a cabeça muitas e muitas vezes.

– Não, isso também eu não posso comer.

Depois de 20 minutos dessa história, minha mãe olha para mim exasperada.

– É melhor você ir à seção de vinhos escolher mais uma garrafa, – diz ela. – Talvez seja a única coisa que você possa consumir.

Vamos comer peru nesse Dia de Ação de Graças, sempre um assunto complicado na nossa família. Meu irmão e eu em geral fazemos pressão para que haja peru. As famílias normais comem peru no Dia de Ação de Graças e, se temos convidados, eles esperam que haja peru. Nunca vou me esquecer do Dia de Ação de Graças em que minha mãe convidou uma colega para passá-lo conosco, e ela subiu as escadas de nossa casa naquele dia cheia de entusiasmo comemorativo: – Mal posso esperar pelo peru!

– Você não lhe disse! – sibilei no ouvido da minha mãe. Ela tinha sido intransigente naquele ano a respeito da interdição da carne, dizendo-me que eu podia fazer maravilhas com cogumelos em lugar da carne. Eu tinha 18 anos e não queria frustrar as expectativas de ninguém. E também não acho que cogumelos *à sautée* com arroz integral pareçam muito festivos, nem que ficam lindos no prato. Adoro cogumelo, mas o visual deles não é lá essas coisas.

Fiquei mal com a decepção da amiga da minha mãe. Por que não podíamos ser normais, ao menos por um dia?

Todo Dia de Ação de Graças temos a mesma conversa. Minha mãe insiste em dizer que o Tofurky, a imitação vegetariana de um peru, é uma verdadeira iguaria, embora hoje em dia ela prefira o UnTurkey, outro substituto do peru à base de soja. Meu irmão e eu não gostamos dessas carnes de mentirinha; são esponjosas e salgadas. Não acreditamos que alguém tenha ficado empolgado com "coxas de galinha" de tempê.

Mas este ano temos de comer carne, de modo que compramos um peru. Quando minha cunhada vegetariana entra na cozinha, olha para a ave, uma pequena de uns cinco quilos.

– Uau, que peru fofinho, – diz ela, muito educada e amável, depois faz uma pausa. – Deve ser um filhote.

A outra coisa que descubro no Dia de Ação de Graças é que não posso mais jantar fora com a minha mãe. Durante o fim de semana, vamos ao Café Flora de Seattle, escolhido por ser um dos poucos restaurantes vegetarianos da cidade, e minha mãe vai poder comer despreocupada. Para os vegetarianos, comer fora em Seattle é como voltar à São Francisco da década de 1980 – a maioria dos restaurantes só tem uma entrada sem carne no cardápio. Se por acaso você não quiser falafel (Palace Kitchen), nem um flã vegetariano (Boat Street Café), está frito. Me faz lembrar que os vegetarianos são mesmo minoria. No norte da Califórnia, é fácil esquecer.

É estranho para mim o foco que um bom jantar tem na carne. "Os *chef*s não se interessam em tornar a comida vegetariana atraente e eu acho isso uma pena," diz Olaiya Land, uma veterana de Seattle no ramo dos restaurantes e bufês, especializada em cozinha vegetariana. Olaiya come carne, mas o namorado, não.

– Eu gostaria de comer mais frequentemente em lugares sofisticados, – ela me diz, – mas eles simplesmente não têm boas opções vegetarianas.

É verdade. Já vi minha mãe examinar muitos cardápios de restaurante ao longo dos anos, tentando descobrir o que comer.

Mas, naquela noite no Café Flora, eu é que estou numa situação difícil. As entradas sem carne têm todas elas algum tipo de queijo, ou soja, ou ovos, ou outras coisas que não posso comer. A maior parte do cardápio é proibida para um determinado grupo. Acabo com uma refeição modificada – cará frito sem a maionese de alho, polenta e legumes sem cobertura de queijo – pouca coisa com proteína. Brinco dizendo que vamos ter de fazer uma parada numa churrascaria quando estivermos voltando para casa. Minha mãe não acha a menor graça.

O Café Flora leva a restrição alimentar a sério. Destaca no menu os itens que não contêm glúten, os que são vegans ou que podem ser feitos com ingredientes estritamente vegetarianos. Desde que comecei a obedecer às restrições alimentares, os amigos começaram a me chamar de "vegan que come carne." Embora isso ofenda profundamente qualquer vegetariano legítimo, às vezes parece pertinente. Quando vejo um item vegan no cardápio, em geral é um bom ponto de partida. Pode ser que eu ainda não possa comê-lo – devido ao trigo ou à soja – mas as chances são maiores.

Quando apresento à garçonete todas as coisas que não posso comer, ela quase tem uma parada cardíaca. O problema é o açúcar. Ela me diz que sabe todos os ingredientes dos pratos que fazem na hora, mas pode haver um molho ou algo preparado com antecedência que pode ter uma pitada mínima de açúcar. Não tem condições de garantir sua ausência total. Ela fica chateada e está claro que fez de tudo para me servir bem.

Teoricamente, sou grata pelo seu interesse – há algumas restrições alimentares e alergias gravíssimas, mortais até. Na verdade, já estou mal-humorada por não conseguir pedir uma refeição. Digo-lhe que tudo bem, não vou morrer se houver uma quantidade minúscula de açúcar na minha comida. Mas, na realidade, nesse exato momento, eu bem que poderia pedir um bife.

A pergunta que todo mundo me faz é se essas restrições alimentares estão me fazendo sentir-me melhor. Bem, na verdade, não sei dizer. Se estão, a mudança é sutil, quase imperceptível. Talvez seja uma melhoria lenta e gradual, e não vou notar a diferença enquanto não tentar reintroduzir essas coisas na minha alimentação. Talvez depois eu me sinta um lixo.

Uma terça-feira de fevereiro é finalmente a data de começar a reintroduzir os alimentos proibidos (dia conhecido também como aquele que espero há três longos meses). Primeiro de tudo, o queijo de leite de cabra. Muita gente que não tolera produtos fabricados com leite de vaca acha os laticínios feitos com leite de cabra mais fáceis de digerir. Tenho esperanças de fazer parte desse grupo. Estou na minha cozinha e levo lentamente uma bolacha salgada (sem glúten, claro) aos lábios e mordisco um pedacinho.

Nossa, que falta que eu senti da cremosidade ácida do queijo de cabra! Ai, como eu a adoro! Depois de três longos meses, meus sentimentos de afeto só fizeram aumentar e se transformaram num amor profundo e verdadeiro. É o melhor queijo de cabra que já provei na vida.

Depois de terminar a bolacha, como outra – e outra. Depois me sento e espero para ver se vou ter um ataque de urticária, ou ser tomada de repente pela fadiga, ou se vão aparecer anteninhas na minha cabeça, ou algo do gênero. Qualquer coisa que prove que o queijo de cabra é que o culpado, o responsável por todos os meus problemas de saúde. Mas não acontece muita coisa. O que interpreto como um bom sinal.

Três dias depois, faço uma experiência com o leite de cabra – num prato de arroz de forno italiano com tomates, que é ácido e cremoso, com grãos crocantes nas pontas que viciam instantaneamente. Não como muito; a essa altura, fico com medo na hora de comer essas coisas. Mas não parece que estou tendo reação alguma.

Três dias depois, acrescento o queijo de leite de vaca. Depois açúcar, feijões e ovos, mas nada acontece. É ao mesmo tempo um alívio e uma pequena decepção. Não quero que as restrições alimentares sejam a minha solução mágica particular; apesar disso, gostaria de ter uma resposta.

E se não é isso que há de errado comigo, então o que é?

Capítulo quatorze

# David Evans e metade de uma vaca: qual é o tamanho do seu freezer?

MINHA MÃE INTRANSIGENTEMENTE VEGETARIANA nem sempre foi tão intransigente assim. Houve uma época, em meados da década de 1970, em que ela teve dúvidas a respeito do vegetarianismo – não para ela, mas para meu irmão e para mim. Um número enorme de pessoas, médicos inclusive, disseram-lhe que as crianças precisam comer carne. E se elas tiverem razão, perguntou-se ela: *E se eu estiver fazendo meus filhos correrem perigo?*

Como minha mãe é minha mãe – ferozmente íntegra e cheia de opiniões muito bem definidas – chegou à conclusão de que, se fosse dar carne a seus filhos, teria de ser a melhor carne do planeta. Teria de ser orgânica.

Naquela época não era fácil conseguir carne de vaca orgânica, não era como hoje. Em meados dos anos 70 no norte da Califórnia, se você quisesse carne orgânica, teria de comprar uma vaca.

E ela comprou. Minha mãe vegetariana comprou uma vaca.

A vaca chegou embalada em um milhão e meio de pacotes de papel branco que encheram a parte de trás do nosso Volvo. Era uma montanha de pacotes de carne, todos despencando quando finalmente chegamos em casa, estacionamos na garagem e a tampa traseira do carro foi aberta.

Anos depois descobri que não se tratava de uma vaca inteira, só de metade. Minha mãe convenceu a família de minha melhor amiga do jardim da infância a dividir a vaca conosco. Quando voltei do Japão, 20 anos depois do incidente da vaca, encontrei minha amiga de infância outra vez. Enquanto nos sentávamos para comer saladas em sua casa bem ventilada em Santa Cruz Mountains, ela inclinou-se por cima da mesa e disse em voz baixa: – Você sabia que nossas mães dividiram uma vaca?

Mas, naquela época, parecia uma vaca inteira. Minha mãe comprou um freezer do tamanho de uma geladeira e o colocou na lavandeira, ao lado da máquina de lavar e da secadora de roupa, e nós o enchemos com os vários pacotes de carne, todos ainda intactos em seus embrulhos de papel. Foi um quebra-cabeça complicado enfiar aquilo tudo lá dentro. Quando você abria a porta do freezer, tudo quanto dava para ver era uma parede branca. Uma parede de carne de vaca.

Era ali que estava o problema. Minha mãe é vegetariana, é desde a adolescência. Não foi criada como vegetariana, mas foi criada em meio a tanta pobreza que não havia muita carne na mesa de sua casa. Sua madrasta preparava sempre os mesmos pratos, num sistema de rodízio, semana após semana. Minha mãe não sabe preparar carne.

A carne moída ela consegue encarar – conseguia fazer croquetes de carne moída e fritá-los. Em geral, ela pedia para nossas baby-sitters fazerem esse tipo de comida. Mas o resto todo, os bifes, as carnes para assar, a carne do peito, as costelas – todos aqueles pacotes cuidadosamente embalados em seu papel branco tão limpo – ficaram ali meses a fio, talvez anos, antes de estragarem, com pontos descorados pela perda de umidade, e terem de ser jogados fora. Sempre que meu irmão – que adora carne vermelha – ouve essa história, fica irritado.

Mas eis aqui o que acho espantoso: minha mãe é a pessoa mais frugal que conheço. Ao longo da vida, progrediu por esforço pessoal, sem ajuda ou apoio externo, e conseguiu isso contando os centavos, economizando e usando força de vontade pura e simples. Nunca joga nada fora – nada mesmo. Meu irmão e eu brincamos com ela, dizendo que reutiliza seus lenços de papel.

A ideia de minha mãe deixar comida estragar – comida orgânica caríssima – que alguém trabalhou arduamente para obter e que ela trabalhou arduamente para conseguir se dar esse luxo – é chocante para mim. É inconcebível, na verdade. Tenho dificuldade em acreditar que aconteceu, mesmo sendo eu testemunha ocular.

Em muitas coisas, minha mãe estava à frente de seu tempo mais ou menos 30 anos. Hoje em dia, comprar um animal inteiro é a última moda entre aqueles que querem ter um consumo de carne ético e saudável. Se você conseguir descobrir um fazendeiro ou um pecuarista cujas práticas de cultivo e criação de animais deixam você de consciência tranquila, talvez seja possível comprar uma parte de uma vaca ou porco. Isso significa que você vai acabar como nós – aparecendo um dia para pegar uma quantidade enorme de carne. Um artigo do *San Francisco Chronicle* fala de fregueses esperando a chegada de um caminhão, com as suas partes de uma rês, num estacionamento do centro da cidade.

Só espero que esses fregueses urbanos, que adoram carne, saibam o que fazer com a metade de uma vaca quando chegarem em casa.

Considero também a possibilidade de comprar uma parte de um animal, mas tenho medo de acabar como minha mãe. Não sei bem o que fazer com os cortes comuns de carne, para não falar dos pedaços inusitados que você compra, e tenho certeza de não ter espaço suficiente no freezer. Metade de uma vaca corresponde a oito sacolas cheias de carne; um quarto pesa uns 40 quilos. Embora o freezer tamanho grande que minha mãe comprou em 1977 esteja desligado atualmente e juntando poeira na garagem, resolvo deixá-lo lá mesmo. Ainda não estou à altura de uma experiência com um animal inteiro.

Posso não estar pronta para assumir uma parte de um animal, mas estou procurando opções melhores em termos de procedência da minha carne. Também estou procurando descobrir a procedência da carne de frango. Para minha sorte, tenho o mercado de produtores urbanos na San Francisco Ferry Plaza todo sábado. O Prather Ranch está lá, e David Evans, da Marin Sun Farms, também está.

Marin Sun Farms é uma propriedade rural localizada nos morros ondulados da península de Point Reyes na região ocidental do condado de Marin. Cresci em Marin Ocidental e, quando eu era criança, no verão a gente ia para Point Reyes brincar na praia ou nadar nos lagos escondidos naqueles morros. Os lagos eram um segredo local. Havia um ponto na estrada por onde você entrava e estacionava o carro, e uma trilha de terra passava pelos arbustos rasteiros e frondosos da venenosa cicuta. Você tinha de saber onde ficava a passagem, pois sozinho jamais a encontraria. Ao menos é o que me ficou na lembrança.

Estes lagos são quase todos lagos ermos, onde se podia nadar sem roupa. Minha mãe nunca ia, estava sempre trabalhando. Nós, por outro lado, tivemos uma série de babás que sempre pareciam ter namorados que usavam drogas, e eles levavam meu irmão e eu para os lagos. Lá a gente nadava e brincava na água como típicos filhos de hippies enquanto os adultos fumavam maconha, estendiam-se ao sol e tocavam bongôs (detesto apresentar esses clichês, mas eles aconteceram de verdade).

David Evans cresceu bem pertinho desses lagos hippies, mas provavelmente não andava correndo no meio de uma nuvem de maconha, nem tocando bongô. O mais provável é que estivesse usando botas enlameadas e calças jeans, que montasse a cavalo ou talvez andasse de quadriciclo.

David faz parte da terceira geração de sua família a criar gado na propriedade que hoje tem o nome de Historic H Ranch. A península de Point Reyes, que já foi uma concessão de terras do governo, foi dividida no final do século XVII em fazendas de criação de gado de corte e leiteiro, todas conhecidas pelas diversas letras do alfabeto. O trisavô de David Evans, um imigrante suíço-italiano, comprou o H Ranch em 1939 e instalou ali uma fábrica de laticínios. Quando o Point Reyes National Seashore foi tombado como parque nacional em 1960, essas fazendas – muitas das quais tinham finalmente acabado de pagar o seu financiamento – foram compradas como patrimônio histórico para ser parte do parque, e depois foram novamente arrendadas a seus antigos proprietários para eles poderem continuar mantendo o legado agrícola da região.

David Evans viveu nessa terra a vida inteira, "e quero viver o resto da minha vida aqui também," diz ele. Imagino que tenha o mesmo sentimento que eu a respeito desses morros dourados juncados de carvalhos, as rochas cinzentos cobertas por um tapete grosso de liquens, o aroma penetrante do eucalipto. Essa é a paisagem do lar.

Fiquei sabendo da existência de David no mercado dos produtores há alguns anos atrás, e cheguei até a comprar sua carne, mas fico surpresa ao descobrir que temos a mesma idade. Se a minha família não tivesse se mudado de Marin Ocidental, teríamos sido colegas de faculdade. Mas a nossa vida tomou caminhos diferentes. Hoje moro na cidade, enquanto David administra a Marin Sun Farms, tocando a fazendo e cuidando da vida e da saúde de vacas, cabras e galinhas.

A família Evans já tivera uma fazenda de gado comercial, mas quando David voltou para casa, vindo de Cal Poly, com um diploma em agronomia, queria fazer outra coisa. "Não quero mandar nossos bezerros de caminhão com um intermediário para o Meio-Oeste, e talvez um daqueles cortes de carne que você escolhe em Safeway seja nosso, mas nunca se sabe," explica ele. Havia sofrido a influência de agricultores como Joel Salatin, o "fazendeiro que gosta de capim" cujo perfil foi apresentado em *The Omnivore's Dilemma*, de Michael Pollan, e ficou empolgado com as possibilidades da agricultura. "Quero fazer muito mais," diz ele.

Estou participando de uma das turnês mensais pela fazenda Marin Sun Farms, uma chance que os fregueses e outros interessados têm de conhecer a fazenda e ouvir David explicar o que está fazendo, e como. Faz parte da missão educativa que ele leva a sério.

Estamos esperando todos se reunirem, e alguns de nós vão até o lugar onde há um rebanho de cabras que abrem caminho até um morro enquanto pastam. As cabras são pretas, brancas e marrons, com chifres recurvados e barbichas engraçadas. Uma delas parece desprender-se do resto do rebanho, vagando pelo lado de fora da cerca, mais desajeitada impossível. A gente se aproxima e faz um carinho atrás das orelhas do animal.

David Evans é alto e de ombros largos, os cabelos de um loiro escuro cobertos por uma boina de crochê nessa manhã cheia de neblina, as calças jeans enfiadas nas botas. Ele começa a turnê levando-nos para ver os pintinhos, bolinhas minúsculas de penugem amarela, jovens demais para ciscar lá fora.

Ele diz pra gente que a comida que as galinhas comem é orgânica e importada da China. "Não gosto de participar da globalização," comenta ele. "Prefiro pagar mais por comida cultivada localmente, mas os agricultores daqui acham que não têm condições de competir, de modo que aderiram aos cereais convencionais."

O que é mais importante, comida orgânica ou produzida no local? Idealmente, você poderia ter ambas, e David tem esperanças de poder chegar lá a longo prazo. "Nos Estados Unidos, se houver dinheiro em jogo, as pessoas mudam depressa," diz ele.

Descemos o morro e entramos num dos locais onde ficam as galinhas poedeiras. O galinheiro é uma estrutura semicircular bem grande, feita de tal maneira que pode ser engatada a um caminhão e andar pela fazenda. Com intervalo de alguns dias, ela é transferida para um outro lugar, para que as galinhas tenham um pasto novo onde ciscar; ao mesmo tempo, estão fertilizando mais um pedaço de terra. "As galinhas significam mais que o dinheiro dos ovos," diz David. São parte do ciclo da fazenda, adicionando nitrogênio ao solo, o que ajuda o capim a se desenvolver bem.

As galinhas são manchas gloriosas de vermelho, preto, marrom e branco, e têm toda a liberdade de movimento que quiserem. Parece que sua estrutura social é tal que elas não vão muito longe do galinheiro, mas quando lhes dá na telha, começam a ciscar por quase um acre antes de chegarem à cerca mais próxima. Ao contrário das galinhas que dizem ser criadas soltas, estas são mesmo. É um prazer vê-las atravessar o gramado seco do fim do verão, suas cores contrastando dramaticamente com o morro dourado e marrom. É exatamente assim que você quer que as galinhas vivam, e meu coração se enche um pouco só de vê-las. Tenho o orgulho de dizer que é daqui que vêm os meus ovos.

Mas as galinhas de corte são outra história. São da raça Cornish Cross – uma raça idealizada para oferecer o máximo em termos de carne de peito da forma que o mercado norte-americano quer. Chegam mais depressa ao peso de abate que as raças tradicionais, de modo que são uma forma eficiente de produzir um jantar com carne de galinha. O problema é que o peito delas é tão grande que elas têm dificuldade em andar; as pernas mal sustentam o peso. Pense nelas como o equivalente de uma boneca Barbie em termos de ave.

As galinhas de corte da Marin Sun Farms ficam numa longa fila de galinheiros cercados dos lados e em cima, mas aberto no chão onde cresce capim. Os galinheiros são espaçosos, com poucas aves na área de cada um deles. Há muito espaço para andar e ciscar em busca de minhocas, e os galinheiros são mudados de lugar regularmente para as galinhas terem capim novo, mas não é a cena mais bonita que já vi na vida. As aves têm poucas penas, todas brancas, e estão quase todas arriadas no chão, vencidas. É uma diferença chocante das galinhas de penas de cores vivas andando soltas e curtindo do outro lado do "pasto." Para falar a verdade, a cena me deixa pouco à vontade.

Será que a Marin Sun Farms poderia criar aves tradicionais de raças mais antigas, de uma época anterior àquela em que a cadeia alimentar industrial pôs as mãos nas nossas galinhas e as transformou nas criaturas tristes que são hoje em dia? Possível é, e David está considerando essa possibilidade, mas elas levam mais tempo para estarem prontas para o consumo e ele provavelmente teria de cobrar o dobro de seu preço atual no mercado. Quantas pessoas estão dispostas a pagar por isso?

David está falando sobre o capim que ele cultiva e sobre os animais que alimenta com ele. "Quanto mais energia solar a gente tem, tanto menos energia precisamos trazer de outros lugares," explica ele. David gostaria que todos nós estivéssemos mais perto do sol. "A riqueza está no solo e nas conexões, e na comunidade," diz ele.

Na verdade, práticas cuidadosas de cultivo de pastos aumentam a camada arável do solo. "Quando a pastagem é feita como se deve, conseguimos fixar mais carbono," nos diz David. "Tudo gira em torno de criar equilíbrio. Precisamos começar a resolver alguns desses problemas para não acabarmos como a espécie que se suicidou."

Sua declaração me assusta. Muitos animais se extinguiram, mas, em geral, devido a circunstâncias fora do seu controle. Estamos prestes a ser os primeiros a causar o próprio fim.

Durante anos, rebanhos de *tule elk* – um alce encontrado somente na Califórnia – vagavam por essa parte do país, comendo o capim, antes de se mudarem para outros pastos. O que David está fazendo com seus animais, com a rotação de pastos, permitindo que o capim cresça de novo antes de usar aquela área, imita o papel tradicional do alce no ecossistema. Lembro-me do projeto de conservação de flores silvestres sobre o qual Mary Rickert me falou – que as flores silvestres deixaram de desabrochar depois que o gado foi retirado da região.

"Não vou resolver todos os problemas," admite David, "mas vou fazer minha pequena parte promovendo a administração dos pastos. Todos precisamos fazer nossa parte.

Ele diz isso tão a sério e com olhos azuis tão lindos que é difícil não querer participar imediatamente. Estes são os morros e campinas da minha infância, afinal de contas. Que bom que alguém está fazendo alguma coisa para cuidar deles; quero ajudar. Comprando carne da Marin Sun Farms, eu poderia fazer parte desse processo. Como diz Deborah Madison, eu poderia sustentar alguém que está fazendo a coisa certa. Será que é alguma forma de compensar uma culpa vegetariana? Talvez seja. Gosto da ideia de que essa terra esteja sendo usada para produzir alimentos que vão alimentar uma cidade que fica bem perto do litoral. É um modelo sustentável que deu certo durante anos. Gostaria que ele continuasse de pé.

Eu talvez seja a mais nova adepta da causa de David Evans, mas sua família foi um pouco mais relutante. Os pais ainda administram sua fazenda de gado, onde criam reses comercialmente e as vendem a um local de engorda no estado de Washington. David conseguiu convencê-los a deixá-lo tentar pôr em prática as suas propostas alternativas em parte da fazenda, mas eles ficaram com um pé atrás.

"Eles não querem ver nada de errado que possa haver na sua maneira de fazer as coisas," explica ele. "Eles fizeram um bom trabalho provendo a família – por que mudar?" Mas, como o mercado e a demanda por carne vermelha orgânica de gado alimentado com capim estão aumentando, os pais de David estão em processo de transição, passando a adotar um número cada vez maior dos métodos alternativos em seu trabalho. "Estamos nessa há dez anos e a família está começando a entrar na minha," diz ele rindo.

David também está trabalhando com outros agricultores e pecuaristas da região que acreditam nas mesmas coisas que ele, que têm os mesmos valores e usam as mesmas práticas de alimentação do gado. "Os agricultores e criadores de gado estão procurando muito seriamente outras opções e mercados alternativos," me diz ele. "Isso é bom para os pequenos fazendeiros."

A chave é o acesso ao mercado. A Marin Sun Farms vende em dois mercados de produtores e abriu um açougue bem na saída de Point Reyes. David teve a sorte de fazer isso justo quando o Niman Ranch encerrou suas operações locais e mudou-se para o Meio-Oeste. "Um dos milagres da minha vida tem sido encontrar açougueiros bons, qualificados," diz ele.

*Me fala mais sobre isso, David.*

A Marin Sun Farms também fundou um Meat Club CSA, com base no modelo agrícola sustentado pela comunidade e usado com êxito por pequenos fazendeiros orgânicos. Os membros recebem um pacote mensal de carne – bifes, cortes para carne assada no forno ou na brasa e carne moída, com a opção de carne de galinha e linguiças – por 20% menos que os preços de mercado. Criar um programa CSA dá aos agricultores e criadores de gado o capital de que necessitam para começar e lhes garante um mercado para seu produto na outra ponta.

Quando os fazendeiros conseguem acesso ao mercado e ao financiamento, ainda precisam enfrentar mais uma peça importante do quebra-cabeça: descobrir a melhor forma de abater os animais. Esse pode ser o maior obstáculo para pequenos criadores de gado como David Evans.

O abatedouro local de Petaluma, um dos últimos de uma série de pequenos abatedouros que pontilhavam a região antigamente, está prestes a fechar. Quando isso acontece, os fazendeiros locais têm de começar a despachar seus animais por grandes distâncias. O abatedouro USDA mais próximo fica em Orlando, a mais de 270 quilômetros.

David Evans adoraria comprar o abatedouro de Petaluma e modernizá-lo, e atualmente está à procura de investidores. Havia um plano de vender as instalações para uma empreiteira, mas o negócio gorou no fim. O problema das instalações é que, independentemente do fato de você comer carne ou não, ninguém quer saber delas no seu quintal. O abatedouro de Petaluma, que está no mesmo lugar há 90 anos, foi bombardeado duas vezes.

Um dos atrativos para as pessoas que compraram parte de uma rês é que, assim que ela passa a ser propriedade privada, não há mais necessidade de abatê-la numa instalação USDA. As reses podem ser mortas nos campos onde cresceram, sem o estresse do transporte. Muita gente acha que essa é a forma mais humana de resolver o problema – embora, nesse caso, não haja fiscalização: cabe ao consumidor o ônus de descobrir as fazendas nas quais podem confiar. É uma forma de contornar a lei que alguns têm o maior prazer em usar.

Quando faço perguntas a David Evans sobre isso, ele declara que, segundo os boatos, essa opção – destinada a permitir aos criadores de gado processar a carne que guardam para uso da própria família – não vai continuar existindo por muito tempo mais. "Acho que vai haver a maior repressão," diz ele.

No fim, é bom eu não ter comprado parte de uma vaca. Naquele verão, resolvo me mudar novamente para Seattle – para ficar mais perto da família, das montanhas e dos lagos, e para viver numa cidade menor e menos frenética que me faz lembrar da São Francisco onde cresci. Ainda tenho meu apartamento na cidade (nós, nativos, não conseguimos levantar acampamento com muita facilidade), mas levo meus livros, minhas roupas e meu equipamento de cozinha para o norte. Levar mais 40 quilos de carne orgânica congelada teria sido um desafio daqueles.

Numa nova cidade, tenho de começar do nada em relação aos produtores de carne de confiança. A cooperativa de produtos naturais perto da minha casa orgulha-se de fazer parte da Country Natural Beef, uma associação de propriedades rurais exploradas por famílias. As reses são alimentadas com capim até os 14 a 18 meses, depois são levadas para um local de engorda, onde vão passar seus últimos 100 dias alimentadas com feno, batata cozida e milho.

A Country Natural Beef não tem certificado de produtos orgânicos – o gado pasta nas terras do Forest Service and Bureau of Land Management, que não pode emitir certificados – mas os animais nunca recebem doses de hormônios, nem de antibióticos, e toda a sua alimentação é vegetal. Nada de sebo ou penas de galinha, suponho.

Quando visito o site da Country Natural Beef, vejo imagens de vaqueiros e vaqueiros a cavalo, gado pastando em campos verdes, famílias há gerações no setor de produção de carne. Agora algumas dessas fazendas estão sendo exploradas pela terceira ou quarta geração, feliz de agir como intendente responsável pela terra e pelo gado.

A bem da verdade, a Country Natural Beef não é uma opção ruim. Cobra preços bem mais baratos que aqueles que andei pagando em São Francisco, embora ainda sejam superiores aos da carne de supermercado. Seus critérios são mais exigentes que a média e seus cooperados estão fazendo um monte de coisas certas. Estão mantendo a carne fora do sistema de mercadorias, sustentando fazendas independentes que são um negócio de família. No leque de bom a ruim em termos de opções de carne, eles estão na categoria "muito melhor."

Mas eu gostaria que eles não estivessem alimentando suas vacas com milho e de ter a garantia de estar comprando carne de uma fazenda do noroeste dos Estados Unidos. A maioria de suas fazendas estão nessa região, mas algumas ficam no Colorado, no Texas, no Novo México e até no Havaí. Quero apoiar os fazendeiros locais; não quero que a minha carne venha do Havaí (desculpem fazendeiros havaianos, nada pessoal – quando for visitá-los, vou adorar provar a sua carne).

Mas, acima de tudo, eu gostaria de não saber nada sobre a Beef Northwest. Esta é a empresa que administra os locais de engorda usados pela Country Natural Beef. Recebi um e-mail este ano que fala que a Beef Northwest andou tentando formar um sindicato e que os locais de engorda, que são propriedades familiares, estariam contra esse movimento. Alunos da minha própria alma mater, o Whitman College, chegaram a tentar protestar em favor dos trabalhadores, como bons estudantes que são das ciências sociais.

Entre as alegações conflitantes, não sei onde está a verdade, mas – sendo uma liberal da gema – a situação me deixa constrangida. Não me sinto muito bem: a Country Natural está fazendo tantas coisas do jeito certo... mas não tenho como deixar de pensar que poderia haver uma opção melhor para mim. Eu gostaria de algo menor, mais local, e orgânico. Descubro o que quero no Seattle's University District Farmers' Market [Mercado de Produtores do Distrito da Universidade de Seattle] quando vejo a banca do Skagit River Ranch e o rosto cordial e sorridente de Eiko Vojkovich.

Eiko Vojkovich nasceu e foi criada em Tóquio, mesmo que, por conta do macacão, das botas e da capa de chuva, você não diria isso. Conheceu George, o marido americano, quando trabalhava como representante de vendas de uma companhia de pesca do Alasca. George passara anos pescando uma espécie de caranguejo chamado límulo no mar de Bering. Os dois se casaram e deixaram o setor da pesca, mudaram-se para o estado de Washington e começaram a trabalhar numa fazendinha por hobby. Pouco tempo depois, George ficou doente.

O diagnóstico foi fibrilação auricular, um ritmo anormal do coração. O médico de George disse que a causa era uma substância química à qual ele havia sido exposto. Anos de consumo de alimentos enlatados em barcos de pesca sugeriram que não havia falta de substâncias químicas na alimentação de George, ao contrário. Os métodos agrícolas convencionais indicavam que eles estavam borrifando os campos com mais ainda. George, que é alto, magricela e desengonçado, com a cabeça inteiramente branca, não tem papas na língua. "A gente se deu conta de que estava envenenando as pessoas," ele gosta de dizer.

Os Vojkoviches passaram a praticar agricultura orgânica e venderam as reses. Chegaram até a se tornar vegetarianos – George com relutância, por insistência de Eiko. Passaram por um programa de desintoxicação à base de sucos de vegetais frescos e alimentos crus para eliminar as substâncias químicas do organismo de George, e depois adotaram a agricultura orgânica. Eles queriam ter muito cuidado com o que estavam cultivando e criando.

Hoje em dia, o Skagit River Ranch explora 150 acres de terra a uma hora e meia ao norte de Seattle. As chuvas frequentes mantêm os pastos verdes o ano todo, as águias fazem ninhos nas árvores próximas e o salmão volta todo ano para a desova no Skagit River, um poderoso curso d´água que passa pela fazenda. As águas do rio transbordam regularmente, isolando a fazenda e trazendo húmus e minerais para os campos. É tudo incrivelmente idílico – de uma forma bela e feroz. Não estou mentindo, nem exagerando, ao dizer que o Skagit River Ranch está situado na Utopia Road [Estrada da Utopia].

Quando conheci Eiko em sua banca do mercado dos produtores contei-lhe que estava doente e agora precisava comer carne, mas, como ex-vegetariana, não sabia o que comprar, nem como preparar uma carne. Toda a carne do Skagit River Ranch é congelada e embalada numa série de geladeiras grandes, com o preço escrito a giz num quadro-negro. Não tenho tempo a perder examinando as mercadorias antes de tomar uma decisão – preciso saber o que quero de antemão. É uma nova produtora, um lance completamente novo, mas depois de contar minha história a Eiko, ela ri.

– É, temos um monte desses vegetarianos que ficam doentes. Eles nunca sabem o que cozinhar.

– É mesmo? – É a primeira vez que ouço dizer que faço parte de um clubinho de carnívoros relutantes.

– Ah, claro. Temos até umas moças vegetarianas que estão tentando cozinhar para os namorados ou maridos. Também não sabem o que fazer.

Eiko tem a bondade de me mostrar um pacotinho de carne que parece ser o kit padronizado para o freguês iniciante do Skagit River Ranch que era vegetariano (e que coisa mais linda eles terem esse tipo de produto). É uma coisinha bem pequena, bem chique e que não intimida nem um pouco. Depois ela me explica como fritá-la, e por quanto tempo. Saio da banca muito bem orientada e preparada para me virar com a maior parte de meu bifinho. Na verdade, é do tamanho exato para uma moça.

Na noite seguinte, depois de descongelar a carne, eu a frito ligeiramente num pouquinho de azeite, como Eiko sugerira. Frito pouco, preocupada com a possibilidade de um pedacinho tão pequeno passar do ponto num instante. Fico de olho. Estou muito interessada nessa carne.

O Skagit River Ranch é uma fazenda de criação de gado alimentado 100% com capim – algo a respeito do qual obtive resultados ambíguos. Há artigos por aí dizendo que a carne da rês alimentada com capim é mais dura e precisa ser preparada de uma forma diferente – ou cozida durante muito tempo para amolecer o músculo, ou bem tostada, para ter uma bela crosta que mantenha a umidade lá dentro.

O primeiro pedaço de carne de um animal alimentado exclusivamente com capim foi uma aba de filé. Eu tinha vencido a capa de filé com resultados gloriosos, tinha me apaixonado pela combinação de carne em fatias finas e molho de chimichurri. A aba de filé parecia o passo seguinte natural – próximo o suficiente para não intimidar.

Minha amiga Cheyenne me disse que a aba de filé pode ser meio dura e que ela gosta de deixá-la marinando para amolecê-la. Sugeriu uma mistura de molho de soja, alho e suco de limão, que me pareceu boa. Fui para casa e fiz a marinada, derramando a mistura em cima da carne e deixando-a na geladeira pelo resto do dia.

Cozinhei a carne, cortei-a em fatias e comecei a mastigá-la – e mastiguei muito. Detesto dizer isso, mas ficou horrorosa. O sabor da marinada estava delicioso, mas a carne em si estava dura e fibrosa. Ficou grudada entre os meus dentes e tive de correr para o banheiro em busca de fio dental, com o qual lutei muito para conseguir tirar o pedaço de carne encravado na boca. Doeu e minhas gengivas começaram a sangrar, e não achei a menor graça nessa história. Quando o seu jantar faz você cuspir sangue, provavelmente não vale a pena ir até o fim.

Alguns meses depois desse incidente, visitei Biggles, o mestre do churrasco. Como teste, voltei e comprei a mesma aba de filé do mesmo produtor. Queria ver se era a carne que tinha culpa no cartório, ou eu. Talvez eu a tivesse cozinhado demais, ou cortado da forma errada – ao longo da fibra, e não na transversal. Há tanta coisa que não sei que hesito em pôr a culpa na carne.

E você não sabe, mas Biggles fez uma carne perfeita. Ficou mole, macia, cortada de maneira perfeita. O cara é um astro do churrasco.

Resolvo tentar de novo. Corto um pedaço da carne do Skagit River Ranch e levo o garfo à boca. Estou um pouco nervosa – não quero sangrar de novo por causa do meu jantar. Mas o que experiencio depois de dar uma mordida, bom, não há palavras para descrever. A carne está muito macia e o gosto é adocicado. O sabor tem nuances e sinto o gosto das ervas de uma forma extremamente sutil.

Essa é uma carne que faz você ter um treco. Eu tenho.

Ouvi falar de um produto francês, *l'agneau pré-salé*. É cordeiro criado com capim de pântanos de água salgada que cresce nas regiões litorâneas. Dizem que comer o capim silvestre dá um sabor suave e levemente adocicado à carne. Esse cordeiro só é vendido no final do outono, e é muito apreciado. Imagino que a carne do Skagit River Ranch seja parecida. Vou lhe dizer, é coisa fina.

Preparo mais um pouco de carne do Skagit algumas semanas depois, quando minha mãe e sua amiga Liza estão me visitando (preparar carne sob o olhar desaprovador da minha mãe – olha só o quanto eu fiquei atrevida).

Liza é carnívora, mas preocupada com a procedência de sua comida. Durante anos lutou com problemas de saúde causados pela exposição a substâncias químicas e agora está completamente orgânica e vigilante em relação ao que consome. Mora em Point Reyes e apoia produtores locais como a Marin Sun Farms. Quando Liza pede para provar, dou-lhe um pedacinho; ela mastiga e olha para mim.

– Isso aqui *é carne da boa,* – diz ela.

Sei que é.

A vantagem da carne de um animal alimentado com capim, além do fato de ser a alimentação natural do gado e não lhe provocar doenças, é que resulta numa carne mais saudável. Exames mostraram que a carne de animais alimentados com capim contém menos calorias e menos gordura e colesterol. A carne de reses alimentadas com capim tem mais vitaminas, ácido graxo ômega-3 e o ácido linoleico conjugado (ALC). Um estudo realizado na Finlândia mostrou que mulheres com índices elevados de ALC na alimentação tiveram uma redução de 60% no risco de câncer de mama.

Nem todo capim é capim bom, e Eiko e George gastaram um tempo considerável pensando no tipo de capim que deviam usar para alimentar seu gado. Trabalharam com um consultor de solo para maximizar a saúde de seus campos e agora cultivam uma mistura a que chegaram depois desse trabalhão todo – capim, legumes e ervas. Suas reses não recebem aplicação de antibióticos nem de nenhum tipo de hormônio, embora as prescrições orgânicas permitam o uso de vacinas, Eiko diz que eles não gostaram do que viram na pesquisa sobre formaldeídos e conservantes à base de alumínio empregados nas vacinas. Preferiram fazer tudo o que podem para maximizar a saúde de seus animais de forma natural.

– Esta é a comida que nós mesmos consumimos, – observa ela. Com os problemas de saúde que George teve no passado, e tendo uma filha,

Nicole, eles estão mais cuidadosos que nunca. Depois que começaram a criar seu próprio gado, a comer uma carne na qual podiam realmente confiar, toda a família deixou de ser vegetariana. George adorou.

Conto a George minha experiência com carne de animais alimentados com capim enquanto vamos chacoalhando na estrada dentro da camionete da fazenda e passamos pelos campos verdes de terras baixas do Skagit Valley, rebocando um trailer cheio de vacas. "Ajudei" a pôr as vacas lá dentro segurando a porta para George (e me escondendo um pouquinho atrás dela, a bem da verdade) e fico impressionada, pois ele parece ter uma relação especial com elas. Elas vêm quando ele chama, não há necessidade de aguilhão. Ele chega até a cantar para elas, e elas também cantam em resposta. Ele não me contou o que é que elas dizem.

— O motivo pelo qual as pessoas acham que a carne de animais alimentados com capim é mais dura é porque ainda não há muita gente alimentando direito o seu gado só com capim, — me diz ele. — Existe uma curva de aprendizado. Levou um tempo até a gente pegar o jeito.

George não vai me dizer qual é a combinação exata de capins que suas reses comem, e eu não esperava que ele dissesse. Ela fala tanto de micróbios e saúde do solo que começo a me perguntar umas coisas: se Joel Salatin é um fazendeiro que cultiva capim, e se Jim Rickert e David Evans são agricultores que usam a luz do sol, talvez George Vojkovich seja um fazendeiro que cria micróbios. Seja o que for que eles estão fazendo no Skagit River Ranch, está dando certo. A fila na frente da banca do Skagit River Ranch no mercado dos produtores às vezes parece uma verdadeira reunião de adeptos fiéis.

— Eles não têm apenas os melhores ovos e a melhor carne, — me diz uma mulher certa manhã. — Depois que você compra as coisas deles, você nunca mais compra de outros.

Além das vacas, George e Eiko criam porcos, cordeiros e galinhas. Seus ovos foram testados recentemente pelo periódico *Mother Earth News*, e os resultados mostraram que eles contêm duas vezes a quantidade de vitamina A, três vezes a quantidade de ácido graxo ômega 3, cinco vezes mais vitamina E, e dez vezes mais betacaroteno que os ovos convencionais.

– É gratificante ver a prova científica daquilo que suamos tanto para fazer, – diz Eiko. – quando os animais estão felizes ao ar livre, no meio do pasto verde e à luz do sol, produzem um alimento rico em nutrientes.

Raramente cheguei a comprar ovos do Skagit River Ranch. Em geral eles acabam 20 minutos depois que o mercado abre, e eu não sou de acordar cedo – ao menos não nas manhãs de sábado. Gente que acorda cedo consegue o betacaroteno extra e lindas gemas da cor da manga.

Como David Evans, da Marin Sun Farms, Eiko e George estão enfrentando o problema de encontrar uma solução de abate que os deixe de consciência tranquila. Nem a fazenda tem a renda extra da indústria farmacêutica, nem das vendas de feno que o Prather Ranch tem para financiar suas próprias instalações no local; e também não querem mandar seus animais percorrerem longas distâncias de caminhão.

A solução do Skagit River Ranch foi investir, junto com um grande número de seus vizinhos fazendeiros, numa unidade móvel de processamento. Depois de um mês, a unidade móvel visita a fazenda e a vida dos animais termina com vista para os campos verdes onde eles cresceram. Já que é inevitável, parece uma boa solução.

– Quando começamos, pedimos ao fiscal para vir aqui verificar o andamento das coisas, – me diz George. – No começo ele estava cético, mas depois que viu o que fazíamos, disse que era o sistema mais humano e o melhor que já vira.

Depois eles me contam uma história que me dá arrepios.

Anos atrás, George e Eiko fizeram um favor a um amigo e abateram sua vaca, que havia sido criada da forma convencional. Seu costume é fazer uma composteira com o sangue e as vísceras – eles se decompõem em três meses e enriquecem o solo. Mas os restos da vaca comercial não se decompuseram. Três meses depois, pareciam exatamente os mesmos.

– Nem os micróbios querem esses restos, – diz George rindo. Eles acabaram embalando aqueles restos e depois os puseram no lixo – eles simplesmente não se decompuseram como deveriam.

Atualmente o Skagit River Ranch vende sua carne e seus ovos em vários mercados de produtores da região de Seattle e em uma loja que há na fazenda, abastece também um punhado de mercearias e lojas de produtos naturais e um grande número de restaurantes locais (um dos quais dá à fazenda o óleo velho usado nas frituras para ser usado como um biodiesel). Aceita encomendas por atacado de uma rês inteira, de metade ou de um quarto do animal, tanto de carne de vaca quanto de porco. Os fregueses começam o inverno com os freezers lotados de carne orgânica de animais criados de forma humana e sustentável.

Eiko está quase sempre no mercado, muitas vezes com Nicole, agora adolescente. Essa família e a carne que produz são adoradas pela clientela. Sua carne chegou a ganhar uma prova nacional de sabor, para gado alimentado somente com capim, realizada pelo site Eatwild.com, uma referência para quem está procurando produtores de carne de animais alimentados em bons pastos.

Esse tipo de criação de gado é uma tarefa difícil. O trabalho é desgastante e os números são um grande desafio. No dia em que fui visitar a fazenda, Eiko está lavando e selecionando os ovos enquanto George muda o gado de lugar, embora já esteja escuro. Imagino que vão voltar ao trabalho assim que o sol aparecer na manhã seguinte. Sinto gratidão por essa família estar disposta a trabalhar tão arduamente só para eu poder comer um bife de vez em quando.

– Meu contador me diz que vê nosso nome no jornal o tempo todo, de modo que devemos estar indo bem, – me diz Eiko certo sábado. – Eu só digo a ele, "Olha os números. Não tivemos lucro no ano passado." Ela solta aquela gargalhada soturna conhecida de todos os pequenos empresários do mundo e abana a cabeça. – Se eu soubesse naquela época o que eu sei agora, não tenho certeza de que teríamos entrado na economia rural.

Quando as pessoas estão fazendo tudo certo, você quer vê-las ter êxito, quer muito. Eiko e George dizem que terão tido êxito se conseguirem passar a fazenda para a filha – se o negócio durar até lá. Não têm certeza de que Nicole vai querer herdar a fazenda ("As filhas têm de tomar suas próprias decisões," diz Eiko), mas têm esperança de tornar a fazenda sustentável – não só em termos ambientais, mas em termos financeiros também. Há um monte de carnívoros éticos na região de Seattle que também têm esperança de que isso aconteça. Eu sou um deles.

A frase escrita no para-choque traseiro da van salpicada de lama que Eiko dirige até o mercado toda semana diz isso da forma mais pungente: SEM TERRAS, SEM COMIDA.

Capítulo quinze

# Será que o meu bife tem gênero?

Na primeira vez que acontece, estou jantando com meu amigo Liam no Chow, um bistrô de estilo americano que fica na Church Street em São Francisco. Peço um hambúrguer – um recheio de carne moída de bom tamanho num pãozinho crocante de fermento natural com picles, cebola roxa, alface, tomate e queijo gorgonzola. Se existe um ideal platônico de hambúrguer, este é o meu.

Liam pede uma salada.

Pode ser que eu seja uma pessoa que cuida da saúde, mas Liam cuida mais – o cara não come nem manteiga. E por isso está numa boa forma incrível, que inclui os 72 centímetros de cintura. Quando pede uma salada para o jantar, não fico surpresa.

Mas fico surpresa quando nossos pedidos chegam e o garçom dá o meu hambúrguer a Liam e põe a salada na minha frente. *Ei, será que uma moça não pode pedir um pedaço de carne aqui?*

É um restaurante que está sempre cheio e talvez seja um erro involuntário, mas me dá o que pensar. O mundo da carne é tão masculino – entre todos os açougueiros e criadores de gado e produtores de carne, as mulheres são poucas e raras. Até homens que não cozinham se dispõem a fazer uma tentativa com a churrasqueira – parece que a adição de fogo torna as coisas mais atraentes para eles. E aquele peru de Natal que exigiu que sua mãe ficasse horas com a barriga encostada no fogão? Há uma grande chance de ele ter sido dado ao pai ou ao avô para ser trinchado. O que há de comum entre a carne e os homens?

Resolvo fazer um teste. Durante os próximos meses, vou fazer questão de pedir carne sempre que sair com um cara. Às vezes eu troco os nossos pedidos para eu poder tirar essa história a limpo – peço o sanduíche de pernil que o meu amigo quer, enquanto ele pede para mim a massa com cogumelos. Não é científico, mas fico surpresa ao descobrir que quase metade das vezes a carne ou sanduíche ou costeletas são postos no lado masculino da mesa, enquanto eu acabo ficando na frente de uma salada, de uma massa ou de um risoto.

Parece que as moças não comem carne – ao menos não a carne vermelha. Por que a carne é considerada comida de homem e a salada é comida de mulher?

Mais ou menos nessa época, fico sabendo da existência de um açougue de mulheres – um açougue tocado por mulheres. Só que toda vez que eu digo "açougue de mulheres," tenho uma necessidade absurda de dizer "açougue de mulherões". Isso me faz pensar em mulheres de biquíni acariciando pedaços de carne crua na frente de uma clientela masculina em adoração muda, e não tem absolutamente nada a ver com o que encontramos ali.

O nome do açougue de mulheres é Avedano's. Fica na rua principal de Bernal Heights, um bairro pequeno e sonolento escondido na área sul de São Francisco. Fica bem pertinho do Drewes Bros. Começo a pensar nessas duas lojas como yin e yang – rapaz e moça.

O Avedano's está em um ponto comercial que é de açougue desde 1901. Durante anos abrigou o Cicero's Meats, que foi por muito tempo o melhor açougue do bairro, mas que perdeu a clientela e fechou as portas. E então três mulheres resolveram se juntar e abrir uma loja em sociedade. Quando o *San Francisco Chronicle* publicou uma matéria sobre a trinca, disse o seguinte: "Elas estão cortando carne e picando os estereótipos em pedacinhos".

Um açougue tocado por mulheres? Uma ideia difícil de entrar em minha cabeça. E quando visito seu website, quase solto um grito: é rosa! Isso aqui eu tenho de ver com cuidado.

Entrar no Avedano's é como voltar no tempo. O lugar ficou inteiramente esquecido enquanto ficou fechado. Embora pareça que alguém está dando o maior duro para evocar um ambiente clássico, a decoração manteve-se inalterada o tempo todo, preservando até mesmo a imagem de uma vaca Texas Longhorn de olhos verdes.

É um espaço minúsculo e deliciosamente antiquado. Há um pequeno mostruário de vidro à direita e prateleiras à esquerda com vários produtos e comidas gourmet. Se você precisar de uma cebola para seu espetinho de carne, um limão para o seu peixe ou um pouco de milho para assar na brasa, pode encontrá-los em cestas de vime. Há azeite de oliva, condimentos a granel e doces maravilhosos feitos por uma das donas, pois eu acho que não seria um açougue de mulheres sem um ou dois biscoitos de chocolate.

Todas as três mulheres – Melanie Eisemann, Tia Harrison e Angela Wilson – vêm do mundo da culinária, mas tocar um açougue de bairro como o Avedano's é uma outra história. Estou curiosa para saber como as pessoas reagem a um açougue administrado por mulheres.

– Tinha um cara que vinha aqui e dizia, "Uau, eu nem sabia que moças faziam esse tipo de coisa," – me diz Tia com um riso amarelo. – Às vezes eles perguntam quando é que o dono vai chegar – o *homem* responsável pelo estabelecimento.

– É um setor completamente dominado por homens, – explica ela. – Mais até que as cozinhas de restaurante. Você simplesmente não vê mulheres por trás de um balcão de açougue. Não sei se não há interesse algum, ou se não há acesso a ele a não ser que você tenha o seu próprio açougue." Tia diz que se ela se candidatasse a um emprego em qualquer dos outros açougues da cidade, acha que não seria contratada.

– No começo tivemos vendedores homens, mas do tipo que procurava levar vantagem sobre nós, – me diz Tia. – Eles acham que as mulheres não têm força suficiente, ou não sabem o que fazer aqui – mas, em outros países, as mulheres é que são os provedores da família. Todas elas sabem matar uma galinha.

O Avedano's acredita em comunidade.

– Temos uma abordagem feminina do comércio de carne, – explica Tia. – Gostamos de educar e ajudar as pessoas, dar-lhes dicas.

Os domingos encontram a churrasqueira acesa para os *tacos*, que se tornaram um ritual no bairro. E como as donas são mulheres ocupadas, que sabem como é trabalhar fora e cuidar da casa, o Avedano's vende produtos já prontos para ajudar a hora do jantar a ser uma hora tranquila – tem até comida de bebê orgânica.

Tia, também uma *chef* de restaurante, é a responsável pelo corte da carne propriamente dito.

– Saber cortar é básico, – diz ela. – Teve um dia em que estávamos serrando uma vitela ao meio. Foi muito difícil mesmo, e eu me senti uma mulher das cavernas. Tive aquela sensação primal, sabe? Foi incrível!

As mulheres do Avedano's chegam até a dar aulas de corte de carne. Uma vez por mês elas dão um curso que dura o dia todo, onde os participantes aprendem a dividir a metade de um porco ou de um cordeiro e levam seus cortes para casa depois das aulas. Até agora o curso só teve duas alunas mulheres – ambas trazidas pelos maridos.

As moças do Avedano's não são as únicas mulheres a entrar no ramo das carnes. Minha amiga Lisa me falou sobre um livro de receitas que sua empresa está publicando – *The Meat Club Cookbook: For Gals Who Love Their Meat [O livro de receitas do clube da carne: para meninas que gostam da sua carne]*, escrito por três mulheres que enjoaram de saladas e peito de frango cozido na água, fartas de frescura na cozinha e do temor de ofender amigos vegetarianos. Não havia como negar sua natureza passional e primal – elas queriam carne. De modo que se associaram e fundaram um clube de carne só para mulheres. Toda semana elas se reuniam para cozinhar, conversar, rir e tomar um ou dois drinques.

Um clube de carne para mulheres? Será que posso me tornar membro?

O livro é engraçado e gostoso de ler, cheio de informações e receitas.

Além disso, é muito lindo, com belas imagens antigas e um design em rosa claro e verde. É tão lindo que minha sobrinha de dois anos que adora rosa o pega um dia e pergunta se eu vou lê-lo para ela na hora de contar histórias. *Talvez, quando você for mais velha, fofa.* Parece que a próxima geração também quer entrar para o clube da carne.

É o livro perfeito para qualquer mulher que está querendo aprender a preparar uma carne. Bom seria se eu o tivesse quando comecei. Teria me poupado muita angústia – e uma boa quantidade de carne desperdiçada. As moças do clube da carne dizem o seguinte:

Casada ou solteira, o verdadeiro amor de uma moça que gosta de carne é o seu açougueiro. Mas um bom açougueiro, como um bom marido, é difícil de achar. Procure o melhor açougueiro do mundo e depois estabeleça com ele uma relação profunda, fiel. Quando encontrar um açougueiro que responda às suas perguntas e sobreviva com charme ao seu interrogatório, não o traia.

Tudo quanto posso dizer é: *pode crer, minha filha.*

Marquei um encontro com uma das autoras, Vanessa Dina, numa churrascaria que não fica longe da editora onde Vanessa e Lisa trabalham. Mando uma foto a Vanessa por e-mail para ela poder me reconhecer, mas acontece que eu não devia ter me dado esse trabalho. Não há nenhuma outra mulher no bar da Acme Chophouse na noite de terça-feira. Escrevo mentalmente um lembrete para mim mesma: da próxima vez que uma amiga se queixar da dificuldade de encontrar homens, vou ter a gentileza de lhe indicar esse local.

A Acme não é aquele tipo de churrascaria sem graça da velha guarda – é um projeto de Traci Des Jardins, um *chef* premiado. A carne e os outros ingredientes são orgânicos e sustentáveis, a maioria produzidos localmente. Além dos filés e costeletas, o cardápio tem pratos como beterraba grelhada, queijo de cabra e salada de rúcula com rabanete cortado bem fininho, aipo e molho vinagrete com cebolinha verde. Há um acompanhamento de cogumelos chanterelle com alho e ervas finas, cuja simples menção me dá água na boca.

Mas, assim que Vanessa e eu começamos a conversar, esqueço-me inteiramente da comida. Ela é cheia de energia e vigor, afastando os longos cabelos castanhos dos olhos enquanto fala. Entabulamos uma conversa variada sobre carne, homens e mulheres, vida e amor. Estou particularmente curiosa sobre o que ela pensa a respeito dessa suposta discórdia entre mulheres e carne.

– Acho que elas não querem se sujar, – diz Vanessa. – Elas saem e fazem as unhas e põem uma roupa legal e não querem ficar desarrumadas, e a coisa simplesmente não funciona. Com carne você não se contém; você a abraça e se emporcalha toda, e curte. Não se preocupa em manchar a camisa.

Acho que adoro a Vanessa.

Ela é exatamente o que eu sempre quis ser – uma moça bem yang, mas bonita e bem vestida. Aposto que ela joga sinuca bem pra burro, sabe ter uma expressão impassível numa mesa de pôquer e fica maravilhosa fazendo essas coisas. Esquece os moços açougueiros me pondo embaixo de sua asa coletiva – acho que posso ter encontrado minha mentora em todas as coisas que dizem respeito a carne e homens.

– Esse negócio de carne também é regional – me diz Vanessa. – Escrevemos este livro e no Meio-Oeste o pessoal gosta, não é? É principalmente a Costa Oeste que tem problema com ela. Pense em todas aquelas mulheres de Los Angeles com seus vestidos imaculadamente brancos. Carne é primal. Quando como churrasco, mal uso o garfo.

Talvez esse seja o meu problema: venho da costa errada. Não sou uma boneca Barbie do sul da Califórnia, não é isso. Venho da parte norte do estado, onde tropeçamos na nossa correção política. Não podemos dizer, pensar ou comer uma coisa sem considerar as implicações de nossos atos. Todo esse engajamento é bem intencionado, mas atrapalha na hora de curtir um bom bife.

Às vezes eu gostaria de pôr no lixo o jugo de minha infância preocupada com as consequências, mergulhar e curtir tudo o que o mundo tem a oferecer sem medo das repercussões. Vanessa parece tão segura e à vontade com seu lance de adorar carne... não consigo deixar de sentir inveja dela. Pergunto-me se ela sempre foi assim. Com tantas mulheres explorando o vegetarianismo num momento ou noutro, será que algum dia ela já pensou em adotá-lo?

– Todas as minhas amigas íntimas foram ou são vegetarianas. Fizeram tabule durante anos.

Dou um sorriso amarelo. Eu mesma faço um tabule muito bom.

– Não consigo entender uma coisa dessas, – diz ela. – É o ciclo da vida. Não estamos sendo gananciosos, nem maus – estamos sobrevivendo.

Ouço o que ela está dizendo e quero acreditar nela. Quero segui-la para a terra de consumidores de bacon felizes e sem culpa, mas tenho de encarar as minhas raízes. Sei que é fato que há milhões de pessoas que sobrevivem muito bem com uma alimentação que não inclui carne. A carne não é necessária à vida, é?

Às vezes tenho vontade de bater a cabeça na parede – ou de desligar minha consciência por uma noite. Por que não relaxar e curtir as vantagens de estar no topo da cadeia alimentar, de ser o menino mais forte do quarteirão?

– Há um estigma nesse lance de comer carne, – diz Vanessa. – Hoje em dia tem um monte de gente que só come salada – mas, olha aqui, eu sinto fome!

Vanessa me diz que quando seu livro de receitas foi publicado, ela recebeu um dilúvio de e-mails de homens – sempre anônimos. As mensagens diziam coisas como "Isso é o máximo. Tenho de fazer minha mulher entrar nessa." Talvez nem todos os homens estejam procurando uma mulher que adora salada. Talvez existam alguns que estão procurando alguém com um pouco mais de volúpia, com gosto por algo mais sangrento.

Ou talvez só estejam procurando uma moça que cozinhe para eles.

Eu não ficaria surpresa se fosse isso. Conheço muitos homens carnívoros casados oficialmente ou não com mulheres vegetarianas: é quase um lugar-comum. Segundo o *Vegetarian Times*, entre a população norte-americana que é vegetariana, 51% são mulheres e 49% são homens. O que não está de acordo com a minha experiência. Eu diria que entre 60 e 75% das pessoas que adotaram o vegetarianismo são mulheres, talvez mais. Só no meu círculo de amigas íntimas, conto no mínimo nove mulheres vegetarianas que moram com homens carnívoros – e um casal de lésbicas onde a *femme* é vegetariana, mas a parceira durona come carne.

Será que é coisa de gênero? Será que as mulheres têm mais interesse pela saúde? Será que estamos reagindo a uma cultura que nos manda fazer dieta e comer light? Será que fomos criadas para nutrir e cuidar dos outros e por isso somos mais sensíveis ao encanto de animaizinhos fofos? Ou será que existe uma necessidade profunda de carne nos homens que as mulheres simplesmente não têm?

Ouvi recentemente a história de uma família com três filhas, todas criadas como vegetarianas. A quarta criança foi um menino. Sempre que iam fazer compras, a cabeça do menininho virava assim que elas passavam pela seção de carne. Ele praticamente atirava o corpinho para fora do carrinho de compras na tentativa de entrar naquele espaço gelado. A mãe não pôde deixar de notar. Não estava de acordo com os seus valores, mas comprou carne e preparou-a para ele. O resto da família continuou sendo de vegetarianas felizes. Só o menino comia carne.

Até eu começar a xeretar na seção de carne, meu irmão era o único membro da nossa família de seis a comer carne. Também é o único homem.

A ligação entre carne e masculinidade alcança seu apogeu em nossa história. Os médicos recomendavam carne para os pacientes de constituição fraca para eles ganharem força. Aqueles que não comiam carne eram considerados frágeis, femininos. Até Mahatma Gandhi, o célebre ativista da não violência, passou por uma fase em que achava que comer carne o deixaria forte e ousado. "Se todo o país começar a comer carne," disse ele, "os ingleses serão vencidos."'

Mas dizem que Hitler era vegetariano... portanto, vai saber.

Mas, segundo um estudo britânico de 1998, as mulheres vegetarianas tinham mais chances de ter filhas mulheres do que homens. Talvez a carne faça realmente o homem.

Não tenho certeza de que exista uma resposta definitiva à questão carne e homens, embora as coisas talvez estejam mudando. Um artigo recente do *New York Times* disse que as mulheres – que supostamente comem saladas quando saem para jantar fora para parecerem mais refinadas aos olhos de um cara – agora estão pedindo bisteca. Algumas chegam até a falar de carne no seu perfil em sites de namoro online (*procuro: um homem inteligente, engraçado e bom que adore vinho tinto e um bife bem grande*). Parece que hoje em dia pedir uma salada é considerado manifestação de uma timidez constrangedora.

Talvez algumas dessas moças que pedem carne venham a se converter ao clube de carne de Vanessa Dina – eu sei que quero participar. Quando Vanessa e eu saímos da Acme Chophouse, brinco dizendo que talvez eu deva fundar a filial de Seattle do Clube de Carne Só para Mulheres.

– Vai nessa! – diz Vanessa.

Aposto que ela até viria para uma reunião se eu lhe pedisse com jeito – e oferecesse algumas das iguarias do Skagit River Ranch.

Eu praticamente tenho mesmo um clube de carne da hora do jantar. No verão do ano passado, convidei um monte de amigas para jantar e servi carne. A essa altura eu já estava bem confiante na minha capacidade de preparar uma capa de filé, que servi com chimichurri, mas também com *chimol*, um molho salvadorenho que é crocante e um pouco apimentado por causa do acréscimo de rabanetes cortados em cubinhos bem pequenos.

Quando Shauna deu uma mordida na capa de filé, sorriu e me disse que Dan – o marido *chef* – teria aprovado. Eu quase explodi de orgulho.

Até minha amiga Melinda, que foi vegetariana a maior parte da vida, comeu um pouco da carne. Ela estava grávida e comeu um pouco de carne por causa do feto, embora tenha me pedido para cozinhar sua parte um pouco mais. Não tive o menor problema em livrar a carne da cor rosada por causa dela. Minha amiga Austin era a única vegetariana daquela noite, mas parecia satisfeita com o prato de tomates assados, cebolas doces e feijão branco que fiz para ela. Mesmo que você não seja uma moça que gosta de carne, pode passar muitíssimo bem, obrigada.

O que mais fizemos foi rir e tomar margaritas e discutir a vida e o amor e o medo e a felicidade de ter 30 anos (muito melhor do que você jamais pensou que seria, honestamente).

O que posso dizer é que somos mulheres – conversamos sobre nossos sentimentos. Mas isso não significa que não apreciamos um bom pedaço de carne tanto quanto o cara ali ao lado. Às vezes, até mais.

Capítulo dezesseis

# A palavra que começa com M

Acabo encontrando o vaqueiro que estava procurando no lugar mais estranho do mundo – ele estivera bem embaixo do meu nariz o tempo todo. Quando voltei a São Francisco no fim do verão, conheci o Dan, o cara que tinha se mudado para o apartamento logo abaixo do meu. Agora já fazia quase um ano que morava ali. Às vezes eu o ouvia conversando com os amigos e tomando cerveja no deque dos fundos no começo da noite. A não ser aqui, nossos caminhos não se cruzavam.

Finalmente nos encontramos tarde da noite. Ele estava sentado na varanda da frente fumando um cigarro enquanto eu punha sacolas no carro. Começamos a conversar e o assunto passou a girar em torno da carne. Acontece que Dan cresceu numa fazenda situada nas montanhas a leste de San Diego. Não era uma fazenda de criação de gado – ali criavam cavalos Appaloosa – mas sua família tinha uma ou duas vacas em suas terras. Dan cresceu tomando o leite dessas vacas – cru, absolutamente integral.

– É por isso que sou tão grande – ele me diz. – Ninguém mais da minha família tem essa constituição.

Ele é grande – mais ou menos 1,95 metros de altura com ombros largos. É moreno e não consigo ver muito mais que a sua altura e solidez inegável. É o tipo do cara que faz uma moça se sentir pequena e refinada, talvez até segura.

Além de dar ao jovem Dan uma fonte de cálcio, essas vacas também foram companheiras de folguedos quando ele era criança. Uma delas –

que se chamava Bumper [Para-choque] – era a melhor amiga de Dan quando ele tinha seis anos. Isto é, enquanto Bumper esteve por ali.

É. Num dia qualquer de setembro, Bumper desapareceu e reapareceu no prato do jantar. Mas o jovem Dan se recusou a comer sua velha amiga. As outras vacas, tudo bem, mas Bumper, não.

O fato é que muita gente conhece a carne que consome de uma forma bem pessoal – é gente que está perto de uma criação de gado. Meu amigo Cameron cresceu comendo carne de sacolas retiradas do freezer, todas elas com uma etiqueta com o nome do animal escrito. Ele conhecia esses animais por conta das visitas de sua família à fazenda onde eram criados. Para o jantar da noite de domingo, sua mãe podia muito bem assar um pedaço do Charlie.

Na ilhota do Canadá onde minha família viveu certa época, nossos amigos Ginnie e Bruce têm uma fazenda e criam carneiros para consumo próprio. Também são eles que abatem os animais.

– Já vi Bruce pegar um animal no colo para acalmá-lo e depois golpeá-lo na cabeça, – diz Ginnie a respeito do marido. Não é algo para a gente ficar piegas – é a carne que vai mantê-los vivos e com saúde até a primavera.

Mas e os filhos – quatro meninos com os quais meu irmão e eu brincamos juntos? Será que os meninos não se apegaram a um determinado animal algum dia?

– Você não deve, – me diz Bruce sem rodeios. – Simplesmente não deve.

A menos que more numa fazenda, ou perto de uma, é facílimo para um carnívoro continuar inteiramente divorciado da realidade do que está consumindo – em geral carne comprada num açougue e com pouca semelhança com o animal que foi um dia. Nem parece um animal – parece um jantar.

Até minha mãe, naquela época em que mandou matar nossas galinhas, conseguiria fazer essa distinção. Ela chorava enquanto as depenava, mas assim que perderam todas as penas e não pareciam mais os bichos que ela tinha cuidado e que tinham alimentado a família com seus ovos, ela desencanou. Depois de depenadas elas eram apenas comida, mesmo que fosse uma comida que ela não quis comer.

Temos nomes que nos divorciam ainda mais das origens de nossas refeições. Os suínos viram costeletas de porco, o gado vacum vira bife de filé mignon e aquele gamo de olhos doces se transforma em carne de veado.

*Você não poderia chamá-lo de Bambi, poderia?*

Andei batendo papo recentemente com uma autora de livros de culinária especializada em cozinha francesa, e ela estava lamentando o fato da carne de coelho nunca ter feito sucesso nos Estados Unidos. Ela achava uma pena. Penso que é porque nunca chegamos a um nome neutro que não evoque a imagem de um coelhinho felpudo e macio.

Tenho tanta culpa no cartório por causa disso quanto todos os demais. Quando eu era criança e mostrava interesse por carne, era sempre por cachorros-quentes e hambúrgueres. Minha família zoava comigo dizendo que eu não me importava com a ideia de comer carne desde que ela não se parecesse em nada com o animal de onde foi retirada.

Já adulta, sinto-me mais à vontade com um peito de frango sem ossos e sem pele – um pedaço de carne que não dá a menor ideia de suas origens. Esses pedaços de carne de frango cortados em cubos para serem fritos ligeiramente são melhores ainda. Com eles não há perigo de eu acabar com um tendão ou com um pedaço de gordura que tem de ser cortado fora. Um lance vulgar.

Não sei quantas vezes ouvi as pessoas dizerem algo do gênero, "se eu tiver de pensar na procedência da minha carne, vou ter de virar vegetariana".

Estamos numa negação coletiva?

Há uma coisa que não lhe contei sobre minha visita ao Prather Ranch. Eu não estava querendo guardar segredo: só é difícil falar dessas coisas. Quando enviei um e-mail perguntando se eu podia visitar a fazenda, Mary Rickert me respondeu: "Claro, venha na terça-feira que é o dia do abate."

Tive de fazer um esforço daqueles para não responder dizendo, "Segunda-feira é o único dia que tenho de folga. Posso ir na segunda mesmo?"

Mas não fiz isso. Tudo aquilo faz parte do pacote, não é? Se eu quero comer carne, preciso aceitar completamente a maneira pela qual ela chega ao meu prato. Será que eu teria condições de assistir um animal ir para a morte só para eu poder curtir a minha capa de filé? Eu não tinha certeza quanto à resposta dessa pergunta, mas achei que ia descobrir.

Essa é a palavra que começa com M: *morte*.

Foi assim que, depois de minha turnê com Mark pela área da alimentação, depois de ver e tocar a mistura de cereais que é usada para alimentar o gado do Prather nos últimos estágios de sua vida, Mary me levou para o local de abate.

Bom, primeiro ela me deu um plástico para proteger os calçados que chegava até os joelhos – porque eu estava usando um par de tamancos Mary Jane.

Passamos por um corredor e entramos num cômodo grande com piso de cimento e o calor que vinha dele foi surpreendente. Um grupo de homens estava trabalhando metodicamente, todos eles usando um longo avental de borracha com uma bainha para a faca amarrada à cintura. Na parte de cima, estavam reduzidos a camisetas. O cômodo era úmido; as camisetas grudavam no corpo.

Um barulho chamou minha atenção para o lado esquerdo do cômodo, onde uma porta vai e vem comprida e baixa abriu-se e por ela entrou uma vaca inteira, inconsciente com a pancada que levara na cabeça momentos antes. O golpe é dado no cômodo adjacente, que eu visitaria depois. Quando a vaca chega ao local de abate, está inconsciente, embora ainda esteja viva e de vez em quando tenha espasmos musculares. E também é muito, muito grande.

Eu não tinha realmente me dado conta do tamanho de uma vaca até ver uma delas pendurada pelas patas traseiras, que é o estágio seguinte do processo. Em geral vemos imagens de vacas nos campos, com outras vacas mais ou menos do mesmo tamanho. Parecem grandes, mas não tão enormes quanto pareciam as vacas penduradas ao lado dos funcionários que as estavam processando. As vacas eram tranquilamente duas vezes o tamanho dos homens, talvez mais.

Embora as vacas estivessem inconscientes, ainda estavam vivas. Isso é importante, dizem-me, porque o coração precisa bombear o sangue para fora do animal. O pescoço é cortado e a vaca é drenada, o sangue recolhido num recipiente.

Depois descem a vaca e retiram-lhe a pele e os cascos, e a penduram de novo. A barriga é aberta e os órgãos extraídos – uma porção de coisas que eu não conseguiria identificar de jeito nenhum, mas são todas distribuídas por recipientes diferentes.

Há um inspetor da USDA no local para observar cada vaca que está sendo processada. No dia da minha visita, o inspetor era um homem cordial e alegre chamado Tim, com um bigode castanho. Fiquei sentada a seu lado enquanto ele olhava atentamente, tomava notas e examinava todos os fígados que passavam para ver se não tinham uma irregularidade qualquer. Imagino que, numa instalação maior, essa atenção ao detalhe não seria possível, mas o pessoal do Prather só abate um dia por semana e só de 20 a 22 animais de cada vez. É verdade que, nesse momento, não posso nem pensar em comer carne, mas ele me dá realmente confiança nos produtos do Prather. Se eu quiser que meu bife tenha sido inspecionado individualmente, sei onde ir.

E coisas estranhas acontecem enquanto estou ali assistindo a esse processo. Em poucos minutos, o que parecia horrível à primeira vista começa a se normalizar. Depois da primeira vaca há outra, e outra. Talvez seja a repetição. Tudo o que é chocante começa a parecer comum se você for exposto à coisa um bom número de vezes. Os homens são bem treinados; há um ritmo no que estão fazendo e há algo fascinante na transformação que acontece aqui. Num dos lados do cômodo as vacas entram muito parecidas com animais, por mais inconscientes que estejam. Do outro lado, saem parecendo algo que você talvez tenha para jantar.

Mas há coisas que me assustam. Não é o derramamento de sangue, nem a visão das entranhas sendo retiradas (estávamos falando aqui de sacos imensos cheios de líquidos, sacos simplesmente enormes). As imagens que me ficam na memória são de coisas menores. Enquanto retiram a pele de um animal, os cascos são cortados fora, na metade da tíbia. Isso deixa um toco de perna que parece muito errado, muito bárbaro. Um animal enorme foi irrevogavelmente mutilado.

A violência daquela imagem vai me perseguir para sempre.

E ao meu lado, enquanto estou na porta com Mary e o Inspetor Tim, há uma lata cheia de cabeças de vaca – um item que imagino que vá aparecer no cardápio de algum restaurante chique daqui a um dia ou dois. Não tenho problema com ninguém que goste de comer cabeça de vaca – eu gostaria que todas as partes do animal fossem usadas – mas as cabeças ainda estão se mexendo. É meio demais para engolir.

Eu me pergunto: se todos os consumidores de carne fossem obrigados a assistir a um abate, será que uma determinada porcentagem de nós não repensaria o gosto pela carne?

Essa é a realidade – uma vida animal tirada para alimentar a nossa. Sei com certeza que o abate a que estou assistindo aqui é milhares de vezes melhor que a maioria deles. Se você conseguir afastar o coração e a mente do que está acontecendo, é assim que a coisa devia ser feita – com atenção, com o máximo cuidado com o animal, numa instalação pequena com operários bem treinados. Jim Rickert participa de todo abate; o supervisor da unidade Chris Lawson também está na sala de abate. As instalações são desenhadas de modo a minimizar o estresse dos animais; o inspetor é atento e meticuloso. Tanto quanto posso julgar, as coisas são muito bem feitas aqui.

Jim me diz que, depois que saí, o inspetor olhou para ele e disse:

– Não acredito que você deixa jornalistas entrarem aqui – e não acredito que você os deixa fotografar ou filmar!

– É um risco, – diz Jim enquanto partimos naquela tarde para a fazenda de feno na sua caminhonete. David Evans, da Marin Sun Farms, me disse que ele não permite observadores no dia de abate das galinhas porque tem medo da reação deles. Acha que, se abrir a sala de abate para o público, não vai ter condições de continuar abatendo por muito tempo.

Jim Rickert é de outra opinião.

– Se ficamos constrangidos com o que fazemos aqui, então talvez a gente não devesse estar fazendo nada disso, – me diz Jim. – Tentamos realmente fazer a coisa certa. É violento? É. É sangrento? É. É parte do ciclo natural da vida? É.

Depois de nossa visita à sala de abate, Mary toma as providências para eu almoçar junto com os funcionários. Agora eles já tomaram banho e estão limpos, depois do trabalho árduo da manhã, e estão com fome. Ela diz que, às vezes, assa na brasa toda carne que sobra da manhã, mas estou aliviada por não haver churrasco no dia em que estou lá. Nunca na minha vida fiquei tão satisfeita ao ver um sanduíche de peru Subway. Tenho certeza de que meu coração, que já foi vegetariano, sentiu a mesma satisfação.

O que quero perguntar a esses homens agora é qual é a sensação de tirar a vida de um animal, mas essa é uma pergunta provocadora demais para começar a entrevista. Pergunto-lhes então como é que entraram nesse ramo. Os homens estão à vontade entre si, brincando e rindo, mas menos comigo. Um deles responde em alto e bom som:

– Crescendo como crescemos, acabamos aprendendo um pouco de tudo.

Quando pergunto, eles respondem que são do Scott Valley, uma região que fica a uns 140 quilômetros a oeste do Prather Ranch. Conheço bem o Scott Valley. Cresci viajando de mochila pelas montanhas próximas todo verão. É um belo lugar, salpicado de fazendas que exploram a agricultura ou a pecuária, mas fica muito longe de tudo, coberto de neve parte do ano. Um amigo meu escreveu há pouco tempo um artigo de viagem para o *New York Times* onde cita uma mulher local que disse: "Scott Valley é o melhor lugar do mundo para criar filhos, e o mais difícil do mundo para conseguir um emprego".

Trabalhar no Prather é um emprego.

Pode ser fácil para mim, com minha atitude urbana e meus sapatos nada práticos, pronunciar o veredito, mas se estou a fim de comer carne, como tenho estado, devo ser grata por existirem pessoas dispostas a fazer esse tipo de trabalho e eu poder comer a minha capa de filé. Imagino meus ancestrais pioneiros matando seus próprios animais com pouco tempo para pensar se aquilo era certo ou errado. Pensavam mais na própria vida e morte, não da vaca, carneiro ou porco. Não era assassinato, era uma refeição. Tenho certeza de que estavam gratos por tê-la.

Novella Carpenter talvez seja a carnívora mais honesta que conheço. Cria os próprios animais numa fazendinha que construiu no meio da área urbana de Oakland. Os traficantes andam pelas ruas de seu bairro. À noite, diz ela, ali se ouve tiros de revólver.

Pergunto-me se os tiros incomodam os animais – três cabras, um peru e algumas galinhas. No ano passado, havia também dois porcos de 150 quilos, mas agora eles já eram. Bom, não inteiramente – há vários pedaços de *prosciutto* curando e uma quantidade enorme de bacon no freezer.

Quando Novella me leva para passear e conhecer a fazenda, começamos no vizinho, no terreno baldio em que ela plantou sua horta. Lá ela tem alcachofra, verduras, uma ou duas árvores frutíferas e uma colmeia da qual ela cuida para obter mel e cera. Depois nos dirigimos para os fundos da casa dela, e a cabrinha – uma coisinha branca e desajeitada com orelhas empertigadas e olhos súplices – me conquista. Finalmente subimos as escadas: lá em cima há uma caixa de filhotes de coelho na sacada. Sua pele parece a coisa mais macia que já toquei na vida – uma luminosa cor dourada. Os coelhinhos estão uns por cima dos outros, escondem-se uns embaixo dos outros e fazia muito tempo que eu não via uma coisa tão linda e tão fofa.

– Qual é o plano para os coelhos? – pergunto, tentando parecer indiferente. Sei do destino das cabras, das galinhas e do peru, mas os coelhos são um novo acréscimo da fazenda.

– São a nossa fonte de carne para o inverno, – responde Novella piscando um olho.

Embora eu talvez tenha me escandalizado um pouco, tenho de admirar a honestidade de Novella a respeito da procedência de sua comida – ela sabe, ela mesma cria os animais que consome. Chegou até a passar um mês inteiro comendo somente seus próprios produtos. Não são muitos de nós que podem dizer o mesmo. Se os sistemas de transporte do mundo pararem, ela não vai ter o menor problema. É o resto de nós que vai se ferrar.

Será que eu conseguiria? Será que eu criaria e mataria um animal para comer sua carne? Uma coisa é assistir a um abate; outra completamente diferente é abater o animal você mesma.

Pensei no dia que passei com David Evans na Marin Sun Farms. Enquanto esperávamos a turnê começar, a linda cabrinha marrom apareceu e eu cocei atrás das orelhas dela, e embaixo do queixo. Ela esticou o corpo na minha direção, curtindo o carinho. Enquanto eu sentia o ponto macio e delicado embaixo do seu queixo, me perguntava: *É aqui que a faca entra?* Eu sabia que poderia ver isso acontecer, mas não tinha certeza de conseguir enfiar a faca eu mesma. Numa situação de vida ou morte, eu certamente conseguiria – mas, e se não fosse necessário à minha sobrevivência? Será que eu conseguiria matar só para ter um pernil de cordeiro no jantar?

Novella não tem os mesmos pruridos que eu.

– Este foi o trato que fizemos com os animais quando os domesticamos, – me diz ela uma noite depois que ambas talvez tenhamos bebido um pouco demais de vinho. – Cuidamos deles e, em troca, eles nos dão alimento.

É uma equação simples para ela, e talvez seja isso que a maioria das pessoas acha.

Talvez ela tenha razão. Os animais de pequenas fazendas têm uma vida comprovadamente melhor do que em meio à natureza selvagem – são protegidos de predadores e recebem comida, abrigo e água. A vida em habitats naturais é um lance só para os fortes e velozes. Aqueles que não têm essas qualidades são presas de animais maiores e viram jantar. Segundo Novella, esse é acordo feito há séculos atrás, quando trouxemos os animais para nossa casa e para nosso quintal.

Uma pessoa que concorda com ela em número, gênero e grau é Hugh Fearnley-Whittingstall, *chef*, fazendeiro, escritor e ativista alimentar britânico. Seu *River Cottage Meat Book [Livro de receitas de carne do River Cottage]* é uma obra-prima maravilhosa que fala da criação, preparação e consumo de carne. Quando a versão inglesa do livro foi publicada, fui avisada de que as fotos eram "sangrentas" e "chocantes." Quando a versão norte-americana saiu, eu já tinha assistido a um abate.

Quando finalmente me sento para ler o tomo de 544 páginas, não me sinto nem um pouco chocada (na verdade, o ensaio de fotos do gado de Fearnley-Whittingstall sendo morto em North Devon é tão impressionante quanto o abate a que assisti, embora no Prather Ranch eles não cortem o animal no meio: lá a medula espinhal é mantida intacta).

O que descubro realmente no livro é um argumento convincente que explica como e por que comer carne. Fearnley-Whittingstall (Hugh, se me permitir) escreve que os seres humanos não precisam comer carne: somos "a única espécie predatória com a capacidade de deixar de fazer as coisas naturalmente". Mas, se optarmos por comer carne, somos responsáveis pela maneira pela qual o gado é criado.

As fotos do abate são para lembrar os carnívoros de que não há carne sem morte. Ao mesmo tempo, Hugh pergunta aos vegetarianos em que ponto eles acham que a crueldade e o sofrimento acontecem. Virar picadinho nas garras de um predador na natureza selvagem é certamente mais aterrorizante e doloroso do que o abate feito pelos seres humanos, onde o animal está inconsciente e não sente a faca. Hugh me faz voltar a adorar os ingleses quando pergunta secamente como os vegetarianos preferem que os animais morram – *dado que a imortalidade não é uma opção.*

Isso me faz lembrar de um vegetariano que vi explicando, nos comentários online a uma postagem de blog, que "a vida e a morte dos animais vai ser boa quando todo mundo parar de comer carne. Os animais restantes serão liberados para a vida na natureza virgem, se possível e, nos casos em que isso não for possível, vão receber cuidados numa reserva especial para animais até morrerem de morte natural." A ideia é boa, claro. Pergunto-me se o comentarista estava preparado para bancar esse projeto.

Nosso grande erro, diz Hugh, está na maneira pela qual criamos o gado que fornece a nossa carne. A tradição venerável da criação de animais foi cooptada por um sistema industrial de alimentação que ignora o bem-estar do animal em favor da produtividade alta e dos preços baixos. "Isso não é criação de animais, é perseguição," escreve ele. "Fracassamos inteiramente no sentido de cumprir nossa parte do acordo."

Hugh diz que devíamos pagar duas vezes o preço por metade da carne que consumimos – carne de animais que levaram vidas infinitamente melhores. A carne é valiosa, um alimento em que a qualidade sempre supera a quantidade.

É evidente que ele se importa muitíssimo com essas coisas e que pensou em todos os lados da equação. Ao contrário de muitos *chefs* e gourmets que parecem considerar o vegetarianismo uma afronta pessoal, Hugh só tem palavras elogiosas a dizer. "Só posso admirar essa coerência moral," escreve ele a respeito dos vegetarianos. "Há tão pouco dela por aí..."

Acho que amo Hugh Fearnley-Whittingstall – me entusiasmo por tudo, até pelos cabelos compridos de hippie. Pode me considerar sua mais nova fã.

Não fiquei traumatizada com o que vi na sala de abate do Prather Ranch, mas senti coisas um pouco diferentes pelas vacas ao passar por elas quando fui embora naquele dia. Afundei um pouco no meu banco ao passar por elas na saída. Tentei não olhá-las nos olhos.

Eu precisava muito processar a experiência; precisava falar com alguém a respeito. Embora meus amigos carnívoros estivessem dispostos a ouvir – e muitos deles queriam ouvir – cometi o erro de mencioná-la de passagem a uma conhecida da faculdade que atuava no mundo da culinária.

– Não consigo falar disso, – comentou ela comigo.

A frase me surpreendeu. Eu sabia que ela havia sido criada em fazendas e tinha um envolvimento profundo com as questões dos trabalhadores rurais. Esperava que ela fosse prática e sensata a respeito do abate, como é a maioria das pessoas que vive no campo.

– Sim, – eu disse compreensiva, – foi uma experiência muito intensa.

– Não, – disse ela com uma firmeza que eu nunca tinha visto antes na sua voz. – Não consigo falar disso mesmo. – Olhou para mim com uma aversão e uma repulsa mal disfarçadas.

Será que eu tinha virado um monstro? Um monstro carnívoro que assistia ao abate e dilapidava os recursos naturais? A expressão dos seus olhos me faz pensar que sim.

Só estou fazendo o que todo mundo faz: comer carne – é o que os Estados Unidos fazem. Por fim estou fazendo parte da corrente tradicional, normal.

O que eu não esperava é que os extremistas começassem a me abominar. Será que não tenho crédito nenhum depois de todos aqueles anos de broto de alfafa e arroz integral? Eles deviam ter algum peso.

Pouco tempo depois da minha visita ao Prather, topei com Chris Cosentino. Chris é o *chef* executivo do restaurante Incanto, de São Francisco, onde dedica uma boa parte do seu tempo e do seu cardápio ao consumo de vísceras e de todas as outras partes dos animais. Se você está procurando coração ao molho tártaro ou orelha de porco em fatias finas com cebolinha verde e rúcula, Chris é o homem certo.

Eu sabia que Chris estivera há pouco tempo no Prather Ranch no dia do abate e queria saber o que ele tinha achado da experiência. Eu precisava falar com alguém que tivesse visto o que eu tinha visto. Embora ele passe os dias e as noites trabalhando com carne animal por causa de seu emprego de *chef*, estar na sala de abate do Prather teve um efeito profundo sobre ele também.

– Não há como dourar a pílula, – diz ele. – É uma coisa aterrorizante para as pessoas – inclusive para mim.

O que eu não sabia era que Chris não só assistira ao abate, como também participara dele. Ele fala sobre a sensação do coração do animal ainda pulsando dentro de um corpo que foi aberto à faca. Chris diz que, no momento do abate, as emoções são muito conflitantes, muito fortes.

– Há alegria, piedade, raiva, medo, repugnância, – diz ele.

Ele diz que chora toda vez.

Eu não chorei naquele dia lá no Prather – embora talvez devesse ter chorado. Fui embora muito tocada pelo que tinha visto – o cuidado tomado com aqueles animais. Se vou comer carne, preciso entrar em acordo com a posição que ocupo na cadeia alimentar, certo?

Cheguei à conclusão de que havia chegado o dia disso acontecer. Vindo pra casa do dia do abate do Prather Ranch, depois de descer pela rodovia da montanha com cartazes de sinalização que falavam do gado que a cruzava e com vista para o Mount Shasta coroado de neve em toda a sua glória, resolvi parar para comer um hambúrguer.

Mas não um hambúrguer qualquer. Parei no Burger Express de Shasta City, um dos restaurantes que compram carne do Prather Ranch. Eu ia comer um hambúrguer feito com a carne de uma vaca que havia crescido no lugar onde eu estivera naquele dia, uma parenta dos animais que eu vi viver e morrer na fazenda. Ia fechar o circuito, por assim dizer. Ao menos ia tentar.

Sei que parece loucura – como uma ex-vegetariana que perdeu o controle sobre si mesma. Parecia loucura mesmo. Enquanto eu estava na fila para fazer meu pedido, dizia a mim mesma o tempo todo que podia ir embora a qualquer momento.

Mesmo depois de fazer meu pedido, eu não tinha certeza de que ia conseguir comer o tal sanduíche. Sentei-me numa das cadeiras vermelhas cobertas de plástico para esperar a minha refeição.

*Você não precisa fazer isso*, disse eu a mim mesma. *Dê uma semana, depois volte a comer carne. Um período de luto necessário, por respeito aos animais.*

Depois, com mais urgência: *Você pode ir embora a qualquer momento, pode mesmo. Vá embora. Agora. Vá.*

E, por fim: *QUE COISA HORROROSA É ESSA EM QUE VOCÊ ESTÁ PENSANDO, SUA LOUCA?*

Mas sou uma moça decidida e tinha resolvido fazer isso. Se eu não conseguisse, então talvez não merecesse comer carne. Essa é a verdade verdadeira. Preciso conseguir enfrentar a situação ou desistir por completo. Ou você está nessa, ou não está.

Eu estava? Não tinha certeza.

O Burger Express tem orgulho de sua associação com o Prather Ranch. Eles têm folhas de dados sobre a fazenda num lugar bem visível, para educar a clientela. Peguei uma delas quando estava na frente do balcão e comecei a ler enquanto esperava o meu hambúrguer. Ele acabou chegando e olhava para mim com uma expressão acusadora.

Enquanto eu estava ali sentada comendo o meu hambúrguer, recitei para mim mesma uma litania silenciosa em louvor a todo o bem que o Prather Ranch faz.

Planos progressivos de conservação da terra (*nhac, nhac, nhac*).

Rotação de pastagens (*nhac, nhac, nhac*).

Geração de habitats da vida silvestre (*nhac, nhac, nhac*).

Controle da bacia hidrográfica (*nhac, nhac, nhac*).

*Engoli.*

Qual é o sabor do hambúrguer? Não tenho a menor ideia. Mas consegui fazê-lo descer junto com as batatas fritas. Eu finalmente conquistara minha posição na cadeia alimentar.

Sou carnívora, *está me ouvindo?* Ou algo do gênero.

Ouvi falar recentemente de uma teoria interessante: que estamos entrando numa nova era. Houve uma era de caça e coleta, quando perseguíamos animais selvagens e colhíamos bagas dos mais variados tipos. Depois veio a era agrícola. Nós nos tornamos sedentários e construímos fazendas, cultivamos cereais e domesticamos os bichos. Começamos a assar o nosso pão e a matar os nossos porcos (a menos que tenha acontecido de você ser de uma religião que não permite comer carne de porco). Surgiram aldeias; cidades foram erguidas; a vida tal como a conhecemos começou a tomar forma.

Depois entramos na era industrial. Não assamos mais o nosso pão – nós o compramos. Nossa carne não vem dos campos do fundo da casa, talvez nem mesmo da fazenda ali da estrada. Cada vez mais, vem de um latifúndio que pode estar num outro estado da União. As cidades cresceram e a maioria de nós mudou-se para elas. Começamos a embalar nossa carne em bandejas de isopor. Somos modernos, eficientes. Esquecemos como é que se faz pão, e ficamos melindrosos em relação ao abate. Chegamos à nova era.

Agora é que vem a parte interessante da teoria – e vou admitir de cara que ela é da lavra de um vegetariano – John Mackey, para ser exata. A fase seguinte, especula ele, poderia ser chamada de era ética. Vamos nos concentrar em modelos humanos e em práticas sustentáveis de criação de animais. Ela não vai ter a ver só com dólares e centavos e com o preço cada vez mais barato de produzir um jantar com carne. Esse processo já começou – produtos de um comércio justo que tratam melhor os seus operários, carne que tem certificado de produção de acordo com princípios humanos, restrições ao número de aves que você pode amontoar num galinheiro. Talvez a moeda corrente dessa nova era seja a bondade.

No que diz respeito a teorias, essa não é nada má. Quem sabe se Mackey não tem razão?

Claro, se estamos falando de bondade, finalmente chegamos à grande questão:

Matar ou não matar?

Existem vegetarianos que não suportam a ideia de matar animais, pura e simplesmente. Minha mãe é um deles. Ela nem usa couro – o que resulta em alguns calçados terrivelmente deselegantes, é preciso dizer.

Respeito devotamente essa postura, mas eu mesma nunca fiz parte desse time. Quando os médicos me disseram que eu devia comer carne por uma questão de saúde, eu comi, mesmo que isso me deixasse constrangida. Acredito em sobrevivência; minha vida é um testemunho disso. Por mais fofo que seja o Wilbur, o porco, quando é eu ou ele, é ele que vai dançar.

Mas é a era moderna; não estamos mais operando na modalidade sobrevivência. Se você perguntar a um vegetariano, ele vai lhe dizer que ninguém precisa comer carne. Pode querer; provavelmente gosta; mas, precisar, não precisa. Hoje em dia é possível obter muita proteína através de fontes alternativas. Você pode até ter aquela experiência de um bacon crocante no seu café da manhã de domingo com uma imitação de soja. Não há necessidade de matar nenhum Wilbur.

É claro que existem muitos carnívoros que vão encostar a barriga naquele balcão. Tem sabor de vitória? Será que nossa posição na cadeia alimentar – de sermos os maiores e os piores – nos dá esse direito? É isso que significa ser humano? É simplesmente tradição e cultura e, por conseguinte, vale a pena preservá-las?

Existem muitos vegetarianos que protestariam em altos brados contra a ideia de que é possível produzir carne de uma forma ética, ou compassiva.

"Não se iluda, carne produzida de acordo com princípios humanos é coisa que não existe," escreve um comentarista num artigo que fala sobre vegetarianos que agora estão apoiando pequenos produtores de carne que seguem um modelo sustentável. Dizem que a ideia de uma carne feliz não passa de desculpa para o que sempre quisemos fazer – ter o nosso bife, e papá-lo numa boa.

Algumas pessoas acham que comer carne foi o castigo de Adão e Eva, ao lado de sua expulsão do Jardim do Éden. Certos grupos de cristãos afirmam que nos tornamos carnívoros porque Eva comeu aquela maçã reluzente, embora haja controvérsias sobre a logística do acontecimento. Alguns acham que a alimentação vegetal é menos nutritiva, obrigando os seres humanos a fazer uso de outros nutrientes. O consenso é que fomos obrigamos a contar com o consumo de carne para a sobrevivência, mas que antes isso não acontecia. Outros ainda dizem que adquirimos gosto pelo sabor da carne, e que *esse* é que foi o nosso castigo, estarmos sempre perseguidos por nossos desejos carnais.

Posso ouvir os amantes do bacon agora: não foi mau negócio, Deus. Obrigado!

A questão é que existe quem diga que comer carne é o que nos torna humanos. Já encontrei muita gente que concordaria com isso *(topo da cadeia alimentar, um direito nosso, a ordem natural das coisas, passe a carne de porco, blá, blá, blá)*.

Será que isso significa que aqueles que comem carne são desumanos? Os vegetarianos diriam que evoluímos e superamos essa necessidade, mas conheço muita gente que ignora alegremente a oportunidade desse "avanço" para poder continuar atrasada, saboreando um belo presunto.

Comemos carne porque temos de comer, ou por que gostamos?

Capítulo dezessete

# Minha semana à base de carne

MINHA AMIGA KATINA – aquela que parou de comer carne em restaurantes – passou nove meses feliz da vida com o seu vegetarianismo. Diz que se sentia muito bem, não tinha a menor fissura por carne e estava absolutamente satisfeita com a nova alimentação. Mas aí ela deixou de se sentir bem.

Katina logo observa que pode não ter sido o vegetarianismo. Nessa mesma época, ela estava passando por um processo de fim de casamento. Parou de menstruar, embora tenha feito exames de sangue e não estivesse anêmica. Começou a adoecer com mais frequência. Acabou resolvendo voltar a comer um pouco de carne, mas só de fontes que ela conhecia e nas quais confiava. Agora Katina come carne de frango orgânico algumas vezes por mês. Considera-se uma *avívora*.

Eu também ainda não estou me sentindo bem, de modo que marco uma consulta com outro médico. Dei ao médico da escola preparatória de Massachusetts 12 meses de consultas regulares e milhares de dólares e, depois de uma quantidade incrível de exames, não me sentia melhor do que há um ano. Hora de mudar. A solução mágica ainda está por ser encontrada.

Minha nova médica é naturopata, recomendada por um amigo da família que diz que ela faz diagnósticos muito precisos. Vendo que eu ainda não tinha encontrado ninguém que tivesse feito um diagnóstico verossímil do meu caso, essa pareceu uma boa recomendação.

Vou para a primeira consulta com a versão digitada de meu histórico médico que a médica me pedira para redigir – cinco páginas em espaço um. Também chego com um monte de perguntas. A principal delas é o que eu devo comer, e quanto. Devo comer carne? Devo ser vegetariana? O que ela tem a me dizer sobre as restrições alimentares? Será que preciso mesmo evitar laticínios e ovos?

Minha nova médica tem só duas palavras para mim:

– Não sei.

É chocante ouvir isso da boca de uma profissional da área médica, embora seja também um alívio. Nenhum dos meus outros médicos sabia, mas nunca admitiriam isso.

– Sei o que eu devo comer, – me diz ela, – mas não sei o que você deve comer.

Minha nova médica diz que foi vegetariana durante anos a fio, mas descobriu que se sente melhor comendo um pouquinho de carne.

– É diferente para cada um, – explica ela. – Só temos que descobrir o que dá certo com você.

Aquilo fazia sentido, muito sentido.

Resolvemos fazer o que a minha nova médica chama de desafios alimentares para ver se eu tenho de fato intolerância por laticínios, açúcar, ovos etc. Eu tinha levado cópias daqueles exames todos. Quando a médica olha para eles, me diz que vale a pena levá-los a sério. São laboratórios diferentes que fazem esses exames, e parece que sua qualidade varia, mas os meus foram feitos por um estabelecimento respeitável e minhas reações são importantes.

– Eu ficaria surpresa de ver alguém com esse grau de reação que consiga comer essas coisas sem problemas, – diz ela.

Lá se vão os meus dias de leite e queijo. Hora de violinos tristes.

Minha médica explica que cortar algumas coisas e depois voltar a consumi-las aos poucos, como eu tinha feito antes, pode mascarar a reação. Ela prefere um sistema em que você elimina as coisas uma a uma, cada alimento retirado durante um período diferente com base no tempo que você precisa para limpar o organismo. Quando você volta a consumi-lo, entra de cabeça na história. Não come três bolachas salgadas com queijo de cabra; você come queijo de cabra três vezes ao dia.

E foi o que eu fiz e, dessa vez, precisava eliminar os laticínios só por duas semanas, e não por três meses. Da segunda vez é muito mais fácil – eu não tinha voltado a comer muito laticínio depois dos primeiros exames. Ainda como um pouco nos restaurantes, mas praticamente parei de comprá-los para a minha própria culinária. Deixei de pôr leite no chá e na minha aveia. Não tenho muita coisa à qual renunciar.

Depois de duas semanas, volto a consumir queijo de cabra e, mais uma vez, não tenho nenhum problema. Queijo de cabra três vezes ao dia – mandei bala. O queijo de leite de ovelha também não é problema. E então chega o dia em que devo acrescentar o queijo feito com leite de vaca.

Dirijo-me ao balcão de frios da loja para comprar um cheddar de sabor bem forte, que eu adoro. Quando chego lá, fico olhando para o mostruário cheio de queijos. Parece inteiramente desinteressante a meus olhos. Não sinto a menor vontade de comer nenhum deles. Nem o cheddar, nem o brie, nem o gorgonzola. Não tenho vontade de comer nenhum deles.

O que é bem estranho.

No fim, não compro queijo nenhum. Volto para casa, atordoada com essa virada da maré. Mas este parece um sinal claro de que provavelmente não devo comer laticínios. O que é mais estranho ainda é que não tenho vontade.

Mas ainda gosto da ideia de iogurte feito com leite de vaca. Esse não me provoca nenhuma aversão. Menciono o fato à minha nova médica, que diz que muita gente que não tolera laticínios pode consumir o iogurte porque o processo de fermentação torna a digestão mais fácil. Compro meio litro de iogurte e saboreio cada colherada.

Mesmo depois de cortar os laticínios que não são fermentados, continuo me sentindo cansada. Acrescentei um ovo de vez em quando, pois ele não parece ser problema. O açúcar eu evito ao máximo.

Dá para sentir na boca toda vez que consumo acidentalmente um pouquinho de açúcar. O sangue me sobe ao rosto, como se eu me sentisse constrangida de repente.

Mas a ideia de desafios alimentares me ganhou. Usar a mim mesma como cobaia faz muito sentido para mim. Se somos todos diferentes uns dos outros, se somos todos singulares, por que a medicina não haveria de ser personalizada? Gosto desse tipo de experimentação consigo mesmo – é estranhamente divertido, principalmente quando você chega a respostas de verdade.

E se eu testar a carne? Todos esses médicos continuam me falando para comer carne. E se eu comer mesmo? E se eu comer carne pra valer? Chega de embromação, chega de incertezas e adiamentos provocados pela culpa.

E se eu comesse carne todo dia durante uma semana? Como será que ela me faria sentir? E se eu tentasse comer carne em todas as refeições? Eu não tinha passado de três ou quatro vezes por semana; e se eu atravessasse realmente a fronteira? Segundo a alimentação do tipo sanguíneo, enquanto tipo O eu devia estar comendo um monte de carne – aliás, carne vermelha. Como será que eu me sentiria?

Comecei a me preparar secretamente para uma semana de imersão total na carne. Vou assumir minha herança carnívora. Vou exultar com a minha posição no topo da cadeia alimentar. A ética e o ambientalismo que se danem – *vou ser uma carnívora descarada*. Ao menos por uma semana.

Começo minha semana com bacon, a porta para as drogas, a carne que faz as pessoas cruzarem fronteiras. Na manhã de domingo, faço panquecas de trigo sarraceno com recheio de amora preta e frito duas tirinhas de bacon. Sinto como se estivesse num comercial de TV.

Na hora do almoço estou na região portuária de Seattle – num daqueles restaurantes que fazem parte de uma cadeia e onde os cardápios são de papel brilhante, onde enchem interminavelmente o seu copo com refrigerantes e as crianças todas ganham bexigas. Não é o tipo de lugar que eu frequento, mas meu irmão e a família dele sugeriram que viéssemos aqui almoçar e eu nunca perco uma oportunidade de passar algum tempo com as fofuras loiras que são as minhas sobrinhas.

O que pedir num estabelecimento desses é um desafio. O cardápio se gaba de ter 14 tipos diferentes de hambúrguer, mas tenho certeza de que todos são de carne obtida de animais que foram para um local de engorda comercial. No fim, peço uma salada com carne de frango. Dificilmente é de uma ave criada solta, ou orgânica, mas aqui este parece o menor dos males.

Enquanto os adultos examinam o cardápio, minha sobrinha de três anos já tomou algumas decisões. Ela olha para os cartuns desenhados no cardápio das crianças e chega à conclusão de que quer um lá do meio – um cachorro-quente à milanesa servido num espetinho.

– Você não quer um sanduíche de carne e queijo? – pergunta-lhe a mãe vegetariana.

– Não, mamãe, quero esse aqui. – Seus olhos azuis estão arregalados e inteiramente sem culpa: ela não tem ideia do que está pedindo.

Nenhuma das duas meninas jamais provou carne – são crianças puras, sem a mancha do pecado carnívoro. Minha cunhada acha que um dia desses elas vão querer provar carne, e ela não se opõe a que elas façam a experiência, mas nesse dia claro e ensolarado à beira da Elliott Bay, ela está preocupada com a possibilidade da primeira experiência da filha com a carne fazer com que ela passe mal.

– O que fazer? – pergunta ela a meu irmão e a mim com uma nota de nervosismo na voz. Somos os dois únicos carnívoros de uma família de vegetarianos, e nenhum dos dois tem uma boa resposta para lhe dar.

– Meu bem, acho que um sanduíche de carne e queijo talvez seja uma ideia melhor para você, – diz minha cunhada.

– Mas eu quero este aqui. – E aponta de novo para o desenho do cachorro-quente no espeto, que parece maravilhoso. A mãe olha novamente para meu irmão e para mim. Ainda não sabemos o que dizer.

Por fim, a menina concorda com o sanduíche de carne e queijo. Não parece chateada por ter perdido o seu cachorro-quente no espeto. Ela nem sabe o que é isso.

Termino meu primeiro dia de carne num churrasco dado por amigos que estão de visita à cidade. Você pensaria que um churrasco seria sopa no mel para o meu consumo de carne, mas é que se trata de um churrasco de Seattle, o que significa que há uma posta enorme de salmão na churrasqueira. Eu sei que os vegetarianos legítimos consideram o peixe um tipo de carne – é um animal morto, afinal de contas – mas eu, quando penso em carne, penso em carne de vaca e de porco, de cordeiro e de cabrito. A carne de galinha também é carne, mas é menos – não é carne vermelha – e o peixe nem conta como tal. Talvez seja porque a maioria dos vegetarianos que ainda come carne, come de peixe. Talvez seja porque eu não goste de peixe. O peixe é leve e cheio de escamas, quase feminino – não é o que eu penso quando ouço a palavra *carne*.

Mordisco um pedacinho bem pequeno do peixe para não fazer desfeita. E depois, para estar de acordo com o meu novo figurino, como metade de um cachorro-quente preparado para as crianças. É um cachorro-quente comum de supermercado, tenho certeza, o que me revira o estômago. Já consegui fazer um bom trabalho em controlar a qualidade da carne que eu compro e cozinho para mim, mas o que fazer em jantares na casa de amigos que talvez não tenham os mesmos valores que eu? Devo interrogá-los sobre a procedência da carne que servem? Devo comer qualquer carne não identificada que encontrar por aí? Devo dizer que reverti ao vegetarianismo estrito? *Devo dizer a meus amigos que a carne que eles servem não serve para mim?*

No segundo dia, noto a queda no meu consumo de vegetais. Como fui criada para acreditar que verde é sinônimo de bom, começo a me sentir menos virtuosa. Depois do sanduíche de ovos, queijo e peru que comi no café da manhã com minha amiga Krista, no parque Green Lake, faço uma bela salada para o almoço. E ela limpa completamente a minha consciência.

Naquela noite, tenho planos de levar uma nova amiga ao Café Lago, um dos meus restaurantes favoritos de Seattle. Há um item do cardápio que andei namorando – um pedaço de maminha assado com lenha de *applewood [Limonia acidissima]*, com molho de vinagre balsâmico, queijo gorgonzola, cebolas grelhadas e pimentão vermelho, servido com batatas fritas e *bruschetta*.

Em geral peço pizza de massa fina assada em forno à lenha no Lago, ou então a lasanha mais perfeita que já foi criada, com camadas flexíveis de massa fresca e um molho de tomate com sabor de um dia de verão, mas recentemente senti o cheiro da carne que estava sendo levada para a mesa de outra pessoa e, desde então, ando pensando nela. Quando descubro que minha nova amiga Karen não pode comer glúten, o que torna o jantar no Lago quase impossível, fico frustrada.

– Que tal o Café Flora? – sugere ela.

O Café Flora é o restaurante vegetariano onde fui com minha mãe – não vai ajudar em nada o meu consumo de carne. No fim, chegamos a um acordo: o bistrô grego Vios, que fica perto e onde peço uma salada e um belo pedaço de cordeiro assado servido com feijões fumegantes.

Para falar francamente, não percebi diferença nenhuma na minha semana de consumo intenso de carne. Não tenho mais energia, não que eu note. Não me sinto melhor. Não percebo absolutamente nada. Até a quarta-feira.

Na quarta-feira, acordo absolutamente repugnada com a ideia de comer mais carne. Desço as escadas e evito a cozinha porque simplesmente não consigo resolver o dilema que me espera lá. Mais incômodo ainda, no entanto, é o que aconteceu antes de eu descer as escadas – o que aconteceu no banheiro, logo depois de eu acordar.

Em uma palavra: nada. Tentei e tentei, mas não aconteceu nada.

Essa é, como logo descubro, uma situação muito desconfortável. E agora eu tenho de comer mais carne? Ah, a indignidade de tudo aquilo!

Com uma extrema falta de entusiasmo, faço um ovo mexido e jogo um pouco de carne de frango na panela. Como tanto quanto aguento, pondo o mexido em cima de uma torrada para conseguir engolir. Acho que estou decepcionando a torcida, mas isso é o máximo que posso fazer. Passo mais um pouco de tempo no banheiro, mas não adianta.

E então, por volta das 10h, enquanto estou num telefonema para Nova York, de repente tenho de ir ao banheiro *com urgência*. Corro pra lá – algo que eu não fazia desde que estava na China, há anos atrás, quando uma dor de barriga daquelas me fez atravessar uma grande loja de departamentos a mil por hora e a descer quatro lances de escada na tentativa desesperada de chegar ao banheiro a tempo.

Sinto-me péssima. Disseram-me que comer carne me daria mais energia, mas o fato é que estou cansada. Pego meu laptop no sofá, onde me enrosco com um lençol e trabalho, mas às 11h30 já estou exausta, querendo tirar uma soneca. À tarde me sinto doente. Meu corpo dói, a cabeça lateja. Será que vou cair de cama com um resfriado?

Naquela noite preparo um panelão de canja de galinha – talvez o único prato de carne que tolero a ideia de comer – e vou para a cama mais cedo.

Mas, na manhã seguinte, estou ótima. Ainda estou tendo pouco êxito no banheiro, mas as dores e calafrios da véspera desapareceram. Foi um resfriado que não se tornou um resfriado de verdade. Estou satisfeita com a minha recuperação rápida porque tenho um dia cheio pela frente – ou ao menos um encontro importante. Hoje é o dia em que vou levar meu irmão para almoçar fora. Hoje vamos comer carne.

Quando envio um e-mail para o meu irmão para lhe dizer que quero mimá-lo na hora do almoço, na churrascaria onde ele trabalhava, ele me responde imediatamente – uma mensagem que incluiu tanto uma irreverência moderada ao mostrar sua surpresa, quanto a aceitação deliciada do convite. Marcamos de nos encontrar às 11h30, uma hora em que parece pecado pedir um bife. Não sinto nenhum grão de culpa por não ter comido carne no café da manhã. Prefiro um iogurte natural para ajudar a digestão. Achei que precisava.

Entrar na churrascaria é como mergulhar fundo numa piscina. De repente o barulho é abafado e estou num ambiente de cantos arredondados e superfícies acolchoadas. As luzes são discretas, as cores suaves e me sinto flutuar – por causa dos confortáveis assentos de veludo e da atitude exageradamente solícita dos garçons. Na churrascaria, o atrito da vida diária é removido, atenuado, acalmado.

Segundo meu amigo Adam, as luzes discretas das churrascarias são uma necessidade.

– O consumo de carne vermelha é um ato tão primal, tão físico... – diz ele. – A obscuridade – como a obscuridade do quarto de dormir – abre a pessoa para ela se entregar inteiramente ao prazer.

Tudo isso soa sexual demais para uma refeição que vou fazer com meu irmão. Hoje o negócio diz respeito a irmãos, não a sedução.

Estudamos o cardápio, que tem capa de couro e tamanho grande. Há todo tipo de carne e todos os acompanhamentos clássicos – creme de espinafre, cogumelos *sautée* com manteiga e vinho branco, batatas gratinadas, aspargos com molho holandês. Peço uma maminha de 230 gramas, o menor pedaço de carne do cardápio.

Vou dizer aqui e agora que não entendo as churrascarias; não são mesmo o meu ambiente. O cardápio é limitado em termos de variedade e as saladas parecem um simples adendo. Quando a minha chega, consiste em uma porção grande de molho de queijo gorgonzola cercada por uma salada verde mista meio triste. Uma das folhas está murcha.

Talvez isso faça parte do charme das churrascarias – uma refeição retrô que remonta à época em que os homens eram homens e as mulheres estavam na cozinha com aventais de babados. Será que é esse o encanto das churrascarias – reviver um passado de ouro que já acabou?

É claro que venho da terra da alimentação sazonal e dos produtos orgânicos, onde, em templos culinários como o Chez Panisse, a personalidade individual de cada legume ou verdura é respeitada e bem aproveitada. Assim como acho as churrascarias estranhas, há muita gente que também acha o meu mundo um espetáculo de excentricidades alternativas.

Conheço gente que adora churrascaria. Quando minha amiga Jennifer era criança, uma viagem à churrascaria era uma ocasião especial, um mimo.

– A gente não ia muito, – me diz ela, – mas quando íamos era uma coisa especial, e eu sempre ficava empolgada. Era lá que íamos comemorar.

Eu nunca vou ter esse tipo de associação luminosa ao pensar numa churrascaria. Você tem de ser criada com ela.

No entanto, meu irmão cresceu como eu, na tigela de salada orgânica do norte da Califórnia, e ele gosta de uma boa churrascaria.

– Qual é a graça? – pergunto-lhe com uma certa hesitação – tento mostrar respeito pelo que as outras pessoas gostam, mesmo que eu não entenda.

– Você não vai a uma churrascaria atrás de uma cozinha sofisticada, – explica ele. – Você vai lá por causa do conforto e da familiaridade. Não é tanto pelo *chef*, é pela carne. Um monte de fregueses é de gente que viaja muito a negócios; quer ir a um lugar onde sabe o que vão lhe servir. Você nunca viu todos aqueles anúncios de churrascarias nas revistas que há nos aviões? É uma boa parte do mercado.

– Você iria a uma churrascaria se estivesse fazendo uma viagem de negócios?

Ainda acho muito difícil pensar que meu irmão – criado com a comida orgânica mais fresca do mundo – agora faz parte desse mundo da carne.

– Se eu estivesse em Dallas sozinho e a trabalho, a minha primeira opção seria uma churrascaria. Ouvi dizer que as de lá são maravilhosas.

– Mas você também poderia ter uma ajuda de custo, de modo que, seja como for, o dinheiro não estaria saindo do seu bolso.

Ele ri: – Melhor ainda!

Nossas carnes chegam chiando no prato, e nós as atacamos. Um pedaço de 230 gramas é uma coisa linda – pequeno, redondo e grosso, talvez duas vezes a altura do disco de hóquei, mas mais ou menos com a mesma circunferência. Faz honra a seu nome francês de *petite fillet*.

Fui nas águas do meu irmão e pedi a minha carne com uma "crosta" de gorgonzola. Não sei o que acontece, mas quando a carne chega, há gorgonzola em cima dela, um gorgonzola que foi ao forno. Não vou mentir pra você – o gosto é bom. Carne e gorgonzola são uma combinação imbatível.

O gerente aproxima-se – o mesmo cara da época em que meu irmão trabalhava ali – e eles começam a conversar sobre antigos fregueses habituais, duas famílias de Seattle que comem aqui uma ou duas vezes por semana. O gerente diz que os havia visto em outra unidade do restaurante na noite seguinte à que jantaram com ele.

– Ficaram constrangidos, – diz ele rindo, – porque os peguei repetindo a dose.

Ele diz que a conta média dessa família é de US$ 500 por noite.

Cá entre nós, não estou disposta a pagar tudo isso por esse tipo de refeição. Por algumas, sim, mas não por essa. Sei que estou arriscando perder qualquer credibilidade masculina aqui, mas churrascaria não faz a minha cabeça. Entendo que há um clima romântico em jogo, mas contas de três dígitos me fazem pensar em passagens de avião e eu sempre vou preferir uma viagem a uma carne. Francamente, prefiro até um novo par de sapatos. Ele me daria mais prazer do que essa refeição carnal.

Eu sei, eu sei! Sou uma decepção enquanto aspirante a carnívora. Quero gostar de churrascarias – é o clube do Bolinha, não é mesmo? – mas gosto mais da capa de filé que faço em casa que da maminha daqui. Talvez seja tudo uma questão de molho.

Consigo traçar a minha carne inteira – senti-me na obrigação de fazer isso. Está boa, mas é apenas uma carne, uma carne assada na brasa. Nada mudou muito aqui desde a aurora dos tempos. É disso que eu devia estar atrás – a pureza do ritual ancestral de nutrir o corpo com carne?

Claro, a dança dos garçons trabalhando é algo que vale a pena ver. Parte de mim se sente tentada a deixar cair o garfo só para ver a rapidez com que um outro brilhante e limpo me seria oferecido. Estou apostando em 45 segundos justos.

Como o gerente está de pé, ao lado de nossa mesa, pergunto-lhe se algum dia algum cliente já fez perguntas sobre a procedência de sua carne. Será que a consciência crescente das questões do mundo da pecuária chegou à churrascaria? Pedidos de devolução de carne estragada em larga escala fizeram a questão entrar na mídia.

– Sempre fico surpreso, – diz o gerente. – Quando ouço falar desse lance na mídia, acho que vão me fazer um monte de perguntas, mas não fazem. Acho que quando você pede uma carne com muita manteiga, você não está nem aí. As pessoas que se preocupam com o que estão pondo pra dentro do corpo – essas pessoas não comem carne.

*Será que ele falou isso mesmo?* Mal posso acreditar, mas ele falou, sim.

Sair da churrascaria é como sair do útero. A rua está ofuscante, barulhenta e caótica depois dos acolchoados macios do restaurante. Não tenho como deixar de me sentir especial, de sentir que não estou mais sendo paparicada. Agora estou simplesmente de volta àquela vida normal chata, com todas as suas arestas. Talvez a churrascaria seja a versão masculina do *boudoir* das mulheres, ou dos clubes de nobres do passado: um lugar onde você vai para ser mimado, e para comemorar alguma coisa. Talvez valha a pena só por isso.

Também preciso mencionar que meu irmão e eu mal conseguimos andar. Estamos empanturrados a ponto de nos sentir mal.

– Acho que preciso me apoiar em alguma coisa, – digo a ele. – Uma daquelas bengalas usadas pelos idosos seria perfeita para mim.

Meu irmão ri e concorda. Ele comeu a mesma carne de 230 gramas que eu, mas ele é quase 30 centímetros mais alto. Ele me dá um abraço e vai tratar da vida.

Não como carne no jantar daquela noite. Prefiro uma refeição não muito diferente daquela que minha mãe fazia quando meu irmão e eu éramos pequenos – uma panela cheia de brócolis cozidos no vapor. Faço um cozimento perfeito, eles ficam quentes, mas ainda estão crocantes no meio, e eu os como sem nada – nem sal eu ponho. Não tenho palavras para descrever como eles me caem bem naquele momento.

Depois do dia em que me senti mal no começo da semana, minha energia parece ter voltado. Naquela tarde eu vou andar de caiaque no Lake Union. Minha motivação para fazer exercícios origina-se na preocupação com a quantidade de gordura saturada que andou se acumulando nas minhas artérias nestes últimos dias. Não dá para achar que as coisas estão indo muito bem por ali.

Naquela noite eu preparo um *bulgogi*, uma receita de inspiração coreana de carne marinada que Eiko, do Skagit River Ranch, tinha me dado. É uma receita maravilhosa, fácil de fazer e muito saborosa; mas, honestamente, não tenho muitas opções. Meu arsenal de receitas de carne é espantosamente modesto. Não quero apostar em alguma coisa da qual talvez não goste. Além disso – e não gosto de admitir isso porque tenho certeza de que Biggles vai ficar decepcionado comigo – ainda não tenho churrasqueira. Estou pensando em comprar uma esta semana. Parece um jeito fácil de preparar carne ao ar livre no verão.

Mas prefiro pedir as minhas receitas prediletas de carne. A resposta é fabulosa. De repente, minha caixa postal é inundada por receitas de hambúrguer de carne de cordeiro, salada com *carpaccio* de carne, *schnitzel* vienense, presunto em *pipérade* e carne de panela. Há receitas que adoro de *fajitas*, strogonoff, bolo de carne, costeletas de vitela, lombo de porco e *bo lu lac*, uma carne refogada ligeiramente na frigideira, receita vietnamita. Fico emocionada – com todas aquelas receitas e todas as coisas que nunca provei antes. *Olha só o que perdi a minha vida inteira*. Eu não teria condições de experimentar todas elas nem se comesse carne todos os dias durante um mês.

Só que não vou experimentar. Tenho só mais um dia e a verdade é que estou sentindo falta do tofu. Estou com um pacote especial na geladeira e olho para ele com desejo toda vez que abro a porta. Quem diria que uma moça se sentiria tão desolada sem o seu queijo de soja?

Meu último dia de carne é sábado. Saio de casa cedo em direção ao mercado dos produtores, e para fazer outras comprinhas. Ao meio-dia já estou com fome. Peço um sanduíche no balcão de frios da loja de produtos naturais onde estou adquirindo os últimos ingredientes.

Na verdade, compro dois sanduíches – duas metades – porque não consigo me decidir entre eles. Metade é de presunto e queijo havarti, o outro é de salaminho com pimentão vermelho na brasa e alcachofra marinada. Durante toda a minha juventude morri de vontade de comer sanduíches como esses – sanduíches normais como os que as outras crianças comiam. Sempre tive variações de sanduíches de manteiga de amendoim (manteiga de amendoim com geleia, manteiga de amendoim com mel, manteiga de amendoim com banana). Com a carne proibida no almoço e só pequenas quantidades de queijo por causa de infecções do ouvido durante a infância, havia poucas opções além da manteiga de amendoim. O resultado é que não tive vontade de comer manteiga de amendoim durante anos. Não suporto esse negócio.

Então, cá está ele, meu sanduíche normal. Chego até a comprar um saquinho de batata frita. Sinto-me tão absurdamente americana, tão tradicional... É isso que as pessoas normais comem.

Depois de chegar em casa e comer meus sanduíches, sinto-me muito mal – pesada, pra baixo, cansada. É assim que a maioria dos americanos se sente depois do almoço? Isso é normal?

Enrosco-me no sofá e leio um livro, e acabo caindo no sono. Quando acordo está escurecendo, é quase hora do jantar do meu último dia da semana de carne.

Para minha refeição final com carne, tenho um número absurdo de opções. No fim escolho uma receita recomendada por minha amiga Luisa, de Nova York. Ela foi a primeira pessoa a responder a meu pedido de socorro e eu resolvo experimentar sua cafta, um espetinho árabe (que ela batiza de "TURISTA" de tão bom e perfeito que é para o verão). Não tenho churrasqueira, mas posso prepará-lo no forno. Não vai ter o mesmo gosto, nem o mesmo romantismo, talvez, mas vai quebrar o galho.

A receita, originalmente de Lisa Ades e publicada no *New York Times*, pede carne de vaca moída misturada com cebola cortada bem fininha, extrato de tomate, canela e pimenta da jamaica. Pede também um pouco de suco de limão para dar um toque, e *pinoli* também. Junto com isso faço um molho de iogurte e alho com pepino ralado e uma generosa salada verde.

Quando os espetinhos ficam prontos, retiro a assadeira do forno e provo um. O sabor é um espanto. O limão e o tomate equilibram com perfeição a gordura da carne, os *pinoli* dão textura e sabor – ai, o sabor – é uma revelação, ao mesmo tempo delicioso e aromático: a canela e os condimentos dão profundidade à carne, a cebola equilibra todos os outros ingredientes. É um daqueles momentos celestiais da carne, em que não consigo pensar em mais nada que eu preferiria estar comendo agora.

*Que tofu?* Estou disposta a abrir mão de todas as declarações em favor da soja. É só me dar mais cafta que vou ser feliz pelo resto da vida.

Ponho uma colher de iogurte por cima dos espetinhos, ponho-os delicadamente dentro de um pão sírio forrado de alface crocante e, quando dou uma mordida, quase desmaio. Como seis dos oito espetinhos, um atrás do outro (tentei parar no quarto, mas não consegui). Olho com desejo para os dois últimos, mas resolvo deixá-los para o almoço de amanhã.

Quando vou embalá-los naquela noite – quatro horas depois – eles parecem tão pequeninos e indefesos, tão tentadores e deliciosos. Minhas glândulas salivares logo estão a mil por hora e praticamente sinto o gosto deles novamente. Eu devia mesmo guardá-los, mas são tão pequeninos... Seja como for, minha semana à base de carne terminou. Será que vou mesmo querer mais carne amanhã?

Jogo os dois últimos na boca, um depois do outro. E também não sinto nenhum grãozinho de culpa. Algumas coisas transcendem as emoções dos reles mortais. As caftas sírias são, evidentemente, uma delas.

## Capítulo dezoito

# Qual é o oposto de carne?

Na manhã seguinte ao meu último dia de carne, acordo para o que só pode ser considerado uma ressaca de carne. Desço as escadas e minha cozinha cheira a carne – aquele cheiro contra o qual minha mãe gosta de se queixar. Na pia está a assadeira que usei para os espetinhos de carne moída, que deixei de molho, mas não lavei. Está oleosa, com uma sujeira grossa, a última coisa que uma pessoa quer enfrentar de manhã, assim que acorda. Principalmente quando essa pessoa é uma ex-vegetariana sem o costume de limpar gordura animal endurecida.

Apesar das caftas sírias celestiais, não me sinto bem. Não me sinto saudável, com toda a certeza. Minhas calças estão aflitivamente apertadas. Quando me peso nesse mesmo dia, descubro que ganhei um quilo e meio. *Um quilo e meio. Numa semana.*

Foram os dois últimos espetinhos que me fizeram isso. Tenho certeza.

Quando resolvi passar uma semana à base de carne, sabia que ia ter de usar alguma coisa como contraponto, alguma coisa que me servisse de termo de comparação. Ser vegetariana por uma semana não é um desafio – para mim, é a ordem natural das coisas. Desde a minha experiência de restrições alimentares, ser vegan não é um esforço muito grande – sou praticamente membro dessa tribo. Com o experimento seguinte, quero realmente cruzar a fronteira, ir tão longe quanto puder ao extremo oposto de ser uma consumidora diária de carne. Embora sinta um pouco de medo, resolvo passar uma semana comendo somente alimentos crus.

Eu tinha uma certa curiosidade em relação aos alimentos crus. Há quase dois anos atrás, eu estava na casa de minha amiga Marianne quando ela me fez provar um pouquinho do que chamava de suco verde. Achei que devia ser um suco de grama com um sabor horrível; mas, quando o provei, ele não tinha sabor amargo, nem gosto de capim. Era fresco e vegetal, mas levemente adocicado. Adorei tomar um copo inteiro. Era muito melhor que as misturas de lojas de produtos naturais da minha infância.

O que aconteceu em seguida foi extraordinário. Uns 20 minutos depois de tomar o suco, senti uma energia como nunca tinha sentido antes. Como alguém que sempre se sente cansada, de repente fiquei muito interessada nesse suco verde. Marianne me disse que fazia parte de uma alimentação à base de ingredientes crus que ela estava seguindo, e que tomava aquele suco todo dia como café da manhã.

Acordei na manhã seguinte louca por mais. O meio-dia me encontrou comprando um processador de alimentos de alta potência por US$ 150. Em geral não sou impulsiva, mas queria mais suco verde – precisava de mais suco verde. Depois de meses me sentindo péssima, essa foi a primeira coisa a fazer diferença.

Comecei a fazer e a tomar suco toda manhã – uma mistura de couve, alface romana, maçã e limão. Quando comecei a dividir meu tempo entre São Francisco e Seattle, levava o processador comigo pra lá e prá cá. Ficava constrangida ao falar do hábito de tomar suco verde na frente dos meus amigos gourmets. Os poucos que tinham ouvido falar dele queriam experimentar. Todos concordaram que não era ruim, mas ninguém pareceu tão empolgado com o suco quanto eu. Continuei com o suco verde por quase um ano e meio. E então, no primeiro inverno que passei em Seattle, parei.

Em parte porque tinha se tornado ridiculamente caro – a alface romana orgânica chegara a US$ 3,29 a unidade na loja de produtos naturais, e os limões estavam a US$ 1,29 cada. Tive a maior dificuldade em justificar um gasto de quase US$ 50 por semana só no suco verde. Além disso, no meio de um inverno gelado e úmido em Seattle, a última coisa que eu queria que fosse o primeiro item a consumir de manhã era um suco verde frio. A única maneira de pensar em tomá-lo era se eu pudesse pô-lo primeiro no micro-ondas.

Aquecer o meu suco no micro-ondas me parece uma boa ideia, mas não é. A filosofia dos alimentos crus baseia-se em parte na ideia de que as frutas, os legumes e as verduras em seu estado natural contêm enzimas benéficas. Essas enzimas são destruídas pelo processo de cozimento – qualquer alimento aquecido a mais de $48^0$C é considerado desnaturado. Há uma certa discrepância quanto à temperatura exata em que isso acontece, mas os $48^0$C são muito usados como temperatura-limite. Se você está comendo alimentos cozidos, seu corpo não se beneficia com essas enzimas.

Como você pode imaginar, esse tipo de alimentação parece particularmente atraente em lugares como o Havaí, a Califórnia, a Flórida e as Ilhas Fiji. E só nos dias ensolarados.

Apesar de minha curiosidade pelos alimentos crus, fico aterrorizada com o experimento. Alimentos crus têm o maior jeito daquelas estranhas propostas alternativas da minha infância – propostas extremas de regime alimentar que valorizam a nutrição em detrimento do sabor. A comida não precisa ter gosto bom desde que lhe faça bem. Esse é, hummm, digamos, o aspecto hippie disso tudo.

Todos os meus temores e toda a minha resistência vêm à tona quando estou diante do Café Gratitude, um restaurante de alimentos crus situado no meu bairro de São Francisco. Entrar lá é como voltar à década de 1970 – vejo os mesmos murais assustadores das paredes e os mesmos garçons e garçonetes jovens, com cara de criança, que parecem estar sob o efeito de algum tipo de substância que induz a felicidade (naquela época, era maconha e LSD; agora pode ser só chocolate em pó ao natural). Os itens do cardápio têm nomes como "Sou Abundante" (prato principal de pimentão com nozes, queijo e sementes de linhaça) e "Plenitude" (salada verde mista com "queijo" parmesão ralado feito de castanha-do-pará). As jarras d'água têm gravação de palavras como *Felicidade* e *Amor*. Certa vez um garçom pôs água no meu copo dizendo: "Tá aqui um pouco de felicidade pra você," numa voz açucarada da qual pingavam amor e aceitação.

É inegável – o Café Gratitude me deixa péssima.

Mas, com o desafio de minha semana de alimentos crus se aproximando, estou curiosa a respeito do cardápio. Que diabos vou comer durante uma semana? Resolvo esquecer meus preconceitos e pesquisar. Certa noite, quando a fila do meu restaurante birmanês predileto está longa demais, sugiro a meu amigo irmos ao Café Gratitude.

Para a minha refeição peço uma fruta, uma vitamina de leite de nozes e um prato batizado de "Sou uma graça," uma tigela de quinoa cozida no vapor com legumes frescos, coentro, tomate, abacate e um molho tailandês picante com coco. Nem tudo é cru – a quinoa é cozida – mas é vegetariano. É gostoso, mas na metade do caminho já estou estufada e não consigo dar nem mais uma garfada. Peço ao garçom uma embalagem para levar o resto pra casa.

Ao ir pra casa a pé, uns 45 minutos depois, me dou conta de que estou com fome de novo – muita fome. Eu estava empanturrada há apenas uma hora, mas agora estou com fome. Entro numa padaria para comprar o maior biscoito de chocolate que tiverem – lotado de açúcar, farinha de trigo, manteiga e ovos. Não é culpa minha – a comida vegetariana é que me levou a isso.

Na véspera de eu começar minha semana de alimentos crus, andei pelo mercado dos produtores, olhando as frutas, os legumes e as verduras e tentando descobrir se teria vontade de comê-los crus.

Vagem? Sim, claro.

Abobrinha? Provavelmente consigo.

Batata? Fora de questão.

Encho a sacola com tudo o que parece palatável se for servido cru. Mas o mercado dos produtores é só um dos lugares onde faço compras. Próxima parada: Uwajimaya, o supermercado asiático de Seattle.

Eu encarar uma semana de alimentos crus exige que me afaste de minha moral e de minha ética (mas não para tomar a direção do meu consumo de carne – essa ética já foi pelo ralo do banheiro). Gosto de comer produtos locais e da época, cultivados por pequenos produtores de forma sustentável para reduzir o problema do transporte e apoiar minha cadeia alimentar local. Sou uma liberal da Costa Oeste, de modo que é claro que sou uma consumidora de produtos locais. Não compro uma banana há quase três anos.

Mas a cozinha de alimentos crus depende de ingredientes como coco verde da Tailândia, cacau da América do Sul e superalimentos como as bagas de goji importadas da Ásia. É possível comer só frutas, verduras e legumes crus cultivados localmente, em particular no verão, mas a cozinha criativa de alimentos crus de restaurantes como o Café Gratitude depende de importações. Os fãs dos alimentos crus podem não estar comendo carne, mas o rastro de carbono no estilo de vida do gourmet dos alimentos crus não é insignificante. Não é tão grave quanto a carne, provavelmente, mas ainda não tem ingredientes cultivados na região, e eles também não são da época.

Levo quatro horas e passo por três lojas diferentes para comprar todos os alimentos crus de que vou precisar. Saio do Uwajimaya carregada de ingredientes que não foram cultivados aqui: banana e abacaxi, três cocos verdes, mandioquinha, alguns abacates. Depois paro na loja da cooperativa local de produtos naturais. Aqui encontro biscoitos de semente de linhaça que foram desidratas, em vez de irem ao forno, óleos prensados a frio, adoçante natural de néctar de sisal cru, manteiga de cacau. Também encontro preços altos. Um pacote de biscoitos com 100 gramas custa US$ 5,49 e tem exatamente quatro unidades.

Será que os alimentos crus têm um preço tão exorbitante porque a maioria deles parece ter sido feita à mão na cozinha de alguém? (As embalagens dão mesmo a impressão de terem sido feitas em casa.) A economia de escala não parece ter entrado no mundo dos alimentos crus até hoje. Ou será que é uma questão de oferta e procura? Ou será que a semente de linhaça crua orgânica simplesmente custa caro? Não sei.

No fim, gasto uma quantia indecente de dinheiro. Tenho certeza de haver comprado coisas demais só para uma semana, mas sou tomada de um certo pânico. É a minha infância voltando para me assombrar – os dias de comidas esquisitas que não satisfazem.

*E se eu ficar com fome, dia após dia? E se os alimentos crus simplesmente nunca me deixarem saciada? E se todos tiverem um gosto estranho, esquisito, ruim?*

As últimas coisas que compro são uns laticínios feitos com leite não pasteurizado. Trata-se de uma aquisição controvertida. O laticínio feito com leite cru é ilegal em alguns estados; consumi-lo foi descrito por um funcionário da FDA como "jogar roleta russa com a sua saúde." Já comi muito laticínio feito com leite cru quando morei em outros países, de modo que não fico muito preocupada. A questão é saber onde encontrá-lo.

Estou empolgada com a ideia de sair atrás de alimentos crus ilegais. Imagino uma silenciosa troca de dinheiro por leite cru com um fazendeiro mal-encarado numa estrada vicinal deserta. Nunca comprei nem vendi drogas, mas a procura de laticínios contrabandeados me faz vibrar.

No fim, é facílimo e, na verdade, fico decepcionada. Há leite cru e dois tipos diferentes de queijo curado de leite de cabra cru na geladeira da loja de produtos naturais. Compro ambos os queijos – por US$ 8 cada – e vou para casa guardar minhas compras. A geladeira parece uma horta, cheia até as tampas com pés de alface e folhas de couve, transbordando com pilhas de abobrinha, cenoura, aipo, pepino. Tenho mais mantimentos em casa do que algumas pessoas vão comer num mês inteiro. Isso tudo é avassalador. Preparo para mim um coquetel forte – algo que faço raramente e nunca para tomar sozinha – e me pergunto em que foi que me meti. A semana nem começou e os alimentos crus já estão me fazendo beber.

Começo meu primeiro dia de alimentos crus com o suco verde. Duas horas depois estou com fome de novo. Estou indo para casa de bicicleta e começa a chover, a temperatura despenca de 30°C para arrepiantes 16°C. Chego em casa molhada e com frio – não é o melhor estado para comer alimentos crus. Tomo um banho quente de chuveiro e espanto o frio, e como metade de uma melancia.

Sim, metade de uma melancia. E fico empanturrada.

Estou seguindo o plano apresentado em *The Raw Food Detox Diet [Dieta de desintoxicação com alimentos crus]* de Natalia Rose, o livro que minha amiga Marianne recomendou quando experimentei o suco verde pela primeira vez. Fiz o teste do livro para definir o grau de alimentos crus que é o melhor pra mim, e fico consternada ao descobrir que estou apta para o grau 1 – grau máximo, 100% de alimentos crus. A culpa disso é do meu modo de vida saudável (nunca fumei, bebo raramente, não consumo alimentos processados). Sou virtuosa demais para o meu bem.

No grau 1 do plano de desintoxicação de Rose, devo consumir somente suco verde e frutas de manhã. Fico surpresa pelo quanto o melão me deixa satisfeita, com o quanto não sinto fissura nenhuma por qualquer outra comida. Claro, se você me oferecesse uma daquelas caftas sírias, eu me sentiria tentada seriamente a virar a mesa, mas me sinto muito bem, um pouco mais leve pelo fato do meu estômago estar cheio de frutas e suco de vegetais. Mas, no final da tarde, estou a fim de comida de verdade. Resolvo fazer uma salada arco-íris crua, mas aqui me deparo com um problema, e seu nome é broto de alfafa.

Meu irmão e eu podemos ter nos divertido brincando com os brotos de alfafa quando éramos crianças – davam um ninho de ave decente no nosso prato, dentro do qual púnhamos nossos tomates-cereja – mas eu nunca gostei deles. Você pode dizer que é ressaca dos anos 70, se quiser, mas eu já comi uma quantidade de brotos de alfafa que daria para uma vida inteira. Quando adulta, jurei que os brotos de alfafa nunca mais passariam pelos meus lábios, nem pela porta da minha casa. Meu mundo é uma região sem brotos de alfafa.

De modo que, embora a salada de Natalia Rose leve brotos de alfafa, ignoro-os. Fora isso, a salada fica linda – uma mistura colorida de cenoura ralada, repolho roxo, pimentão vermelho e folhas verdes. Pus uma obra de arte no meu prato com celulose suficiente para alimentar um pônei pequeno.

O molho também é colorido. É de gengibre e cenoura, o que significa que tem 2,5 xícaras de cenoura junto com vinagre de maçã, alho e gengibre fresco. Tenho de conseguir o equilíbrio ácido para ele ficar do jeito que eu gosto – bem doce – mas quando acerto começo a comer com a colher no próprio liquidificador. Isso poderia ser problema com um molho normal baseado em gordura, mas este é feito principalmente de creme de cenoura batida no liquidificador. *Adoro esse molho.*

No segundo dia eu me dou conta de que, quando se trata de alimentos crus, tudo se resume ao molho. Um bom molho consegue resgatar qualquer coisa, e os alimentos crus, ao que parece, têm um repertório incrível de molhos maravilhosos para as saladas. Na terça-feira eu faço um molho cremoso asiático de missô, suco de limão, gengibre e alho, que é derramado em cima de repolho picadinho, fatias finas de pimentão vermelho, ervilhas frescas, cogumelos shitake, coentro e manjericão. Bom mesmo.

Não tenho certeza de querer viver dessas saladas para sempre – apesar dos molhos – mas, por uma semana, no calor do verão, não tenho do que me queixar. Como até ficar satisfeita, nunca tendo aquela sensação de peso, comum depois de refeições com muito amido ou carne.

Na tarde da terça-feira percebo que estou com energia – mais do que estou acostumada a ter. No meu segundo dia à base de alimentos crus, faço uma sessão de ginástica de uma hora para perder peso e dar uma forcinha ao sistema cardiovascular e, de tarde, vou de bicicleta até a central de caiaques do Lake Union, uma viagem de ida e volta de uns 16 quilômetros, e saio de barco por uma hora. Estou com essa energia toda. Enquanto volto para casa, fico surpresa ao me descobrir subindo morros que há menos de três dias estavam acabando comigo.

Tudo bem, eu subo metade dos morros e depois eles voltam a acabar comigo – mesmo assim, a diferença é bem perceptível.

No terceiro dia à base de alimentos crus, tento fazer "sushi." O "arroz" é uma mistura de mandioquinha com pinhão, passada várias vezes no processador e sobre a qual espalho um molho "parecido com o teriyaki". (Há um monte de citações duvidosas sobre alimentos crus; nada é o que parece ser.) Depois essa mistura é espalhada sobre lâminas de nori – aquela alga marinha usada para enrolar os sushis. Peço desculpas em voz baixa a todos os meus amigos japoneses que ficariam horrorizados com a maneira pela qual a comida de seus antepassados pode ser desvirtuada e apropriada. *Sushi. É mesmo?*

Mas, quando ponho o sushi pronto e cortadinho em esteirinhas diminutas e provo, vejo que não está nada mal. Não é sushi e não acho que devia ter esse nome, mas não está nada mal mesmo. É certeza que vou fazê-lo de novo.

Eis aqui o meu problema com alimentos crus: talvez, na tentativa de convencer novos adeptos, ou de fazê-los parecer mais atraentes, os pratos são batizados com nomes de alimentos cozidos – sushi cru, hambúrguer cru, pizza crua. Não sei você, mas para mim o molho de tomate numa grande bolacha salgada com sementes de linhaça e coroada com um patê de nozes nunca vai ser pizza. O sabor pode ser delicioso – não duvido que seja – mas pizza é quente e leva queijo derretido (ou então é fria com queijo que já foi derretido). Chamar de pizza essa versão crua parece uma receita de decepção.

Embora eu tenha comprado uma quantidade ridícula de mantimentos para a minha semana de alimentos crus, eles são todos itens especiais dos quais eu devia ter feito um estoque. Preciso de coisas como tahine cru e manteiga de amendoim, ambos ingredientes que eu jurei que jamais voltaria a pôr na boca desde os anos 70. Meu irmão e eu crescemos à base de manteiga de amendoim que era tão incrivelmente natural que o óleo se desprendia e formava uma poça na parte superior do pote. Quando você o abria, tinha de mexer bem para misturar o óleo de novo. Nós a chamávamos de manteiga de madeira de carvalho, porque dava a impressão de que também devia ter galhos e pedaços de pau e outras coisas do chão da floresta na sua composição.

Cá estou eu, duas décadas depois de expurgar essa comida de hippie da minha vida, numa loja de produtos naturais olhando aterrorizada para a prateleira de manteigas de amendoim e outras, lutando com os fantasmas e demônios do meu passado. Fico ali tanto tempo que um dos funcionários fica preocupado e pergunta se preciso de alguma coisa.

– Não, obrigada, – digo a ele. – Só estou tentando me decidir.

– Então você deve saber, – me diz ele com a maior gentileza, – que uma parte do óleo pode se separar e ficar em cima, mas é absolutamente normal. Tudo quanto você precisa fazer é mexer um pouco para ele ser incorporado novamente.

– Eu sei, – digo-lhe pesarosamente. – Eu sei.

Ele deve ter se perguntado por que é que a moça que estava na frente das manteigas parecia estar com vontade de chorar.

No fim, compro uma manteiga de amêndoas – preciso dela para fazer uma imitação de molho de manteiga de amendoim para a imitação do macarrão tailandês que vou fazer para o jantar. O molho, que também leva gengibre, suco de limão e pimenta *jalapeño*, é delicioso. Tem o sabor do melhor molho de manteiga de amendoim que já provei, uma combinação de sabores terrestres bem picantes.

O molho deve ser servido com tiras de abobrinha, cenoura e repolho; coentro fresco; e macarrão feito da carne do coco verde. Cocos verdes – importados da Tailândia – são a viga-mestra da cozinha de alimentos crus, oferecendo uma textura cremosa aos pratos doces e picantes. Já comi coco verde antes. Certa vez passei dois meses viajando pelas Ilhas Fiji e aprendi a abri-los com um facão e tomar o líquido claro lá de dentro, um líquido refrescante e levemente adocicado, com o sabor do coco.

Não tenho um facão aqui em Seattle.

Estou na minha cozinha olhando para o coco, que está coberto com uma película branca esponjosa. Não tenho a menor ideia do que vou fazer para abri-lo. Tento furá-lo com uma faca, mas não dá certo. Tentar abri-lo com uma faca serrilhada também não funciona. Esquece essa história de estar a sós na cozinha com uma berinjela – estar a sós na cozinha com um coco verde é muito mais aterrorizante.

No fim, pego o coco e uso um martelo para furá-lo com a ponta de uma chave de fenda, que fui pegar na garagem, e que agora, depois que a limpei bem, entrou bem dentro do coco, como um cinzel. Depois de fazer alguns buracos, dreno o leite do coco e enfio uma faca lá dentro para abrir o dito cujo. Outras pessoas podem matar o seu gado; nesta semana estou lutando com cocos verdes.

Assim que aquele coco desgraçado se abre, vejo uma camada branca e suculenta de coco que parece geleia, que retiro e com a qual faço fitas para usar no macarrão tailandês. Essas fitas vão fazer o papel do macarrão de arroz usado tradicionalmente nesse prato. Repetindo: isso aqui não é macarrão tailandês, mas o gosto é bom – crocante e refrescante com o coentro, o molho picante acrescentando sabor e graça, o coco contribuindo com uma textura complexa.

Vale a pena? Sobre isso ainda estou em cima do muro, mas só até antes de tomar o leite de coco. O líquido transparente é tão fresco e revigorante que chego à conclusão de que não me importo nem um pouco de estar lutando com o meu jantar.

Começo a me aventurar, indo além da *Detox Diet* de Natalia Rose, a fim de experimentar outras receitas que encontro na Internet ou em livros que encontro na biblioteca. Descubro uma salada de couve crua que eu adoro – embora as palavras *salada de couve crua* despertem medo no meu coração. Não soa como algo que tem gosto bom. Agressivamente saudável, sim; de gosto bom, deliciosa, provavelmente não. A couve é cortada bem fininha e massageada com sal marinho, o que faz com que ela amoleça e lhe dá seu sabor forte. Há pedacinhos de manteiga de abacate, tirinhas de repolho e um molho perfumado de missô, limão e mostarda em pó. Adoro essa salada – e não é só por ela ser ridiculamente saudável que você se sente virtuosa durante dias depois de traçá-la.

Começo a fazer vitaminas verdes baseada nas instruções do livro de Victoria Butenko, *Green for Life*. Bato couve e banana com água e um punhado de morangos no liquidificador. Para surpresa minha, a fruta disfarça inteiramente o sabor da couve. O gosto é bom, mas me sinto mal por causa da banana. É duro para um consumidor bem intencionado de produtos locais ser ao mesmo tempo um consumidor bem intencionado de alimentos crus. Será que o fato de eu não estar comendo carne nem laticínios esta semana compensa as questões de transporte em minha nova alimentação? Não estou tirando proveito de todos aqueles superalimentos tropicais que estão na moda agora, mas os fãs dos alimentos crus acreditam piamente no consumo de chocolate in natura e eu também estou tirando dele todo o proveito de que sou capaz.

Eu também faço uma receita tão horrorosa que tenho de cuspi-la. O "arroz frito" vegetal feito com couve-flor em fatias finíssimas é absolutamente intragável. Não há quantidade de molho de soja ou óleo de gergelim que torne a couve-flor crua palatável para mim.

Antes de começar minha semana à base de alimentos crus, recebi um convite para jantar de amigos que haviam se mudado recentemente outra vez para a região de Seattle, vindos de Edimburgo. Melissa e Manuel convidaram alguns de nós para jantar no veleiro em que estão morando. Expliquei que ia fazer esse experimento com alimentos crus e que não poderia estar com eles antes do final dessa tal semana. Fizemos planos para jantar juntos no domingo, meu último dia de alimentos crus. Melissa brincou, dizendo que eu certamente ia precisar de uma comida substanciosa no fim dessa semana.

No domingo eu vou até o cais, junto com meus amigos Molly e Brandon, e os pêssegos assados que Molly está levando para a sobremesa. Melissa nos recebe do outro lado e nos leva até o belo veleiro onde está morando. Está chovendo, de modo que jantamos no deque inferior, sentados ao redor de uma mesa grande sobre a qual há um lustre e montes de mapas náuticos antigos enrolados e guardados nos escaninhos de madeira daquele barco espaçoso.

A comida está deliciosa – grão-de-bico espanhol preparado com açafrão e amêndoas moídas, um prato condimentado de berinjela picante cozida no vapor até ficar macia, linguiças de cordeiro com ervas finas e um molho de pepino com iogurte, picante por causa do alho cru. Há pão crocante recém saído do forno, servido com manteiga e vinho argentino, e os pêssegos assados de Molly que vêm com uma farinha que lembra um bolo esfarelado e mergulhados em creme de leite orgânico bem fresco.

Tudo está delicioso; como tudo e adoro. Mas o problema é que eu não preciso disso.

Durante a minha semana à base de alimentos crus, não tive nenhuma fissura. Fiquei satisfeita com o que comi e comi tanto quanto quis. O melhor de tudo é que me senti bem: muita energia, um bom humor imbatível. Percebi que até a minha pele ficou mais macia, algo comum em quem vive de alimentos crus. Quando me pesei no fim desta semana, descobri que havia perdido três quilos e meio – o quilo e meio ganho na semana da carne e mais dois de quebra.

Cruz-credo, pessoal! Será que os hippies tinham razão? Será que realmente devíamos comer alimentos crus, alimentos vegetais ricos em enzimas? Vou ficar muito irritada se for verdade.

Capítulo dezenove

# A carne é um campo de batalha

Carne é um tópico engraçado, e ultimamente me tornei confessional. Todo mundo tem uma história para contar – talvez a pessoa seja vegetariana; talvez nunca consiga se tornar vegetariana; talvez tenha tentado uma vez (sempre na época da faculdade), mas durou só cinco dias, e comia fatias de salame por baixo do pano. Uma mulher me disse que a mãe dela punha num copo os sucos das carnes, que soltavam quando elas eram cortadas, e tomava. Outra se tornou vegetariana quando os carneirinhos com os quais brincou numa visita a uma fazenda foram servidos no jantar. Descobri um subgrupo de pessoas que comem carne, mas não a preparam em casa ("Quem quer limpar aquela sujeira toda?" pergunta meu amigo Ted). Conheci baconianos, porcarianos e flexitarianos (aqueles com moral flexível) e gente que gostaria de comer só sushi.

Ou a galinha assada feita pela mãe.

Ou um belo bife uma vez por ano, no dia do aniversário.

Às vezes, a fronteira entre o carnívoro e o vegetariano parece um abismo impossível de transpor. O *chef* Chris Cosentino, em seu website dedicado às vísceras dos animais, recebe comentários do tipo: "Você é um vil assassino de animais, não um *chef*, e não lhe desejo nada além de tragédias na sua vida." Quando lhe faço perguntas a respeito disso, ele me diz:

– De tanto tofu e tempê que as pessoas comem, o cérebro delas começa a ficar mole...

Como fui criada com tofu e tempê, fico ofendida.

Um autor que conheço e que escreve sobre culinária afirmou recentemente que os vegetarianos têm idade mental entre oito e doze anos. Para dizer o mínimo, não são considerados muito divertidos e todo mundo acha difícilimo alimentá-los. Anthony Bordain, *chef* e escritor, em seu livro *Kitchen Confidential [Cozinha confidencial]*, declarou o seguinte: "Os vegetarianos são inimigos de tudo quanto é bom e decente no espírito humano, e isso vai de encontro aos meus princípios: saborear a comida pura e simplesmente."

Os vegetarianos dizem que conseguem identificar um carnívoro pelo cheiro do seu suor, que acham horroroso. Os carnívoros dizem coisas do tipo, "Meus antepassados não abriram caminho pela cadeia alimentar com unhas e dentes para acabar comendo capim." Os vegetarianos falam de refeições em que os amigos carnívoros lhes perguntam, "O que eu como te dá nojo?" (Lembrete a todos os carnívoros: que conversa mais besta para se ter num jantar...)

Os carnívoros vão lhe dizer que os seres humanos evoluíram comendo carne – é nosso destino e nosso direito. O que não deixa de ser verdade. Os seres humanos comem carne há séculos, embora alguns digam que, antes da domesticação dos animais, provavelmente comíamos mais insetos que bichos grandes – sendo os insetos infinitamente mais fáceis de pegar do que, digamos, um antílope.

Uma mulher com quem conversei me disse que achava certo deixar de comer certos tipos de carne, mas ser estritamente vegetariana – evitar coisas como caldo de galinha – era simplesmente egoísmo. Como você pode ser tão inconveniente assim com outras pessoas?

Às vezes parece que a carne é um campo de batalha. Se fosse uma guerra, então agora eu seria uma agente dupla. Embora sempre tenha desejado secretamente ser espiã, minhas fantasias tinham mais a ver com documentos sigilosos e encontros tarde da noite com homens vestidos com capa de chuva. Nunca pensei que estaria fazendo jogo duplo num campo de batalha de carne, mas estou.

Sou uma agente dupla da pesada. Graças à minha criação, sempre vou conseguir passar por vegetariana. Ponham-me numa cooperativa vegetariana de estudantes de Berkeley, Ithaca ou Eugene, que eu converso sobre manteiga de amêndoas e brotos de feijão. Sei fazer um belo prato com cogumelos portobello; sei fazer tabule. Todos os vegetarianos têm ao menos uma história para contar em que lhe disseram: "Ah, você não come carne? Tudo bem, temos peixe." Conheço a expressão de dó que as pessoas sentem por você quando ficam sabendo que você desistiu de qualquer possibilidade de comer uma bisteca.

Mas, outro dia eu estava conversando com um vegetariano e deixei escapar o quanto gosto do Skagit River Ranch. Percebi imediatamente o erro que havia cometido.

— Já comprou os ovos deles? — perguntei humilde. Certamente não íamos consolidar nossa amizade falando do sabor de sua carne.

Hoje em dia eu me dou com fabricantes de frios: conheço gente que vive de processar carnes. Fui convidada para um churrasco e me ofereceram frango na brasa. Passei um tempo com pessoas que se definem como "carnívoros inveterados." Sabem que sou iniciante, que ainda estou engatinhando, mas arranjaram-me um lugar à mesa e dividiram comigo seus conhecimentos e sua paixão. Serviram-me bacon, que eu comi. Talvez pensem secretamente que, por fim, caí em mim.

Mas há momentos entre a multidão de carnívoros que me deixam pouco à vontade. De vez em quando sou tentada a sussurrar bem baixinho: "E o meio ambiente? E a nossa saúde? Será que eles têm alguma importância?" Mas não quero ser a estraga-prazeres de um jantar onde servem bacon. E não por achar que o sabor do bacon não é bom. É bom, sim.

Em geral, o que não entendo é por que comemorar o fato de comer carne. Não me cai bem. Talvez eu seja apenas uma daquelas vegetarianas sem graça que não consegue relaxar e curtir, mas não entendo a celebração. Não tratamos nenhum outro alimento desse jeito.

Muitas comidas têm gosto bom – camadas elásticas de massa fresca, um pêssego no auge do verão cujo caldo escorre pelo braço enquanto você o traça, pão quente acabado de sair do forno, o sabor antigo de uma azeitona salgada. Todos esses alimentos são incríveis, mas há alguma coisa na carne que evoca um desejo, uma lealdade que ainda estou por ver em relação, digamos, ao tomate.

Um tomate maduro colhido no pé e ainda quente do sol do verão é um dos grandes prazeres da vida, mas nunca vai eletrizar as pessoas como o bacon. Quando saboreamos nosso hambúrguer, será que estamos exaltando nosso triunfo involuntário na cadeia alimentar? Será que a carne é o prêmio pela batalha que nem você, nem eu jamais travaremos? Talvez a carne nos faça sentir que, sejam quais forem os ventos e tempestades que tenhamos de enfrentar, sempre vamos sobreviver a eles e viver para ver um outro dia. Há uma segurança na carne, uma garantia à nossa assustada natureza Neandertal de que vamos sobreviver, sim.

Mas é aí que está o problema. De tudo o que li e vi, não fica claro se comer carne é a melhor coisa para nossa sobrevivência, certamente não nas quantidades que consumimos hoje em dia. O americano médio come cerca de 250 gramas de carne por dia – duas vezes o que recomendam as diretrizes do governo, diretrizes que muitos consideram boas, para começo de conversa. A produção do gado é responsável por quase 20% das emissões de gases que provocam o efeito estufa – mais que todos os sistemas de transporte do mundo inteiro – e criar gado não é uma maneira eficiente de usar nossos recursos. São precisos mais de 45 mil litros de água para produzir meio quilo de carne de vaca e só 227 litros para produzir meio quilo de batata.

A ineficiência da carne enquanto fonte de alimento é inegável, da quantidade de espaço necessário para os cereais usados ao lixo produzido. Numa pequena propriedade rural, esses problemas não são tão grandes, mas numa escala industrial é um pesadelo em termos de mau uso de recursos, animais doentes e lixo tóxico. O meio ambiente está sofrendo um grande impacto, e nossa saúde também. Há muita gente inteligente nos dizendo que o futuro de nossa espécie corre perigo. Será que chegamos ao ponto em que nosso gosto pela carne, em vez de assegurar a nossa sobrevivência, pode começar a comprometê-la?

Passar a comer carne de animais que foram criados de maneira sustentável é de longe a melhor opção, mas nem todos os problemas são resolvidos com bois e vacas, ou ovelhas e carneiros alimentados com capim. Estudos recentes mostram que a carne de animais alimentados com capim pode não ser melhor em relação à produção dos gases que causam o efeito estufa. Provavelmente não importa a forma pela qual o animal foi criado se continuarmos comendo sua carne nas quantidades de hoje. Todos os produtores de carne sustentável que conheci me disseram que prefeririam que as pessoas consumissem menos carne em geral, e que a carne que *é* consumida de fato devia ser de qualidade melhor.

Mas não precisamos da carne como fonte de proteína? Não vamos ficar doentes e fracos sem ela?

No passado houve gente que afirmava que a proteína da carne era superior à proteína vegetal (sim, os vegetais têm proteína – nossa, até a melancia tem uma certa quantidade de proteína), mas essa escola de pensamento parece estar caindo no esquecimento. É verdade que uma alimentação sem carne tem de ser balanceada, mas os vegetarianos e os vegans vão lhe dizer que ninguém precisa comer carne. Certamente há partes do mundo onde ninguém come.

Fico fascinada quando leio artigos da mídia que parecem admitir os efeitos nocivos da carne sobre nossa saúde, mas que sugerem um acordo sobre a questão de continuar a comê-la. Um artigo recente do *Los Angeles Times* diz que, se você preferir carnes magras, e não consumir quantidades grandes demais, e nunca prepará-la em fogo alto, provavelmente não vai ter problemas. De modo que não gostamos da ideia de abrir mão da nossa carne.

Compreendo isso agora como nunca antes. O bacon na brasa de Biggles fez a minha cabeça girar como se eu estivesse me apaixonando. Aquelas caftas sírias me perseguem nos sonhos. A capa de filé com chimichurri sempre vai ter um lugar no meu coração. Ainda não engulo inteiramente a churrascaria, e achei a costeleta em coroa uma decepção, mas compreendo a tentação da carne. Já estive na pele daqueles vaqueiros de botas e já curti o churrasco no fim do dia.

Antigamente não se costumava comer carne o tempo todo. Minha amiga Bonnie conta uma história sobre os pais imigrantes de seu marido, Bart, que compravam um bife para o jantar e o dividiam entre seis pessoas. Imagino que ninguém comesse mais que dois bocados. Pode nos parecer privação hoje em dia, mas talvez estivessem mais perto da quantidade de carne que devíamos realmente comer por refeição – 60 gramas, não 250.

Às vezes me pergunto o que aconteceria se apresentássemos nossa situação atual como um problema lógico e o déssemos a um grupo de cientistas para resolver. Se levássemos em conta nossa população, nossos recursos e nosso desperdício a nível planetário e lhes pedíssemos para chegar a uma resposta imparcial baseada exclusivamente em números, acho que os cientistas olhariam para os dados e ririam: – basta não comer carne – esta é a solução de todos esses problemas. Poderíamos resolver muitas questões dessa forma.

Mas, e o bacon? E o salame? Será que nunca mais vou poder comer uma capa de filé? E o lombo de porco defumado de Dan? A questão é que gostamos de carne. Talvez até mesmo eu.

Enquanto andei fazendo incursões pelo mundo da carne, um grande número de pessoas tomou a direção oposta – preferindo abrir mão por completo ou reduzir significativamente o consumo de carne. A Campanha pela Segunda-Feira Sem Carne incentiva os norte-americanos a passarem sem carne um dia por semana. Se fosse adotada amplamente, essa proposta, no decorrer de um ano, equivaleria a substituir todos os carros com eficiência média de combustível nos Estados Unidos por híbridos. Economizaríamos uma tonelada de água e mais de 45 bilhões de litros de gasolina.

Se isso parece um programa de incentivo econômico daqueles propostos depois da Segunda Guerra Mundial (hortas da vitória e Segundas Sem Carne – sejamos corajosos frente à adversidade!) é porque é mesmo. As Segundas Sem Carne ajudaram a aliviar a escassez de alimento durante uma fase em que, devido ao racionamento de carne, laticínios e açúcar da época da guerra, também houve uma queda equivalente nos índices de doenças cardíacas e outras enfermidades provocadas pelo modo de vida. Algumas pessoas citam a restrição católica ao consumo de carne nas sextas-feiras e durante a Quaresma como precedentes históricos desse tipo de limitação. Uma cidade da Bélgica já instituiu um dia sem carne. Lanchonetes de escolas e de órgãos do governo vão ficar vegetarianas uma vez por semana. As cidades estão produzindo guias que dão destaque aos restaurantes vegetarianos. De repente, esse modo de vida alternativo está virando moda.

Há muita gente juntando a voz ao coro de "coma menos carne." Mark Bittman, autor de livros de culinária premiados e colaborador do *New York Times*, em sua obra *Food Matters [A importância das questões alimentares]*, explica que perdeu peso e resolveu problemas crônicos de saúde deixando de consumir produtos de origem animal no café da manhã e no almoço e depois comendo o que lhe desse na telha na hora do jantar. Chama essa proposta de "vegan até as 18h." Ele não está dizendo que todo mundo deve virar vegetariano, só que devem comer menos carne.

Mas há um protesto rival contra a ideia de abrir mão da carne. Quando Kim O'Donnel, colaboradora do *Washington Post*, apresentou a ideia de um programa semanal de receitas para a Segunda Sem Carne, recebeu comentários que abarca todo o leque entre o entusiasmo e a amargura.

"Vou fazer de tudo para ter certeza de que meu gado é feliz e solta mais puns do que o resto para compensar tudo o que vocês, seus idiotas que estão passando sem carne, estão fazendo, pois quero ajudar a aumentar o aquecimento global," escreveu um leitor anônimo. Outro comentarista vociferou: "A tirania daqueles verdes nazistas que querem me obrigar a me converter a seu modo de vida para salvar o planeta etc.

Desculpa, mas não vou fazer isso. Gosto de comer carne e, sim, alguns dias eu passo sem ela... mas faço de tudo para soltar mais puns nesse dia e dirigir minha elegante BMW com 3% de carbono."

Por que temos tanto medo da ideia de abrir mão da carne, ou mesmo de reduzi-la um pouco? É uma mudança que tememos, ou há algo mais profundo em jogo? Durante anos a carne foi associada à riqueza – a ostentação de um jantar numa churrascaria, as carnes rituais que comemos nos dias de festa para comemorar alguma coisa. Será que a ideia de passar sem carne nos faz temer a perda de nossa prosperidade do pós-guerra, de nossa segurança, de nossa posição no mundo? Ninguém quer ouvir dizer que o sonho americano acabou e que agora todos vamos ter de comer lentilha.

Às vezes parece que existe uma diferença fundamental entre os carnívoros e os vegetarianos, o que me faz lembrar de uma citação do escritor E. B. White, que disse que acordamos toda manhã divididos entre o desejo de salvar o mundo e o desejo de saboreá-lo.

Os carnívoros querem salvar o mundo. Querem sugar sua essência e saborear todos os prazeres a que têm direito. A ideia de renunciar a isso pode parecer absurda; por que limitar sua experiência dessa forma? A vida é dos vivos; mergulhe de cabeça. Preocupe-se com as consequências depois.

Ao mesmo tempo, penso em alguém como a minha mãe, uma mulher que acredita sinceramente em fazer o melhor possível pelos filhos, pela própria saúde, pelo planeta. Ela não conseguiria saborear esses prazeres se eles não estivessem de acordo com os seus valores. Para ela, a justiça importa mais que o sabor. Ela não pode ignorar o resto da equação: nosso impacto, nossas opções, as consequências de nossos atos.

Estou com um pé em duas canoas. Sou filha da minha mãe e voltada para o futuro. Ao mesmo tempo, quero curtir a vida, sentir seus prazeres e sabores. Eu gostaria que essas coisas não fossem mutuamente exclusivas.

Nossa forma de nos alimentar é intensamente pessoal. Traz consigo todo tipo de tradições familiares e culturais, questões de saúde – tanto da nossa quanto do mundo em geral – e o fato puro e simples de querermos sentir prazer com o que comemos; queremos nos sentir satisfeitos e reconfortados. Certo ou errado, num mundo que às vezes tem suas arestas, não é raro a comida ser o nosso único consolo.

Preparamos a nossa comida, comemos por prazer tanto quanto pelo sustento, e isso faz parte do problema. Michael Pollan está certo: nossas opções de comida representam um dilema. Para nós, o que vamos ter para jantar sempre vai ser complicado. Comemos por causa do sabor, da saúde, do planeta? Será que dá para ter tudo?

Não sei onde é que vamos parar. A história diz que quando o crescimento da população supera o crescimento dos recursos, ela reverte a números administráveis. Apesar de todos os nossos avanços modernos, não acho que estejamos imunes a essa verdade simples.

E também não vivemos numa meritocracia. Aqueles que fazem um bom trabalho no sentido de preservar os recursos não vão conseguir avançar para o nível seguinte enquanto os desperdiçadores estiverem impedindo. Estamos todos juntos nessa história – vegetarianos, vegans e carnívoros. Estamos sentados ao redor da mesma mesa. Os problemas que enfrentamos em relação à saúde, ao planeta e aos recursos cada vez mais escassos são de todos nós. E nós podemos resolvê-los ou podemos deixá-los nos destruírem. Tenho esperanças de que a gente consiga resolvê-los.

Capítulo vinte

# O final da história

QUANDO AS PESSOAS OUVEM A MINHA HISTÓRIA, querem imediatamente saber como ela acaba, como se a minha solução fosse provar alguma coisa sobre a ordem natural das coisas. Os carnívoros adotam ares de conspiradores, convencidos de que, depois de introduzido em seu meio, seria praticamente impossível alguém cair fora. "Você poderia viver sem bacon?" perguntaram-me muitas e muitas vezes. Uma coisa é não ter saboreado os prazeres da carne – e é claro que eu não tive a parte que me era devida durante a infância – mas agora que isso já foi corrigido, eu não poderia abandonar o barco. Poderia?

Os vegetarianos não fazem alarde de suas opiniões. Com certeza meus atos podem ser vistos como traição, embora seja difícil argumentar com questões de saúde e ordens médicas. A atitude implícita parece ser que eu tive um azar daqueles, mas é claro que preciso fazer o que é bom para mim. Não imagino que os vegetarianos vão gostar da ideia de que a carne pode devolver a saúde a alguém. Não comem carne e não ficam doentes, de modo que talvez o meu problema seja outro. A carne não é a solução, é?

Muitos meses e muitos hambúrgueres depois, ainda não cheguei a uma resposta conclusiva à questão de saber se nós, seres humanos, devemos ou não comer carne. O que sei com certeza é que não acredito mais que preciso comer carne. Não foi a minha solução mágica, embora muitos médicos me tenham dito que era.

Encontrei minha resposta num lugar muito mais improvável. Depois daquele jantar no barco, depois das linguiças de cordeiro e da berinjela cozida no vapor e das ervilhas condimentadas, voltei aos alimentos crus. Eu me senti meio maluca por isso, mas é a única coisa que fez com que eu me sentisse melhor. Voltei ao suco verde e às saladas e às bolachas desidratadas feitas com sementes de girassol germinadas e sementes de linhaça (na verdade, são deliciosas, embora terrivelmente caras; agora eu faço as minhas).

Esquisito, eu sei – principalmente para uma devota recém-convertida à charcutaria. Sinto uma certa culpa também. Foi tanta gente apoiando minha exploração da carne – as pessoas me incentivaram, investiram seu tempo em mim, deram-me suas receitas e as boas vindas ao clube da carne. Iris, a filha de quatro anos do meu amigo Matthew, fez de mim uma convidada de honra numa festa com bolinhos de chuva, onde os bolinhos eram fritos em banha de porco. Detesto decepcioná-los. Gostei de fazer parte do clube da carne.

Como vou dar a notícia a Biggles?

A ironia dessa situação não passou despercebida. Eu me propus juntar-me à corrente dominante, não acabar numa facção esquisita do mundo alternativo. Durante a vida inteira eu quis me entrosar. Essa nova alimentação me deixa tão por fora que saí do mapa. Até minha mãe, em seus momentos mais esquisitos de fixação em alimentos que promovem a saúde, sempre preparou a própria comida. A maioria da raça humana prepara a própria comida. E eu adoro cozinhar. Será que consigo realmente abrir mão de tudo isso? Será que nunca mais vou poder caramelizar uma cebola?

Mas não posso negar que não me sinto tão bem há anos. Como montes de legumes e verduras junto com quantidades menores de frutas, castanhas e sementes. Mais ou menos 10% da minha alimentação é de proteína, o que não chega a ser aceitável segundo a Organização Mundial de Saúde (sinto muito, pirâmide alimentar, simplesmente não confio mais em você). Estou aprendendo a preparar minha comida de outra forma, uma forma que desafia meus conhecimentos e criatividade na cozinha, mas descobri um monte de coisas que gosto de comer. Certamente não é sabor o que vai faltar na minha vida.

Cinco semanas depois de começar meu experimento com alimentos crus, eu resolvo correr, algo que não tive energia para fazer nos últimos anos. A necessidade foi crescendo lentamente dentro de mim. De repente, eu queria sentir o vento nos cabelos; queria sentir outra vez uma passada longa e fácil. Aquela primeira vez foi mais uma caminhada que uma corrida, mas houve muitas outras desde então. No martelar dos pés na trilha de terra, na intensidade do prazer que sinto ao escalar um morro a mil por hora, sinto-me eu mesma outra vez, depois de muito, muito tempo. É tão melhor do que não conseguir sequer caminhar pela casa... Ouso dizer que é melhor até que o bacon na brasa e que essa é uma declaração que não faço à toa.

Hoje em dia estou tirando a poeira dos meus apetrechos de camping e redescobrindo meu senso de aventura que ficou latente nesses últimos anos embaixo de camadas de fadiga, doença e medo. Estou fazendo planos, empolgada pelo futuro de um modo que não estive durante muito tempo. Os dias passados na cama olhando para uma rachadura do teto e me perguntando por que me dar ao trabalho de me levantar são uma lembrança remota. Deixei de acordar exausta e de me arrastar ao longo do dia. Se os alimentos crus são o que me trouxeram de volta a mim mesma, só posso lhes ser grata.

No começo, não falei nada com minha médica sobre os alimentos crus; só esperava passar uma semana nessa base. Mas, três meses depois, com minha energia só aumentando e o peso só diminuindo (alô, bochechas, tenho saudades de vocês), fiz novos exames de sangue e depois nos sentamos para uma conversa. Os números parecem perfeitos, disse ela. Minha tireoide estava melhor que nunca, meu colesterol havia melhorado muito. Quando lhe falei sobre os alimentos crus, ela riu, deliciada.

Com base nos meus exames atuais, ela disse que poderíamos diminuir a dosagem do remédio que tomo para a tireoide. Alguns crudívoros com hipotireoidismo descobrem que podem passar sem o suplemento. Diz a teoria que, assim que o nosso corpo deixa de se ocupar com a digestão de alimentos inadequados, ele pode voltar ao trabalho de consertar o que estiver funcionando mal, seja o que for. Os crudívoros declaram ter se curado de muitíssimas doenças – diabetes, câncer, doenças cardíacas. Não sei se é verdade, mas a ideia de parar com o meu suplemento para a tireoide me deixa empolgada. Talvez, em breve, eu até consiga descer o rio Amazonas de caiaque.

Mas aqui está o que eu acho importante: eu que dei a solução à minha médica; fui eu quem a encontrou.

– Um monte de gente não quer ouvir que precisa assumir a responsabilidade pela própria saúde, – me diz ela. – As pessoas querem que o médico lhes apresente uma solução – tome isso, tome aquilo – mas todos nós precisamos encontrá-la sozinhos.

A solução mágica estivera à mão o tempo todo. A verdade – a minha verdade – cabia a mim encontrar. Ninguém mais poderia tê-la indicado para mim, embora durante anos eu tenha desejado que pudesse. A resposta aos meus problemas sempre esteve dentro de mim.

E como fica a minha relação com a carne, no frigir dos ovos? Abri mão do salame e adotei os brotos no seu lugar: a resposta, evidentemente, não é tão simples assim.

No mês passado, em meio ao meu entusiasmo pelos alimentos crus, fui a um churrasco de carne de porco. Sei que parece estranho, mas quando você tem a oportunidade de ir a um churrasco só de carne de porco, sob a batuta de Pim Techamuanvivit, autora de livros de culinária, e de David Kinch, *chef* e dono do premiado restaurante Manresa, realizado na fazenda biodinâmica que fornece os produtos usados no restaurante, você vai. Ao menos eu vou.

No meio da tarde, o porco já estava na brasa há sete horas. David, um loiro desgrenhado que estava de chinelo, não havia saído do lado dele todo esse tempo. Ele regava o porco usando ramos de alecrim fresco arrancados da horta de ervas atrás dele. Era um espetáculo digno de ser visto, com as cintilações rosa no espeto enquanto ele girava. Este porco havia sido criado sem hormônios e sem antibióticos, podia se movimentar livremente pelo pasto e foi morto de forma humana.

Eu não tinha certeza de que ia comer o porco. Eu estava só à base de alimentos crus, há dois meses, e estava me sentindo bem. Eu certamente estava curiosa sobre o sabor daquela carne, mas quando você encontra uma coisa que faz você se sentir saudável depois de anos de procura, fica relutante em abrir mão dela. Mas aí um *chef* que recebeu estrelas do *Guide Michelin* segura um pedacinho de carne de porco entre os dedos e diz:

– Vamos lá, prova – essa é a melhor parte.

Quando isso acontece, você vai em frente e prova a carne de porco. Ao menos eu provei.

E você fica satisfeito por ter provado. Ao menos eu fiquei.

(Mas você pode ficar com um pouco de dor de barriga depois. Eu fiquei.)

Na sexta-feira seguinte, comecei a ficar com fissura por carne – não por qualquer carne, mas por carne de vaca. Aba de filé na brasa fatiada e enrolada em *tortilla* de farinha de trigo com molho de tomate mexicano apimentado, que vi numa foto de uma revista de culinária enviada por e-mail que apareceu na minha caixa postal (os carnívoros não percebem, mas a carne está em toda parte – não dá para escapar dela). As *tortillas* eram feitas em casa e pareciam ser muito macias e apetitosas; a carne havia sido assada com temperos secos. Só de olhar para a foto, eu quase sentia o sabor.

Procurei me distrair, e me distraí mesmo, mas meus pensamentos voltariam inevitavelmente àquela aba de filé. Eu queria comer aquela aba de filé, queria muito.

Fiquei surpresa com a intensidade da minha fissura. Eu não tinha tido fissura nenhuma desde que havia começado minha dieta com alimentos crus – sério, nenhumazinha. Perguntei-me por que será que ela estava acontecendo agora. Será que eu estava com deficiência de alguma coisa?

Já era tarde e estava chovendo, e eu não tinha carne alguma no freezer. Disse a mim mesma que, se ainda estivesse com fissura na manhã seguinte, iria ao mercado dos produtores e compraria alguma coisa da Eiko. Cheguei até a verificar se tinha todos os ingredientes necessários para recriar o prato que tinha visto. Se carne de vaca é o que o meu corpo realmente quer, é isso que ele vai ter.

Na manhã seguinte, acordei e fiz meu suco verde. Depois desci e me vesti para ir ao mercado. Quando me olhei no espelho, vi algo que não via há bastante tempo: eu parecia saudável, eu parecia feliz.

Não comprei a carne. Talvez um outro dia, mas não naquele. Eu não precisava. Ao mesmo tempo, passei horas a fio pensando se o salame poderia ou não ser considerado alimento cru. Ele nunca é cozido – só curado – ao menos é o que eu acho.

Às vezes tenho medo de que os convites para jantar comecem a rarear depois que as pessoas ficarem sabendo da minha nova proposta de alimentação. Sou amiga de alguns amantes fervorosos da boa mesa que não vão saber o que fazer com uma semicrudívora no seu meio. Espero que, quando virem que estou saudável, abanem a cabeça e me sirvam uma porção extra de salada. Meus amigos podem não entender, mas eu sei que eles só querem o meu bem. Espero que continuem me convidando para as festas e me deixando em paz com minhas opções sobre o que como e deixo de comer.

Comida é uma coisa engraçada: ela nos aproxima, mas também pode nos afastar – vegetarianos, carnívoros, vegans. Estou tentando não ficar pra sempre no fundo desse abismo. Fazer uma refeição com outras pessoas é importante para mim. Como cresci sentada diante de uma mesa solitária, o ato de comer junto com outras pessoas me parece sagrado. É assim que estou criando a minha comunidade; é assim que eu mostro meu amor pelos entes queridos. Seja o que for que a gente coma, todos devíamos ter condições de comer juntos.

Ao lado dos desafios, as minhas novas opções alimentares também trazem benefícios. Comer basicamente alimentos crus tem muito menos impacto sobre o planeta. Eu não seria filha da minha mãe se isso não me deixasse feliz. Não consumo quase nenhum alimento processado, minha emissão de carbono está muito reduzida e o lixo que eu gero é basicamente de restos vegetais e cascas de frutas. Entre a composteira e a reciclagem não sobra praticamente nada para jogar fora. Agora produzo um único saco de lixo por mês, quase nada, comparado com a média nacional diária de dois quilos por pessoa. Além de estar salvando o planeta, raramente tenho de pôr o lixo pra fora. Um luxo.

Alguns dos meus amigos andaram fazendo apostas, esperando ver de que lado do muro eu vou ficar: carne ou tofu, hambúrgueres ou cogumelos. Não sei realmente o que lhes dizer. Numa festa recente, um amigo me perguntou qual era a minha, afinal. Eu lhe disse que acabara num terceiro lugar inesperado, mas não entrei em detalhes.

– Não me diga que se tornou vegan – não, melhor ainda, uma devota dos alimentos crus! – Ele riu da própria piada. Às gargalhadas, é preciso acrescentar.

Eu só sorri.

– Sei que não pode ser verdade, – disse ele. – Vi você dando uma mordida na carne de porco.

E eu tinha dado mesmo. *Uma* mordida.

A receita de *confit* de barriga de porco de Fergus Henderson – como é possível *não* provar?

Ainda quero saborear a vida, ainda anseio pelo gosto das coisas do mundo – aqui nada mudou. Ao mesmo tempo, está claro que essa é a melhor maneira de eu me alimentar, ao menos por enquanto. Seria burrice não prestar atenção ao fato. Não sou uma crudívora xiita; abro exceções. Posso até dar uma mordida numa carne de vez em quando, mas quando acordo de manhã e me sinto cheia de energia e empolgada pelo dia à minha frente, sei qual é a minha resposta.

Do que é que chamam você, perguntam meus amigos. De vegetariana? Crudívora? De vegan que come carne? De flexívora? De salamívora? Você está totalmente confusa? Está só querendo chamar a atenção? *Você está louca?*

Talvez você possa me chamar de Tara. Pode me chamar de saudável, de feliz. Espero estar.

Ou talvez eu lhe diga o que o meu avô me falava quando eu era criança:

– Não importa o nome pelo qual você me chama, mas não demore em me chamar para jantar.

Todos nós devíamos ter um lugar à mesa. Estou pensando no que comer assim que chegar lá.

# Agradecimentos

Este livro não existiria sem minha amiga/agente Danielle Svetcov, que leu uma das minhas primeiras postagens no blog e me respondeu com um e-mail com quatro palavrinhas: *Uma vegetariana no açougue*. Depois me convenceu a escrever um livro e esperou pacientemente enquanto eu o cozinhava em fogo brando durante muito, muito tempo. Obrigada, Tootz. Você é maravilhosa.

Este livro provavelmente não existiria sem todo o empenho posterior da bem informada e inteligente Jennifer Leo. Quando lhe contei a ideia maluca que Danielle me dera de escrever um livro sobre carne, ela olhou para mim e disse:

— Você tem de escrever este livro — é perfeito para você.

Nem este livro, nem eu como escritora existiríamos sem o apoio inabalável da minha mãe, a quem é dedicado. Obrigada por sempre ter acreditado em mim e por sempre ter me amado, mesmo quando a estrada passava por um terreno acidentado.

Como a estrada costuma ser pedregosa para qualquer pessoa criativa, agradeço de coração aos professores e mentores da palavra escrita que tive ao longo do caminho: o Sr. Nicholson (não, desculpa, ainda não consigo chamá-lo de John), Patricia Holland, David Arehart, Barbara Owens, Elaine Johnson, Don George, Linda Watanabe McFerrin, Elmaz Abinader, Sarah Pollock e a luminosa Amanda Davis, que perdemos cedo demais.

Agradeço também a Charles Fox, o primeiro escritor que conheci na vida, por fazer uma moça entender que é possível ganhar a vida com a imaginação; a Anne Lamott, pela honestidade e senso de humor; a Elizabeth Gilbert, por me ajudar a me abrir; a Pam Houston, por ser uma mulher selvagem que ama homens mais selvagens ainda; e a Armistead Maupin, por sua coragem, bondade e fissura por pernas de mulheres.

Às minhas colegas de redação do curso do Mills College MFA, da Squaw Valley Community of Writers, e aos numerosos grupos de redação (principalmente os de Dashka Slater, Rebecca Winterer e Danielle – o Grupo do Sonho): obrigada pelo incentivo, pelo apoio e pelo *feedback*. Continuem escrevendo boas palavras.

Agradeço a todas as pessoas maravilhosas que cruzaram meu caminho no mundo dos livros: ao grupo dos Travelers's Tales [Histórias de viajantes], que me fez perceber que os colegas de trabalho podem se tornar gente da família; a Candice Fuhrman, que me ajudou a entender do riscado do mundo dos agentes literários e pela conversa sempre deliciosa; ao grupo Litquake, por amar os escritores e fazer as coisas acontecerem todo ano; e a Book Passage e Elaine e Bill Petrocelli, por me receberem na livraria maravilhosa onde cresci.

Em Rodale: obrigada, Leigh Haber, por dividir suas panquecas comigo e por dizer que queria comprar o meu livro; obrigada, Shannon Welch, pelo entusiasmo pelo projeto e pela revisão inteligente – eu não poderia querer mãos melhores; obrigada, Chris Rhoads e Andy Carpenter, pelo trabalho duro na concepção da capa; e obrigada, Hope Clarke e Karen Rinaldi, pela direção que deram a tudo isso.

A meus caros amigos – alguns dos quais aparecem nestas páginas – agradeço por segurar a minha mãozinha quando eu precisava, por compartilhar refeições e momentos, lágrimas e risos. Agradeço à sua presença na minha vida; que pena não poder escrever uma lista com o nome de todos vocês.

Agradeço ao meu irmão e à minha cunhada por me deixarem citá-los aqui e por terem me dado duas sobrinhas vegetarianas adoráveis que fazem tudo valer a pena.

Agradeço à minha médica maravilhosa, Amy Day, naturopata, da San Francisco Natural Medicine, por me ajudar a encontrar meu caminho; à

Liza Goldblatt, amiga da família, por ser minha tia torta e por me ajudar a conhecer Amy; e a Marianne Manilov, pelos bons conselhos.

Agradeço às pessoas extraordinariamente generosas do mundo da carne que dividiram seu tempo comigo: obrigada pelo trabalho árduo, pela paixão e por receber uma iniciante sob sua proteção.

Agradeço também aos fazendeiros e produtores de alimentos artesanais que me alimentaram e me inspiraram; aos membros da comunidade dos blogs de comida, gente incrível que sabe dar apoio, e cuja paixão e generosidade são contagiantes; a Martha Stewart, que foi a primeira a me levar para a cozinha e a fazer conservas; a Mollie Katzen e a Deborah Madison, que me deram belos livros com receitas que eu conseguia fazer, todas elas; e a Judy Rodgers, que me fez dar um salto.

Agradeço a meu intrépido grupo de primeiros leitores − Austin Walters, Krista Holmstrom, J. R. Norton, Dylan Schaffer, Matthew e Laurie Amster-Burton, e Shauna James Ahern − obrigada a todos vocês pelo apoio; a Shuana e a Molly Wizenberg, por me darem a mão ao longo de todo o caminho até a publicação (sempre vou gostar de vocês duas terem largado na frente); a Christine Lee Zilka pela bela frase de abertura do livro; e a meu avô pela frase de encerramento. Ele teria ficado muito orgulhoso.

Por fim, agradeço aos leitores do meu blog Tea & Cookies, o público mais nobre, mais generoso que uma escritora iniciante poderia esperar ter: este livro pertence, em grande parte, a vocês. Obrigada por sempre terem me incentivado.

# Referências

Dizem que é preciso uma aldeia inteira para criar um filho; com certeza foi preciso uma aldeia inteira para ajudar a escrever este livro. É uma aldeia cordial de amantes da boa comida, produtores movidos à paixão, profissionais e amadores cultos e inteligentes. Eis aqui como obter mais informações sobre as pessoas fantásticas mencionadas nestas páginas.

Shauna James Aherne e Dan Aherne – Shauna é autora do livro inspirador e do website Gluten-Free Girl (www.glutenfreegilr.blogspot.com). O marido Dan Ahern, que é *chef* (aliás, conhecido como *Chef* 911), é o foco do livro de autoria de ambos, *Gluten-Free Girl and the Chef*.

Matthew Amster-Burton: autor especializado em culinária, Matthew escreveu *Hungry Monkey: A Food-Loving Father's Quest to Raise an Adventurous Eater*. Ele divide a mesa com sua mulher Laurie e com a filha Iris, que certa vez me chamou para ser convidada de honra numa festa só de bolinhos de chuva, onde tudo era frito na banha de porco (www.rootsandgrubs.com).

Anita e Cameron: Anita pode converter você com bacon, enquanto Cameron vai derreter seu coração com histórias de visitas à fazenda de sua infância. Juntos, escrevem o blog Married with Dinner (www.marriedwithdinner.com), que fala de comes e bebes e tem fotografias deslumbrantes. Eles também sabem fazer um leitão divino.

Avedano's: as mulheres do Avedano's vendem carne de gado criado de maneira sustentável no bairro de Bernal Heights, em São Francisco. Não, não há um homem mandando no pedaço (www.avedanos.com).

Lisa Bach: editora de livros como *Her Fork in the Road: Women Celebrate Food and Travel*. Lisa é aventureira em matéria de comida e de viagens e teve a bondade de me apresentar à sua colega Vanessa Dina da Chronicle Books.

Biggles: o homem, o mito, a carne! Biggles (também conhecido como Guy Prince) é a inteligência rara por trás do blog de culinária Meathenge e o melhor mentor de churrasco que uma moça poderia ter (www.cyberbilly.com/meathenge).

Mark Bittman: autor de numerosos livros de culinária, inclusive o premiado *How to Cook Everything* (e *How to Cook Everything Vegetarian*). Mark escreve a coluna "The Minimalist" do *New York Times*. Seu livro mais recente, *Food Matters*, promove a ideia de comer menos carne.

Taylor Boetticher e Toponia Miller: o casal por trás do Fatted Calf Charcuterie (www.fattedcalf.com) pode ser encontrado em sua loja do Napa's Oxbow Market, nas bancas do mercado da Ferry Plaza e nos mercados de produtores de Berkeley. Seus produtos são deliciosamente viciantes – você está avisado.

Susan Brady: editora da antologia de receitas e viagens *The World Is a Kitchen*. Susan também é a responsável pelo site Eating Suburbia (www.eatingsuburbia.blogspot.com) e se dá ao trabalho de pesquisar biscoitos e bolachas sem glúten, sem açúcar e sem leite para quem precisa.

Sam Breach: a inglesa Sam (com o namorado francês Fred) agora vive em São Francisco, onde escreve sobre comida no blog Becks & Posh (www.becksposhnosh.blogspot.com). Ela também cozinha feito um anjo e apoia produtores de comidas artesanais de qualidade. Todo o capítulo sobre salame é culpa dela.

Novella Carpenter: autora de *Farm City: The Education of an Urban Farmer*, a intrépida Novella cria animais e cultiva plantas num terreno baldio de Oakland, na Califórnia (www.ghosttownfarm.wordpress.com).

Hsiao-Ching Chou: ex-editora da seção de culinária do *Post-Intellegencer* de Seattle e empresária, Hsiao-Ching é sócia da Suzuki + Chou Communimedia e escreve o blog culinário Chinese Soul Food (www.chinesesoulfood.squarespace.com/). Sua canja de galinha à moda asiática me ajudou a sobreviver à minha semana de carne.

Chris Cosentino: *chef* do Incanto Restaurant de São Francisco e sócio da Boccalone Salumeria, Chris divide sua paixão por vísceras de animais em seu site Offal Good (www.offalgood.com).

Vanessa Dina: co-autora de *The Meat Club Cookbook* e uma mulher fabulosa em todos os sentidos, Vanessa é capaz de melhorar qualquer receita de carne e não se desarruma quando faz isso (www.meatclubgirlsonly.com).

Drewes Bros.: considerado o açougue mais antigo da Califórnia, o Drewes é administrado agora pelos irmãos Josh e Isaac Epple (www.drewesbros.com), ambos fãs do *Giants*.

Ree Drummond: a usina de energia por trás do site Pioneer Woman (www.thepioneerwoman.com), Ree é responsável por tudo quanto eu sei a respeito de tocar uma fazenda – e por me fazer rir tanto que cheguei a cuspir chá no meu teclado.

David Evans: proprietário da Marin Sun Farms, David cria seus animais nos morros ondulantes de Point Reyes. Seus ovos e carnes podem ser comprados no Ferry Plaza Farmers' Market e no açougue Marin Sun Farms de West Marin (www.marinsunfarms.com).

Meg Hourihan: empresária da Internet e mulher de mil interesses, Meg escreve sobre família, comida, vida e outras coisas em seu blog (www.megnut.com). Sua história da geleia de morango me faz os olhos encherem d'água.

Mollie Katzen: autora e ilustradora de livros de culinária, Mollie é a força por trás dos livros de receitas vegetarianas *Moosewood Cookbook* e *The Enchanted Broccoli Forest*, entre muitos outros. Seu projeto mais recente é *Get Cooking*, uma série de livros e vídeos para inspirar jovens cozinheiros/as (www.molliekatzen.com).

Melissa Kronenthal: se algum dia você for convidado para jantar por Melissa, a autora do Traveler's Lunchbox (www.travelerslunchbox.com) e pelo marido Manuel, você deve ir – principalmente se for num veleiro estacionado na Olympic Peninsula, onde ela vai lhe servir uma berinjela sedosa condimentada e grão-de-bico com açafrão.

Olaiya Land: dona de um bufê especializado em cozinha "de tendência vegetariana," Olaiya me apresentou muitas iguarias deliciosas e imperdíveis. Sua coalhada de framboesa é prá lá de viciante (www.olaiyalandcatering.com).

Shuna Fish Lydon: *chef* de massas e criadora do *Eggbeater*, um blog lírico que faz a gente pensar, Shuna faz um *creme* de limão que faz sua cabeça girar (www.eggbeater.typepad.com).

Deborah Madison: *chef* fundadora do Greens Restaurant em São Francisco, Deborah promove uma longa lista de deliciosos pratos sazonais com produtos da época, que muitas vezes acontecem de ser vegetarianos. É autora de numerosos livros, o mais recente é *What We Eat When We Eat Alone* (www.deborahmadison.com).

Jen Maiser: força motriz por trás do site Eat Local Challenge (www.eatlocalchallenge.com) e criadora do blog Life Begins at 30 (www.fogcity.blogs.com), Jen é conhecida por contrabandear pipoca feita no azeite de oliva para dentro dos cinemas, quando necessário.

*Meatpaper:* a revista da cultura da carne, *Meatpaper* é o periódico fascinante publicado por Sasha Wizansky e Amy Standen. É uma visão imparcial e sempre intrigante do que chamam de "fleishgeist" ["o espírito da carne"] (www.meatpaper.com).

Kim O'Donnel: jornalista, escreve sobre comida e é autora de uma coluna antiga do *Washington Post*, "Um Apetite Daqueles," que incluía propaganda da

Segunda Sem Carne. Agora você pode ver o que ela faz em True/Slant (http://trueslant.com/kimodonnel) e no livro de receitas sem carne para amantes da carne intitulado *Licking Your Chops*.

Liam Passmore: um relações públicas com alma de poeta e um senso de humor perverso, Liam fazia parte da postagem que se transformou neste livro. Ele afirma não comer manteiga, mas é conhecido por mandar notas à imprensa com um saco de pães doces (http://shaveandahaircut.biz).

Brandon Pettit e Molly Wizenberg: Brandon é o dono do restaurante Delancey de Seattle (www.delanceyseattle.com) e faz uma pizza realmente viciante. Sua linda esposa Molly escreve o blog culinário Orangette (www.orangette.net) e é autora de *A Homemade Life: Stories and Recipes from My Kitchen Table*.

Michael Pollan: jornalista e autor de livros como *The Omnivore's Dilemma* e *In Defense of Food*, o trabalho de Pollan sobre a política alimentar chamou a atenção para as questões de procedência da nossa comida e de como ela está sendo produzida (http://michaelpollan.com).

Bonnie Powell: escritora e editora, a força por trás do Ethicurean (www.ethicurean.com), Bonnie é uma voz inteligente e espirituosa em meio ao clamor da política alimentar. O marido fotógrafo, Bart Nagel, foi criado numa família de um bife só (www.bartnagel.com).

Mary e Jim Rickert: os responsáveis pelo Prather Ranch, Mary e Jim são apaixonados por criação de gado sustentável e humana. Agora seu filho James mantém a tradição da família lá no alto das montanhas do norte da Califórnia (www.pratherranch.com).

Adam Roberts: também conhecido como o "Amateur Gourmet", Adam escreve sobre o mundo culinário com muito humor em seu blog (www.amateurgourmet.com) e lançou o livro *The Amateur Gourmet: How to Shop, Chop, and Table Hop Like a Pro (Almost)*.

Judy Rodgers: *chef* e uma das donas do Zuni Café em São Francisco (www.zunicafe.com), Judy é a autora do *Zuni Café Cookbook*. Tanto o restaurante quanto o livro refletem sua atenção ao detalhe e a ingredientes de qualidade.

Michael Ruhlman: jornalista e autor de muitos livros sobre comida e outros tópicos, sua obra *Charcuterie: The Craft of Salting, Smoking, and Curing*, escrito com Brian Polcyn, é uma bíblia para qualquer um que deseje defumar as próprias carnes (http://blog.ruhlman.com).

Derrick Schneider: amante da boa comida e dos bons vinhos, escritor talentoso, Derrick começou a escrever o blog An Obsession with Food and Wine muito antes de eu saber que existiam blogs culinários. Seu site também tem fotos tiradas por sua adorável esposa, Melissa Schneider (www.obsessionwithfood.com).

Martha Stewart: de dona de um *buffet* em Connecticut, tornou-se símbolo da arte de viver bem e com estilo. Martha tem uma linha completa de produtos com seu nome, escreve livros, publica revistas, vende produtos para a casa, apresenta um programa de televisão e tem um website cheio de conselhos e informações (www.marthastewart.com).

Doug Stonebreaker: criado no mundo das fazendas, Doug dirige a Prather Ranch Meat Company, empresa responsável pela venda dos produtos do Prather Ranch e de outras fazendas sustentáveis que participam do Ferry Plaza Farmers' Market e de vários outros mercados de produtores; também vende seus produtos a restaurantes de toda a Bay Area (www.prmeatco.com).

Pim Techamuanvivit e David Kinch: Pim divide seus conhecimentos e paixão pela comida no seu site, Chez Pim (www.chezpim.com), e em seu livro *The Foodie Handbook: The (Almost) Definitive Guide to Gastronomy*. David é o *chef* inovador e proprietário do Manresa, um restaurante de Los Gatos, na Califórnia, com estrela do *Guide Michelin*. Ele pode muito bem tentar você com uma orelha de porco (www.manresarestaurant.com).

Sean Timberlake e Paul Brown: minha inspiração para a costeleta em coroa, eles me impressionam há anos com seu site de entretenimento, simplesmente impecável e maravilhoso, o Hedonia (http://hedonia.seantimberlake.com). Quando eu crescer, vou querer dar festas como as deles.

Eiko e George Vojkovich: a carne de vaca, de porco, de frango, os ovos – tudo orgânico – do Skagit River Ranch estão à venda no Seattle's University District, nos mercados de produtores de Bellevue e de Ballard, bem como na loja que funciona nos fins de semana na própria fazenda (www.skagitriverranch.com). Chegue cedo se quiser todos aqueles ovos de gema de ouro.

Alice Waters: fundadora do restaurante Chez Panisse de Berkeley, na Califórnia, e autora de livros como *The Art of Simple Food*, Waters foi pioneira na ênfase em ingredientes frescos produzidos localmente. Ela também é fundadora do programa Edible Schoolyard que defende comida de qualidade nas escolas (www.chezpanissefoundation.org).

Luisa Weiss: conhecida também como a "*chef* da quarta-feira", Luisa ensina receitas na seção de culinária de um jornal e encanta os visitantes do seu site (www.wednesdaychef.typepad.com). Também é responsável pela tentadora receita das caftas sírias.

Conheça outros títulos da editora em:
**www.pensamento-cultrix.com.br**